SUIVEZ LA PISTE

A Detective Thriller in French in 25 Short Episodes

written by
EMILE DE HARVEN

course devised by
MICHEL BLANC B.A. Ph.D. L.es-L. D.E.S.
and
ORMOND UREN M.A.
Language Research Centre and French Department,
Birkbeck College, University of London

language advisers
DENYS PLAYER B.A. L.es-L.
Principal Lecturer in Modern Languages
Department of Economics and Management, Woolwich Polytechnic
and
JOHN TRIM M.A.
Fellow and Lecturer in Modern Languages, Selwyn College
University Lecturer in General Linguistics,
University of Cambridge

produced by
COLIN NEARS

EMC Corporation
St. Paul, Minnesota

ISBN 0-912022-30-2
© The British Broadcasting Corporation and the Contributors 1965
© 1971 EMC Corporation

All rights reserved.
Published by EMC Publishing
300 York Avenue
Saint Paul, Minnesota 55101
Printed in the United States of America by arrangement with the
British Broadcasting Corporation
20 19 18 17 16 15 14

INTRODUCTION

SUIVEZ LA PISTE is a detective thriller based on a television French language course produced by the British Broadcasting Corporation. Together with the accompanying book, seven recordings (tapes or cassettes), and a comprehensive Teacher's Guide, the program will help the student to improve his ability to speak French and to understand it when spoken naturally by French people.

SUIVEZ LA PISTE covers progressively the most common patterns of speech in everyday spoken French. Each episode contains, besides the story, useful vocabulary and conversational exchanges.

This book begins with a general introduction on how French is spoken. The text of each episode is then followed by a list of useful expressions, an explanation of how the language is used, and a section of practice material. At the end of the book are questions about each episode, a grammar synopsis and a glossary of all the words used in the episodes.

The practice sections in this book are very important. They are designed to enable the student to respond quickly and naturally in French to various cues. They are not difficult and primarily aim at fluency rather than complicated structures. To use them properly, the student should cover up the page with a piece of paper or a notecard and move it down the page to reveal one line at a time. First the student will find an example and then he is asked to produce a series of sentences following the pattern of that example. The student should read each question or cue aloud, then say the answer. As he moves the paper or card down the page, the correct answer will appear on the left before the next question or cue. The student should go through the exercise several times until the answers come automatically.

The tapes or cassettes contain the dramatized and sound-effected version of the individual episodes. The recorded section of each episode is indicated in this book by a vertical line in the margin. Furthermore, listening comprehension tests for each episode have been recorded to measure the student's understanding of the recorded sections.

The idea behind this series is to show the student that he can learn and improve his French in an entertaining way and, at the same time, achieve reasonable fluency, a good pronunciation and the confidence to use his French in conversation.

CONTENTS

Speaking French   6

Piste six   8

Fausse piste   16

La Société Soleil   24

Poursuites   32

Un homme mort   40

Piste dangereuse   47

L'agent vingt-quatre   56

Dans le noir   64

Piste sept   71

Piste de Genève   79

La Baronne   87

Passages difficiles   94

La 'Rose'   101

Stratagèmes   109

Nouvelle piste   116

Chinoiseries   125

Piste huit   132

Virus-danger!   140

Virus-preuve!   147

L'inspecteur n'est pas content   156

Nationale Six   164

Piste Saint-Marc   173

Faites vos jeux   182

Rien ne va plus   189

Fin de piste   196

Grammar Synopsis   203

Glossary   209

SPEAKING FRENCH

Some of these general hints about speaking French are dealt with more fully in the sections which follow the texts of each episode. With the programmes and the records, these will help you to build up a good pronunciation and intonation in easy stages. But it is a good idea to read through these notes first.

RHYTHM *... English is rather like music, with 'bars' made up of one strong beat and a number of weak beats:*

|TE-le-phone this |EV(e)-ning|

In this sentence there are only two heavy stresses, though there are six syllables. In English, each important word usually has one stressed syllable.

The rhythm of French is more like a machine-gun: syllables follow one another regularly like bullets and each one carries an equal stress except for the last of a group which usually has a stronger stress than the others:

| Té- | lé- | pho- | nez | ce |SOIR|

This time there are six beats for six syllables. And in French the words are run together in groups like this, so that nothing in the way they are said indicates where one word ends and the next begins.

INTONATION

	—	—	¯	\
—				
Il	a	un	pa-	QUET

The commonest intonation in French is one in which the pitch rises gradually with each syllable and falls sharply on the last. This intonation is used for statements, positive or negative.

	—	—	—	—
—				
a) Té	lé-	pho-	nez	-MOI
b) Où	est	la	jeun(e)	FILLE?

Another intonation is that in which the pitch falls gradually with each syllable. This intonation is used (a) for commands and requests, (b) for questions which begin with a question word like où? qu'est-ce que? quand? pourquoi? combien? comment?

		—	—	—
—	—			
Est-c(e)	que	Jean	est	LÀ?
Vous	té-	lé-	pho-	NEZ?

But for questions which expect 'yes' or 'no' as an answer, a gradually rising intonation is used. This type of question may be introduced by 'est-c(e) que' or it may depend entirely on the rising intonation.

UNPRONOUNCED LETTERS AND LIAISON ... *In speaking French, many of the letters which appear in the spelling are not pronounced, and it is better to listen carefully and imitate than to rely on rules of pronunciation. Nevertheless, it is worth remembering that:*

(1) *'h' is never pronounced.*

(2) *'e', 'es', 's' and most other consonants when they come at the end of a word are not usually sounded.*

(3) *'e' is often unpronounced in the middle of a word,* Cath~~e~~rine, Mad~~e~~moiselle, méd~~e~~cin, *and also in* ce, de, le, me, ne, que *etc., when they form part of a phrase:*

Est-c~~e~~ qu'il est là? J'ai d~~e~~ la monnaie.

Où est l~~e~~ téléphone? Vous m~~e~~ téléphonez?

Vous n~~e~~ savez pas? Qu'est-c~~e~~ que c'est qu~~e~~ ça?

HOWEVER ... *final consonants are frequently pronounced when the next word begins with a vowel; this is called* 'liaison' *('linking'). In our explanations, but not in the dialogues, liaison will be indicated by the sign _ , e.g.* vous_avez.

    c'est Catherine *is pronounced* c'e~~st~~ Cath~~e~~rin~~e~~

but c'est_un franc *is pronounced* c'e~~s~~-T-un fran~~c~~

    cinq paquets *is pronounced* cin~~q~~ paque~~ts~~

but cinq_avions *is pronounced* cin-K-avion~~s~~

In liaison certain final consonants are pronounced differently;

s *and* x *are pronounced like the English* z:

    vous savez *is pronounced* vou~~s~~ save~~z~~

but vous_avez *is pronounced* vou-Z-ave~~z~~

    six paquets *is pronounced* si~~x~~ paque~~ts~~

but six_heures *is pronounced* si-Z-~~h~~eur~~es~~

d *is pronounced like the English* t:

    un grand paquet *is pronounced* un gran~~d~~ paque~~t~~

but un grand_homme *is pronounced* un gran-T-~~h~~omm~~e~~

f *is pronounced like the English* v:

    neuf paquets *is pronounced* neuf paque~~ts~~ *(N.B. here the final* f *is pronounced)*

but neuf_heures *is pronounced* neu-V-~~h~~eur~~es~~

IN WORDS OF ONE SYLLABLE ... *ending in* e, *and in the word* la, *an apostrophe replaces* e *or* a *before a vowel:*

je cherche	**j'**arrive	je →j'
est-ce **que** Dacier arrive?	est-ce **qu'**il arrive?	que →qu'
je **ne** cherche pas	je **n'**arrive pas	ne →n'
le paquet	**l'**aéroport	le →l'
la cigarette	**l'**allumette	la →l'

1 · PISTE SIX

(The hall of Orly airport. A loudspeaker announces the arrival of a flight)
Attention, s'il vous plaît. Air France annonce l'arrivée de son vol numéro six cent soixante-trois, en provenance de Genève. Les passagers sont priés de se présenter pour les formalités de police et de douane. Merci!
(Jean Dacier, a tall young man, leaves the customs and goes to a counter where change is given for telephones)
Dacier Pardon, Monsieur. Où est le téléphone? *(no answer from the clerk)*
Monsieur, le téléphone s'il vous plaît. *(the clerk points to the telephone booths)*
Ah bon! C'est là. Merci.
(Dacier makes for one of the booths, but it is already occupied by a young woman. Her name—Catherine Léger)
Dacier Oh! Pardon Mademoiselle.
Catherine Mais je vous en prie, Monsieur.
Dacier *(to himself, noticing that she's attractive)* Elle est bien la fille . . . elle est très bien. *(seeing that she's not telephoning)* Pardon, Mademoiselle, vous téléphonez?
Catherine *(pretending to look up a number)* Euh . . . oui, euh . . . je cherche un numéro dans l'annuaire.
Dacier Ah bien!
Catherine Un petit instant, s'il vous plaît.
Dacier Je vous en prie.
(Catherine notices that he's carrying a folded newspaper showing an advertisement for 'Soleil'—a sun-tan oil. Giving him an anxious look of recognition she scribbles a note and slips it in the coin slot)
Catherine *(leaving the booth)* Voilà, Monsieur!
Dacier Merci beaucoup, Mademoiselle, vous êtes très aimable. *(surprised)* Mais vous ne téléphonez pas?
Catherine Non, le numéro n'est pas dans l'annuaire.

Dacier Alors, le téléphone est libre maintenant?

Catherine Oui, il est libre.

Dacier *(attempting to prolong their conversation)* Et vous n'êtes pas dans l'annuaire, par hasard?

Catherine *(firmly)* Non, Monsieur. Je ne suis pas dans l'annuaire.

Dacier Au revoir, Mademoiselle! Et merci mille fois pour le téléphone. *(calling after her)* Mademoiselle, s'il vous plaît! *(regretfully)* Ça alors, c'est dommage. C'est une belle fille.

(He goes to the telephone and looks for change)

Dacier Est-ce que j'ai de la monnaie? *(finding a coin)* Aha! Qu'est-ce que c'est? Zut alors, c'est un franc.

(He returns to the change counter and tries to attract the clerk's attention)

Dacier Pardon, Monsieur. Vous avez de la monnaie, s'il vous plaît? Monsieur! Vous avez de la monnaie pour le téléphone? *(even more impatiently)* Cinq pièces de vingt centimes, s'il vous plaît! *(getting the change at last)* Merci, *(counting it)* . . . deux, trois, quatre, cinq. Oui, c'est bien ça. *(ironically)* Vous êtes très, très aimable!

(He goes back to put the money in the telephone and finds the note left by Catherine)

Dacier *(reading it)* 'Bar du Dôme. Rue de Berry. Six heures. Piste Six.' *(puzzled)* Piste Six? Mais qu'est-ce que c'est que ça? Ça alors, c'est bizarre. *(thinking she has made a date with him)* Bar du Dôme. Six heures! Eh bien pourquoi pas? C'est une belle fille! *(deciding to keep the date)* Mais oui, Mademoiselle. Avec plaisir, Mademoiselle. Six heures. Bar du Dôme.

(He is interrupted by a woman in the next booth. She appears to be having difficulties)

La dame Pardon, Monsieur. Excusez-moi s'il vous plaît.

Dacier Oui?

La dame Vous avez deux pièces de vingt centimes? Je n'ai pas de monnaie.

Dacier Oui, un instant . . . *(giving her change)* Voilà.

La dame Merci bien *(still in difficulties)* Excusez-moi, mais . . .

Dacier *(this time annoyed)* Oui, qu'est-ce qu'il y a?

La dame *(pointing to the telephone)* Il ne marche pas.

Dacier Mais voyons! *(pointing to the receiver)* Raccrochez le combiné.

La dame Ah bon! *(replacing it and explaining her difficulties)* Excusez-moi, j'arrive de Genève et les téléphones français . . .

Dacier Attendez. Vous avez le numéro?

La dame Oui, j'ai le numéro.

Dacier Qu'est-ce que c'est?

La dame *(showing him the number)* Le voilà. Étoile 08-07.

Dacier Bon. Alors, d'abord deux pièces de vingt centimes ici. *(inserting the coins)* Puis vous décrochez le combiné. Ensuite vous attendez le signal. *(taking off the receiver and waiting for the dialling tone)* Enfin vous composez le numéro. *(dialling)* Étoile, É-T-O zéro huit zéro sept. Voilà, ça sonne. *(the number rings and he hands her the receiver)*

La dame *(unable to make herself heard)* Allô! Allô!

Dacier *(who's had enough)* Appuyez sur le bouton! *(doing it for her)* Là, comme ça!

La dame Merci, Monsieur.

(He goes back to his booth and rings up a girl friend)

Dacier Allô? Allô chérie. C'est Jean. Bonsoir! Oui, je suis à Paris. J'arrive de Genève. Non, je ne suis pas en ville, je suis à l'aéroport, à Orly. Ce soir à neuf heures? *(looking at the note he found)* Ah, non chérie, je regrette, mais ce soir c'est impossible. Non, mon amour, je . . . c'est absolument impossible. *(looking again at the note)* J'ai rendez-vous, un rendez-vous très important. *(at a loss fo an excuse, he notices a restaurant advertisement for business dinners)* Bien sûr, c'est un rendez-vous d'affaires. Oui, en ville. Avec un homme d'affaires *(describing the business man depicted in the advertisement)* Un homme d'affaires . . . gros . . . avec une moustache . . . il a une belle moustache et il a une pipe! Non, il n'est pas anglais! Il est . . . euh . . . suisse, il est de Genève. Oui, ma chérie, je suis désolé. *(looking at his watch)* Déjà cinq heures! J'ai rendez-vous à six heures . . . Oui, mon amour, oui . . . Au revoir . . . Bonsoir et bonne nuit . . . Au revoir.

(He hangs up, takes the note left by the girl and walks away. A man with a scar carrying a small packet approaches the telephone booth furtively. He's holding a newspaper showing the same 'Soleil' advertisement. He looks everywhere for a note. Shaken at finding nothing, he makes off forgetting his packet. The lady in the next booth notices and calls after him)

La dame Monsieur! C'est à vous, le paquet? *(picking up the packet)* Tenez, Monsieur, le voilà.

(The scar-faced man snatches the packet from her and rushes off)

La dame Ah ça alors! Même pas merci! *(calling after him ironically)* Merci, Monsieur, merci beaucoup.

(The Bar du Dôme, a small bar-tabac in a narrow Paris street. Dacier arrives for his date)

Barman Bonsoir, Monsieur.

Dacier Bonsoir.

Barman Monsieur?

Dacier Euh . . . un whisky, s'il vous plaît.

Barman Un whisky; très bien, Monsieur; tout de suite, Monsieur. *(pouring it out)* Et voilà, un whisky.

Dacier Merci.

Barman Eau nature ou eau de seltz?

Dacier Nature. *(as the barman pours water into the whisky)* Ça va. C'est bien. Merci. *(checking his watch)* Vous avez l'heure juste?

Barman Oui, Monsieur, il est six heures.

Dacier Cigarette?

Barman *(declining)* Merci, Monsieur.

Dacier Vous avez du feu?

Barman Du feu, Monsieur? *(offering him a light)* Voilà!

Dacier Merci.

Barman *(noticing Dacier's impatience)* Vous avez rendez-vous?

Dacier Oui, j'ai rendez-vous. Mais où est-elle? *(looking round at the door)*

Barman Oh, vous savez, les femmes! *(seeing Catherine enter)* La voilà, non?

Catherine *(to Dacier)* Excusez-moi. Je suis en retard.

Dacier Mais non, vous n'êtes pas en retard . . . *(offering her a seat)* Tenez, asseyez-vous. Whisky?

Catherine Merci. Pas pour moi. Un . . .

Barman Un apéritif pour Mademoiselle?

Catherine C'est une bonne idée, oui. Un martini blanc.

Barman *(pouring out the drink)* Et voilà.

(She waits till the barman has gone, then turns urgently to Dacier)

Catherine Alors? Où est-il?

Dacier *(puzzled)* Quoi?

Catherine Le paquet, où est-il?

Dacier Le paquet?

Catherine Eh bien, oui, le paquet! Vous arrivez de Genève, non?

Dacier Oui.

Catherine Eh bien alors? Vous avez un paquet pour moi, un petit paquet comme ça. *(indicating the size and shape of the packet she's expecting)*

Dacier Mais . . .

Catherine *(in a panic)* Allons! Vite, le paquet!

SOME EXPRESSIONS

je vous en prie	*don't mention it*
vous êtes très aimable	*it's very kind of you*
merci mille fois	*very many thanks*
ça alors !	*well, I'll be . . . !*
c'est dommage	*that's a pity*
c'est bien ça	*that's quite right*
excusez-moi	*excuse me*
je n'ai pas de monnaie	*I haven't got any change*
mais voyons !	*come now !*
j'arrive de Genève	*I've (just) come from Geneva*
attendez !	*wait a moment*
vous attendez le signal	*you wait for the tone*
ça sonne	*it's ringing*
je regrette	*I'm sorry*
j'ai rendez-vous	*I've an appointment/a date*
un rendez-vous d'affaires	*a business appointment*
un homme d'affaires	*a businessman*
je suis désolé	*I'm very sorry*
bonne nuit !	*sleep well !*
c'est à vous, le paquet ?	*is this your packet ?*
et voilà !	*there you are !*
ça va !	*that's O.K. !*
vous avez du feu ?	*have you got a light ?*
vous savez	*you know*
tenez !	*here !*
asseyez-vous !	*sit down !*

HOW THE LANGUAGE WORKS
VERBS IN THE PRESENT

AVOIR *(to have)*		**ÊTRE** *(to be)*		**CHERCHER** *(to look for)*	
j'ai	vous avez	je suis	vous êtes	je cherche	vous cherchez
il/elle a		il/elle est		il/elle cherche	

Verbs are listed in the glossary at the end of this book and in dictionaries under their infinitive form (avoir, être, chercher, etc.) Those whose infinitives end in -er generally follow the pattern of chercher.

COMMANDS AND REQUESTS . . . *are made by leaving out 'vous' in expressions like: vous appuyez:*

Appuyez sur le bouton   *Press the button*

QUESTIONS . . . *are asked:*
By simply using a rising intonation (see note on intonation, page 6)
Vous téléphonez ?   *Are you using the 'phone?*

By putting **est-ce que** in front of the statement and using a rising intonation
Est-ce que j'ai de la monnaie? *Have I any change?*
Or by using question-words like **où?** or **qu'est-ce que?** together with a falling intonation (see note, page 6)

Où est le téléphone?	*Where is the telephone?*
Qu'est-ce que c'est?	*What is it?*

Note also:

Qu'est-ce que c'est que ça?	*What's that?*
Qu'est-ce qu'il y a?	*What's the matter?*
Où est-il/elle?	*Where is he/she/it?*
Où êtes-vous?	*Where are you?*

NEGATIVE STATEMENTS . . . *are made by putting* **ne** *or* **n'** *before the verb and* **pas** *after it:*

Je ne suis pas dans l'annuaire	*I'm not in the directory*
Le numéro n'est pas dans l'annuaire	*The number isn't in the directory*

Pas *is the more important word and can be used alone in some expressions:*

Pas pour moi	*Not for me*
Même pas merci	*Not even thank you*
Pourquoi pas?	*Why not?*

GENDER . . . *All French nouns are either masculine or feminine and the words which go with them or stand instead of them—articles, adjectives and pronouns —have masculine and feminine forms to suit the noun referred to:*

Je cherche un paquet	*I am looking for a packet*	**un**	
Où est le paquet?	*Where is the packet?*	**le**	are all
Où est-il?	*Where is it?*	**il**	masculine
Le voilà	*There it is!*	**le**	
Je cherche une pipe	*I am looking for a pipe*	**une**	
Où est la pipe?	*Where is the pipe?*	**la**	are all
Où est-elle?	*Where is it?*	**elle**	feminine
La voilà!	*There it is!*	**la**	

C'EST *and* **IL/ELLE EST** *both mean 'he/she/it is'.* **C'est** *is usually used when a noun with* **un/une** *or* **le/la/l'** *follows:*

C'est un franc	*It's a franc*
C'est une belle fille	*She's a lovely girl*

and **il/elle est** *when an adjective or a noun without* **un/une** *or* **le/la/l'** *follows:*

Il est suisse	*He's Swiss*
Il est barman	*He's a barman*

But note that **c'est** *is used even though an adjective follows when no definite noun is referred to:*

Ca alors, c'est bizarre!	*Well, that's strange!*
C'est impossible!	*It's impossible!*

13

PUTTING IT TO USE

Read the note on the inside cover of this book for instructions on using this and the following practice sections

	Est-ce que vous_avez une pipe?	Oui, j'ai une pipe.
Oui, j'ai rendez-vous	Est-ce que vous_avez rendez-vous?	—, — — — .
Oui, j'ai de la monnaie.	Est-ce que vous_avez de la monnaie?	—, — — — .
	Est-ce que vous_êtes_à Paris?	Oui, je suis à Paris.
Oui, je suis_en ville	Est-ce que vous_êtes_en ville?	—, — — — .
Oui, je suis_anglais.	Est-ce que vous_êtes_anglais?	—, — — — .
	Est-ce que vous cherchez un paquet?	Oui, je cherche un paquet.
Oui, je téléphone.	Est-ce que vous téléphonez?	— , — — .
Oui, j'arrive à Orly.	Est-ce que vous_arrivez à Orly?	—, — — .
Oui, j'arrive ce soir.	Est-ce que vous_arrivez ce soir?	—, — — .

	J'ai de la monnaie.	Est-ce que vous_avez de la monnaie?
Est-ce que vous_avez le numéro de téléphone?	J'ai le numéro de téléphone.	— — — — — ?
Est-ce que vous_êtes libre ce soir?	Je suis libre ce soir.	— — — — ?
Est-ce que vous_êtes dans l'annuaire?	Je suis dans l'annuaire.	— — — — ?
Est-ce que vous_arrivez de Genève?	J'arrive de Genève.	— — — — ?

	Vous_avez le paquet?	Non, je n'ai pas le paquet.
Non, je n'ai pas rendez-vous.	Vous_avez rendez-vous?	—, — — — .
Non, Dacier n'a pas le paquet.	Dacier a le paquet?	—, — — — .
Non, je ne suis pas à l'aéroport.	Vous_êtes_à l'aéroport?	—, — — — .
Non, Catherine n'est pas à Genève.	Catherine est_à Genève?	—, — — — .
Non, je ne cherche pas le numéro dans	Vous cherchez le numéro dans l'annuaire?	—, — — — .

Oui, composez le numéro.
Oui, téléphonez à Genève.

Je raccroche le combiné?
Je compose le numéro?
Je téléphone à Genève?

Oui, raccrochez le combiné.
— ; — — — .
— , — — — .

Le numéro? le voilà!
L'annuaire? le voilà!

La pièce? la voilà!
L'adresse? la voilà!

Je cherche un paquet.
Je cherche un numéro.
Je cherche un_annuaire.
Je cherche une pipe.
Je cherche une pièce.
Je cherche une adresse.

Le paquet? le voilà!
— — ? — — !
— — ? — — !
La pipe? la voilà!
— — ? — — !
— — ? — — !

Non, il est suisse.
Non, elle est à Paris.

Non, mais il a rendez-vous avec Catherine.
Elle cherche le numéro de téléphone.
Il cherche de la monnaie.

Est-ce que Dacier est_à Paris?
Est-ce que le passager est_anglais?
Est-ce que Catherine est_à Genève?
Est-ce que Dacier a une pipe?
Est-ce que Dacier a rendez-vous avec un_homme d'affaires?
Qu'est-ce que Catherine cherche?
Et Dacier, qu'est-ce qu'il cherche?

Non, il est à Orly.
Non, — — suisse.
— , — — — Paris.
Non, mais il a une cigarette
Non, — — — — — avec Catherine.
Elle — — — numéro de téléphone.
— — de la monnaie.

Il est_anglais.
Elle est_aimable.
Elle est libre ce soir.
Il est libre.

C'est_un passager.
C'est_un homme d'affaires.
C'est une dame.
C'est_une belle fille.
C'est_un téléphone.

Il est suisse.
— — anglais.
Elle — aimable.
— — libre ce soir.
— — libre.

15

2·FAUSSE PISTE

(The Bar du Dôme. Dacier and Catherine are still talking)
Dacier *(with a laugh)* Mais qu'est-ce que vous racontez? Un paquet?
Catherine Vous trouvez ça drôle?
Dacier *(explaining himself)* Non, je trouve ça bizarre.
Catherine Ah? ·
Dacier Forcément. Après tout, cette histoire est bizarre. Qu'est-ce que c'est, ce fameux paquet?
Catherine Vous êtes trop curieux. *(getting up to leave)* Je pars.
Dacier *(holding her back)* Mais c'est normal. Une belle fille . . . un message dans le téléphone . . . un rendez-vous. *(pointing to himself and then to her)* Me voilà, vous voilà. Et puis maintenant vous demandez un 'paquet'. *(emptying his glass)* Barman!
Barman Oui, Monsieur.
Dacier *(to Catherine)* Qu'est-ce que vous voulez? Un autre martini?
Catherine Non, non merci.
Dacier *(insisting)* Mais si! *(to the barman)* Un autre martini pour Mademoiselle.
Barman Bien, Monsieur. *(pouring out the drink)* Voilà, Mademoiselle, un autre martini. Et pour vous, Monsieur? Qu'est-ce que vous voulez?
Dacier Je voudrais un autre whisky, s'il vous plaît. *(the barman pours it out)* Merci, et je voudrais de l'eau . . . *(turning to Catherine)* À votre santé, Mademoiselle. *(remembering he hasn't introduced himself)* . . . euh . . . Ah, ça alors, excusez-moi! Permettez-moi de me présenter. Je m'appelle Jean, Jean Dacier.
Catherine Enchantée.
Dacier Tout le plaisir est pour moi! Mais vous, comment vous appelez-vous?
Catherine Catherine.
Dacier C'est tout?
Catherine *(wanting to hide her full name)* C'est tout. Catherine, tout simplement.

Dacier Eh bien . . . enchanté, Catherine. Dites-moi, où est-ce que vous travaillez?

Catherine Je travaille à Paris.

Dacier *(ironically)* Original. Et où est-ce que vous habitez?

Catherine À Paris naturellement.

Dacier *(even more ironically)* Naturellement! Bon. Eh bien, moi, j'habite quinze Boulevard Raspail, premier étage à gauche. Téléphone Babylone onze quatorze.

Catherine *(mocking him)* C'est passionnant.

Dacier *(with a laugh)* Je suis un passionné. *(changing the subject)* Vous dînez avec moi ce soir?

Catherine Non. Je n'ai pas le temps. Je travaille.

Dacier Vous travaillez? Tiens! *(taking out his cigarettes)* Cigarette? *(but the packet's empty)* Ah, il est vide. Attendez, qu'est-ce que vous voulez comme cigarettes?

Catherine *(thinking this is the cue for getting her mysterious 'packet')* Je voudrais des Dubellay, bien sûr.

Dacier Bon, j'achète des cigarettes. *(going to the tobacco counter)*

Barman *(to a woman customer)* Une carte postale et un timbre. Un franc dix. Merci, Madame.

Dacier *(to the barman)* Vous avez des Dubellay?

Barman Oui, j'en ai.

Dacier Donnez-moi un paquet pour Mademoiselle. *(looking at Catherine)*

Barman Voilà, Monsieur.

(Dacier takes the cigarettes to Catherine. She gives him a strange look and starts to open them)

Dacier *(back at the cigarette counter)* Est-ce que vous avez des Régences bout filtre?

Barman Non, je regrette. Mais j'en ai sans filtre.

Dacier Bon, donnez-moi ça.

Barman Voilà, Monsieur.

Dacier Et des allumettes. . . . Ah, non! *(returning the matches)* Est-ce que vous avez des briquets pas chers?

Barman Oui, j'en ai. *(showing a cheap lighter to Dacier)* Voilà; c'est quatre francs.

Dacier Bon, donnez-moi un briquet comme ça.

(In the meantime, Catherine has been examining the packet of cigarettes Dacier gave her. She finds nothing and becomes more anxious and silent)

Dacier *(offering Catherine a light)* Du feu? Alors, vous ne dînez pas avec moi ce soir?

Catherine Non, Monsieur.

Dacier Vous préférez peut-être le théatre, le cinéma, ou . . . le quinze Boulevard Raspail . . .

Catherine *(ironically)* Premier étage à gauche.

Dacier *(suddenly pointing to the message she left him)* Piste Six.

Catherine *(starting up)* Hmm?

Dacier Qu'est-ce que ça signifie?

Catherine Rien.

Dacier Après tout, c'est bizarre, n'est-ce pas? Piste Six. Mais qu'est-ce que ça signifie?

Catherine Je répète, rien!

Dacier Et ce rendez-vous?

Catherine *(scornfully)* Vous êtes bête!

Dacier *(with irony)* Merci. Vous, vous êtes charmante. *(calling back the barman)* Barman, donnez-moi encore un whisky et un martini pour ma charmante amie. *(indicating Catherine)*

Barman *(to her)* Avec de la vodka?

Catherine *(slyly)* Oui, je veux bien.

(The barman turns to the shelves. Dacier watches him. Catherine takes advantage of their inattention to slip away)

Dacier *(finding she's gone)* Eh bien, ça alors!

Barman Ah là, Monsieur. Pas de chance.

Dacier Non, mais regardez! *(picking up a pair of gloves she's left behind)* Il y a de l'espoir. *(leaving some money and hurrying to the door)*

(The entrance hall of an office building across the street)

Concierge *(directing a delivery boy)* C'est par là, mon petit. Quatrième étage. *(stops the boy as he makes for the stairs and gestures to the lift)* Mais prenez l'ascenseur; il est là!

(The boy goes up in the lift. Catherine comes in and makes straight for it)

Concierge *(to Catherine)* Bonsoir, Mademoiselle Léger.

Catherine *(breathlessly)* Bonsoir, Madame Richard.

Concierge Vous êtes bien pressée.

Catherine *(impatient that the lift is engaged)* Ah cet ascenseur!

Concierge Voyez, il est occupé.

Catherine *(looking at the lift)* Est-ce qu'il arrive, oui ou non?·

Concierge Mais qu'est-ce qu'il y a?

Catherine Un homme . . .

Concierge Un homme! *(jokingly)* Vous êtes une belle fille, ma petite.

Catherine Non, écoutez, c'est sérieux. *(whispering)* Piste Six.

Concierge *(suddenly changing her attitude)* Ah? Vous êtes sûre?

Catherine Oui.

Concierge Où est-il?

Catherine Au Bar du Dôme. *(she looks across the street to the bar and sees Dacier coming out of it)* Le voilà. Il sort du bar . . . il vient ici!

Concierge Alors vite! *(as the lift arrives)* Ah, voilà l'ascenseur. *(watching Dacier through the window)* Il arrive. Vite! Allez! Vite! Montez! Il entre!

(Dacier enters the hall as the lift doors close on Catherine. He fails to see her)

Concierge *(to Dacier)* Monsieur?

Dacier Bonsoir, Madame . . .

Concierge Oui?

Dacier Vous êtes la concierge?

Concierge Vous voyez bien, non? *(ironically)* Je ne suis pas la reine d'Angleterre.

Dacier Je cherche une jeune fille, une jeune fille brune, très belle.

Concierge Ah?

Dacier Elle s'appelle Catherine.

Concierge *(hedging)* Catherine? Catherine quoi?

Dacier Je ne sais pas. Elle est brune – très belle. Est-ce qu'elle travaille ici?

Concierge Catherine? Une brune? *(lying)* Non, Monsieur, elle ne travaille pas ici.

Dacier Vous êtes sûre?

Concierge Oui, je suis sûre.

Dacier Pourtant . . . elle travaille ou elle habite ici. Une jeune fille brune . . .

Concierge *(firmly)* Non, Monsieur. Ce n'est pas ici! Je regrette beaucoup. *(turning her back on him)* Au revoir, Monsieur.

(Dacier turns away, takes a closer look at the gloves and discovers the name of the shop where they were bought. He has an idea)

Dacier Hmm, 'À la Mode de Paris'!

SOME EXPRESSIONS

c'est normal	*it stands to reason*
à votre santé!	*your health!*
permettez-moi de me présenter	*allow me to introduce myself*
tout le plaisir est pour moi	*the pleasure's mine*
dites-moi!	*tell me!*
qu'est-ce que vous voulez comme cigarettes?	*what kind of cigarettes do you want?*
pas de chance!	*bad luck!*
il y a de l'espoir	*there's hope*
voyez!	*do you see!*
il sort du bar	*he's leaving the bar*
vous voyez bien, non?	*you can see, can't you?*
je ne sais pas	*I don't know*

HOW THE LANGUAGE WORKS

PARTIR *(to go away)*

je pars	vous partez
il/elle part	

SORTIR *(to go out)*

je sors	vous sortez
il/elle sort	

VENIR *(to come)*

je viens	vous venez
il/elle vient	

THE ARTICLES DU, DE LA, DE L' . . . *are always used with the names of 'uncountable' things, like 'whisky', 'water', 'tobacco', etc. In English, nouns like these usually appear either without an article or with 'some' or 'any'.*

Vous̲avez du whisky?	*Have you any whisky?*
Avec de la vodka?	*With vodka?*
Je voudrais de l'eau	*I'd like some water*

DES . . . *is the plural of* un/une

Vous voulez une cigarette?	*Would you like a cigarette?*
J'achète des cigarettes	*I'll buy some cigarettes*

LES . . . *is the plural of* le/la/l'

Vous̲avez le paquet?	*Have you got the packet?*
Vous̲avez les paquets?	*Have you got the packets?*

J'EN AI . . .

Vous̲avez des Dubellay?	*Have you any Dubellay?*
Oui, j'en̲ai	*Yes, I have (some)*
Vous̲avez du whisky?	*Have you any whisky?*
Oui, j'en̲ai	*Yes, I have (some)*

In the answers to these questions en *stands for **both** du/de la/de l'/des **and** the noun they go with.* En *corresponds to 'some' but, whereas in English 'some' may be left out, in French* en *is never omitted.*

QU'EST-CE QUE VOUS VOULEZ? . . . *The polite answer to this question is* je voudrais . . .

Qu'est-ce que vous voulez?	*What do you want/would you like?*
Je voudrais un whisky	*I'd like a whisky*
Note also:	
Vous voulez de la vodka?	*Would you like some vodka?*
Oui, je veux bien	*Yes please*

OÙ EST-CE QUE . . . *followed by the normal word order can be used to ask the question 'where'?:*

Où est-ce que vous̲habitez?	*Where do you live?*

But remember the order with où *on its own and the verb* être:

Où êtes-vous?	*Where are you?*
Où est le téléphone?	*Where is the telephone?*

À PARIS . . . *'In' or 'at' followed by the name of a town or place is expressed in French by* **à***:*

Je suis à Orly	*I'm at Orly*
Je travaille à Paris	*I work in Paris*

But if the place is a postal address, the address simply follows the verb without **à**

J'habite rue Clémenceau	*I live in the rue Clemenceau*
Il habite Place Victor Hugo	*He lives in the Place Victor Hugo*
J'habite quinze Boulevard Raspail	*I live at 15 Boulevard Raspail*

-MOI . . . *can mean 'me' after a request or command (imperative):*

Excusez-moi!	*Excuse me!*
Donnez-moi le paquet	*Give me the packet*

ME VOILÀ, VOUS VOILÀ . . .

Me voilà	*Here I am*
Vous voilà	*Here/there you are*

COMMENT VOUS APPELEZ-VOUS? . . . JE M'APPELLE . . . IL/ELLE S'APPELLE

Comment vous appelez-vous?	*What's your name?*
Je m'appelle Catherine	*My name's Catherine*
Elle s'appelle Catherine	*Her name is Catherine*

Note the difference in pronunciation and spelling of the forms of this verb: appelez *(aplé) and* appelle *(apèl).*

Here (é) represents the close e-sound, as in **téléphoner, les, des, avez, j'ai.** *The nearest sound to it in English is the 'i' in 'sit'.*

-(è) represents the open e-sound, as in **pièce, c'est, cette, êtes, paquet, monnaie, s'il vous plaît.** *The nearest sound to it in English is the 'e' in 'get'.*

Du feu? Oui, j'en ai.
Du whisky? Oui, j'en ai.
De l'argent? Oui, j'en ai.
De l'eau? Oui, j'en ai.

De la monnaie? Oui, il en a.
Des cigarettes? Oui, elle en a.

Des pièces de vingt centimes? Oui, elle en a.

Est-ce que vous avez du tabac?
Est-ce que vous avez du feu?
Est-ce que vous avez du whisky?
Est-ce que vous avez de l'argent?
Est-ce que vous avez de l'eau?
Est-ce que le barman a de la vodka?
Est-ce que Jean a de la monnaie?
Est-ce que Catherine a des cigarettes?
Est-ce que la concierge a des pièces de vingt centimes?

Du tabac? Oui, j'en ai.
— —, j'— —.
— —, j'— —.
— —?, j'— —.
— —?, — —, — —.
— —?, — —, — —.
De la vodka? Oui, il en a.
— —?, — —, — —.
— —?, — —, — —.

Je voudrais de l'eau

Je voudrais du café.

Je voudrais de la vodka.

Qu'est-ce que vous voulez? Du tabac ou des cigarettes?
Qu'est-ce que vous voulez? Du vin ou de l'eau?
Qu'est-ce que vous voulez? Du thé ou du café?
Qu'est-ce que vous voulez? Du cognac ou de la vodka?

Je voudrais des cigarettes.
— — —.
— — —.
— — —.

Non, donnez-moi du vin.
Non, donnez-moi des allumettes.
Non, donnez-moi de la vodka.
Non, donnez-moi de l'eau de Seltz.

Vous voulez des Gauloises?
Vous voulez de l'eau?
Vous voulez des briquets?
Vous voulez du cognac?
Vous voulez de l'eau nature?

Non, donnez-moi des Gitanes.
— , — — du vin.
— , — — allumettes.
— , — — vodka.
— , — — eau de Seltz.

Il est à Paris.	Où est l'aéroport ?	Il est à Orly.
Elle est à Genève.	Où est le bar ?	— — Paris.
Elle est à Paris.	Où est la dame ?	— — Genève.
	Où est la Tour Eiffel ?	— — .

Non, je ne travaille pas à Orly, je travaille à Genève.	Est-ce que vous habitez à Paris ?	Non, je n'habite pas à Paris, j'habite à Londres.
	Est-ce que vous travaillez à Orly ?	—, — — — — — , — — — Genève.
Non, je ne dîne pas à Versailles, je dîne à Paris.	Est-ce que vous dînez à Versailles ?	—, — — — — — — — — Paris.

Il travaille à Paris.	Où est-ce que Jean téléphone ?	Il téléphone à Orly.
Elle travaille aussi à Paris.	Où est-ce que le barman travaille ?	— — Paris.
Il habite neuf rue Lepic.	Où est-ce que la concierge travaille ?	— — aussi — .
Elle habite six Place Clichy.	Où est-ce que Paul habite ?	Il habite 9 rue Lepic.
Il habite quinze Boulevard Raspail.	Où est-ce qu'Annette habite ?	— — 6 Place Clichy.
	Où est-ce que Dacier habite ?	— — — — .

Non, ce n'est pas drôle.	C'est bizarre, n'est-ce pas ?	Non, ce n'est pas bizarre.
Non, ce n'est pas tout.	C'est drôle, n'est-ce pas ?	—, — — — — .
Non, ce n'est pas normal.	C'est tout, n'est-ce pas ?	—, — — — — .
Non, ce n'est pas impossible.	C'est normal, n'est-ce pas ?	—, — — — — .
	C'est impossible, n'est-ce pas ?	—, — — — — .

3·LA SOCIÉTÉ SOLEIL

(The offices of the 'Société Anonyme Soleil'—a sun-tan oil firm. Lemaître, the head of the firm, refers to a letter and speaks to his secretary over the intercom)
Lemaître Mademoiselle, passez-moi la Maison Leclerc, s'il vous plaît. Je voudrais parler à Monsieur Deville. Poste dix-huit!
(Catherine enters his office. She looks worried)
Lemaître Ah Catherine, ma jolie! Asseyez-vous. *(pointing to a chair)*
Catherine *(noticing a file on it)* Où est-ce que je mets ce dossier?
Lemaître Mettez-le sur la table! *(his call comes through)* Ah, c'est vous, mon cher Édouard? Bonjour. Comment allez-vous? . . . Oui, merci. Ça va. Et les affaires vont bien? . . . Écoutez, Édouard, *(looking at the letter)* j'ai votre lettre du seize mars–c'est pour la commande . . . *(looking at some sample bottles on his desk)* Mais oui, il y a deux types de flacons; le grand et le petit . . . *(looking at sample tubes)* j'en ai aussi en tube . . . Une réduction? Bien sûr, cinq pour cent. Ça va? *(making a note)* Alors vingt cartons de tubes et cent cartons de petits flacons . . . *(reassuringly)* Comptez sur moi pour l'escompte . . . Et la commande va à l'entrepôt de Fontainebleau. Demain: mardi. Bien . . . Comment? *(turning to a selection of publicity material)* Oui, Édouard. *(reading a slogan on a poster)* 'Soleil–l'Huile Moderne de Bronzage'. Oui, j'ai des affiches publicitaires. Le modèle? *(eyeing Catherine then the poster)* Oui, c'est une très jolie fille . . . elle est charmante! Bien. Alors au revoir et merci . . . À votre service. *(he puts down the receiver and turns to Catherine)* Alors, ma belle . . .
Catherine *(uneasily)* Eh bien.
Lemaître Oui?
Catherine Euh . . . j'ai une mauvaise nouvelle.
Lemaître *(his attitude suddenly hardens)* Quoi? La Police?
Catherine *(surprised)* La Police? Non.
Lemaître Ah bon. Eh bien, alors?
Catherine Je n'ai pas le paquet.
Lemaître *(sharply)* Hein? Et pourquoi pas? Vous êtes allée à Orly, non?
Catherine Oui, je suis allée à l'aéroport.
Lemaître Et alors? Racontez!
Catherine *(telling what happened)* Eh bien . . . je suis arrivée à Orly, je suis allée à la cabine téléphonique. L'avion de Genève est arrivé et . . .
Lemaître *(impatiently)* Oui, continuez . . .
Catherine Un passager est venu avec un journal plié comme ça . . . *(demonstrating how Dacier's newspaper was folded to show the 'Soleil' advertisement)* Alors, évidemment je cache le message dans le téléphone comme d'habitude . . .

Lemaître Et alors?

Catherine Alors, je suis sortie de l'aéroport et je suis allée au Bar du Dôme.

Lemaître Et il n'est pas venu?

Catherine Si, il est venu, mais sans le paquet.

Lemaître Et qui est cet homme?

Catherine Je ne sais pas.

(Lemaître opens a drawer and pulls out a photograph of the scar-faced man whom she missed at Orly)

Lemaître C'est lui ou non?

Catherine Montrez-moi la photo.

Lemaître *(showing it)* La voilà. C'est lui? ou non?

Catherine Non. L'autre homme, l'homme du bar . . . il est beau, grand, jeune.

Lemaître *(pointing to the photograph)* Mais c'est lui, la Piste Six! Espèce de petite idiote! Et où est-il maintenant ce 'beau, grand, jeune homme'?

Catherine *(continuing her story)* Eh bien, je suis sortie du Bar, je suis partie très vite mais . . .

Lemaître *(furious)* Et il est venu ici! Mais oui, ma chère, il vous cherche, il cherche la belle petite Catherine! Petite gourde!

('À la Mode de Paris', a small woman's clothing shop. Dacier comes in with the gloves Catherine left behind. The assistant is finishing serving a customer)

Vendeuse *(to the customer)* Au revoir Madame, et merci. *(to Dacier)* Vous désirez, Monsieur?

Dacier Ah, excusez-moi euh . . . un petit renseignement, s'il vous plaît. Des gants comme ça . . . *(showing the gloves)*

Vendeuse Oui. Vous désirez les mêmes?

Dacier Non, mais est-ce que vous avez beaucoup de gants comme ça?

Vendeuse Montrez-moi. *(taking the gloves)* Ah non, c'est très spécial. Ce n'est pas un article de série.

Dacier Ah bien! Écoutez, Madame, une jeune fille est venue ici pour acheter ces gants. Est-ce que vous avez son adresse?

Vendeuse *(shocked by his question)* Ah non, Monsieur, vous pensez!

Dacier Écoutez, je cherche cette jeune fille et . . .

Vendeuse Vous êtes de la police?

Dacier Non. *(embarrassed)* Une jeune fille brune, très belle . . .

Vendeuse *(with an understanding smile)* Ah, je comprends! *(looking closer at the gloves)* Attendez . . .

(Lemaître's office. Catherine makes as if to go)

Lemaître Mais, où est-ce que vous allez?

Catherine Je vais à la maison!

Lemaître *(stopping her)* Vous allez chez vous! Mais vous êtes folle! Le type vous cherche. Non, attendez ici au bureau!

Catherine Mais il ne sait pas où j'habite.

Lemaître Et s'il est de la police?

Catherine Mais il n'est pas de la police. *(ingenuously)* Et puis enfin, après tout, ce n'est pas terrible. Ces paquets, ces fameux paquets de Genève, qu'est-ce qu'il y a dans ces paquets?

Lemaître *(mysteriously)* Eh bien, qu'est-ce qu'il y a dans ces paquets?

Catherine Je ne sais pas *(shrugging her shoulders)* . . . des vitamines pour l'Huile Soleil ou quelque chose comme ça!

Lemaître *(sarcastically)* Des vitamines! Ha! Non, petite gourde, non! *(he opens a packet on his desk, removes some cigarettes and reveals a small metallic container)* Ce n'est pas pour l'Huile Soleil, c'est pour quelque chose de dangereux, d'extrêmement dangereux.

(Catherine is taken aback)

Lemaître Alors, est-ce que vous comprenez enfin?

Catherine *(quietly)* Oui.

Lemaître *(gravely)* C'est sérieux, très sérieux. Alors, écoutez-moi bien. Pas un mot de tout ça, à personne! *(the telephone rings. He picks it up)* Allô, Henri Lemaître à l'appareil . . . *(a foreign voice answers)* Ah c'est vous . . . *(he seems shaken)* Le paquet? Pour quand, pour jeudi? *(looking at his diary)* Bah, c'est difficile. *(anxiously)* Comment? . . . *(trying to please)* Bon. Très bien. Oui, je comprends . . . Comptez sur moi . . . entendu . . . Au revoir. *(he puts down the receiver)* Ah, bon sang! *(in a fury he picks up the photo of the scarred man)* Mais où est-ce qu'il est, ce type de la Piste Six? Je veux ce paquet, bon sang de bon sang!

(The clothing shop)

Vendeuse *(examining the gloves)* Oui, ces gants . . . Ah oui, c'est peut-être ça. *(looking at a calendar)* Aujourd-hui c'est lundi le vingt-deux. Samedi le treize, non, vendredi le douze, une jeune fille – une jeune fille brune – est effectivement venue ici pour acheter des gants comme ça.

Dacier Comment est-ce qu'elle s'appelle? Catherine . . . quoi?

Vendeuse Ah, je ne sais pas. Mais elle vient souvent ici et je sais où elle habite.

Dacier Ah oui, où ça?

Vendeuse Elle habite là, dans cette rue. *(pointing to a tall block of flats across the street)* Regardez là, le grand immeuble. Eh bien, elle habite là – dans cet immeuble.

Dacier Ah ça, c'est formidable. Merci beaucoup, Madame. Vous êtes vraiment très aimable. *(he decides to buy Catherine a present)* Attendez, je voudrais quelque chose pour cette jeune fille.

Vendeuse Alors merci à vous, Monsieur. Qu'est-ce que vous désirez?

Dacier Oh . . . un cadeau.

Vendeuse *(pointing to various articles)* Des bas, non? Une autre paire de gants, peut-être? Des mouchoirs, un sac?

Dacier Non . . . je ne sais pas.

Vendeuse Un joli chemisier? *(as a joke)* Ou alors voyez, j'ai des robes d'été . . . charmantes . . .

Dacier *(joking back)* Pourquoi pas un soutien-gorge?

Vendeuse *(serious again)* J'ai une idée. Un foulard de soie!
Dacier Montrez-moi.
Vendeuse Voilà.
Dacier Ah oui. Très bien, très joli. Donnez-moi ce foulard, s'il vous plaît.
Vendeuse Cinquante francs, Monsieur. Ça va?
(Dacier nods and the assistant wraps up the scarf. He looks again over to the block of flats)
Dacier Hmm! Dans cet immeuble!

(Lemaître's office. He threatens Catherine)
Lemaître Alors, c'est compris, ma petite? Pas un mot! Et attention, n'est-ce pas? Vous êtes dans cette affaire avec moi . . . *(drawing a paperknife sharply across his throat)* et jusque là!

SOME EXPRESSIONS

je voudrais parler à . . .	*I'd like to speak to . . .*
comment_allez-vous?	*how are you?*
les_affaires vont bien?	*is business all right?*
cinq pour cent	*five per cent*
comptez sur moi	*rely on me*
à votre service	*any time I can help/at your service!*
comme d'habitude	*as usual*
il vous cherche	*he's looking for you*
vous pensez!!	*really!!*
je comprends	*I understand*
il ne sait pas	*he doesn't know*
quelque chose de dangereux	*something dangerous*
est-ce que vous comprenez?	*do you understand?*
. . . à l'appareil	*. . . speaking (on the telephone)*
c'est peut-être ça!	*that may be it!*
où ça?	*where's that?*
merci à vous	*thank you*
c'est compris?	*is that understood?*

HOW THE LANGUAGE WORKS
A FEW COMMON ADJECTIVES . . . *nearly always come before the noun:*

beau, belle	une belle fille	*a lovely girl*
bon, bonne	une bonne idée	*a good idea*
cher, chère	mon cher Édouard	*my dear Edward*
grand, grande	le grand_immeuble	*the big building*
jeune	une jeune fille	*a girl (a young unmarried woman)*
joli, jolie	une jolie fille	*a pretty girl*
mauvais, mauvaise	une mauvaise nouvelle	*a piece of bad news*
petit, petite	un petit paquet	*a small parcel*

MOST OTHER ADJECTIVES . . . *come after the noun:*

un rendez-vous important   *an important appointment*

une jeune fille brune   *a dark-haired girl*

ALL ADJECTIVES . . . *agree in gender (masculine or feminine) with the noun they refer to. If the noun is feminine, the adjective will always end in* **-e**. *The feminine form differs from the masculine in the following ways:*

	Spelling	*Pronunciation*
if the masculine ends in **-e:**	*no change*	*no change*

il est aimable

elle est aimable

if the masculine ends in
a vowel other than -e *or*

in -al *or sounded* -r:	*add* -e	*no change*

il est enchanté

elle est enchantée

And note: **seul** *masculine,* **seule** *feminine ('alone, only')*

if the masculine ends in an

unsounded consonant:	*add* -e	*sound the final consonant*

il est petit

elle est petite

There are a number of special changes which will be noted as we meet them:

ce **beau**, grand jeune homme   *this handsome, tall young man*

c'est un **bel** homme   *he's a handsome man*

c'est une **belle** fille   *she's a lovely girl*

VERBS IN THE PRESENT

ALLER *(to go)*		**METTRE** *(to put)*	
je vais	vous allez	je mets	vous mettez
il/elle va		il/elle met	

THE PAST TENSE . . . *of a small number of common and very useful verbs is formed by using* être *with the past participle of the verb:*

Infinitive	*Past participle*	*Past tense*
aller *(to go)*	allé	je suis allé *(I went, I have gone)*
arriver *(to arrive)*	arrivé	je suis arrivé *(I arrived, I have arrived)*
partir *(to go away)*	parti	je suis parti *(I went away, I have gone away)*
sortir *(to go out)*	sorti	je suis sorti *(I went out, I have gone out)*
venir *(to come)*	venu	je suis venu *(I came, I have come)*

If a verb forms its past tense with être, *this will be noted in the glossary.*

THE PAST PARTICIPLE . . . *of verbs whose infinitive ends in* -er *is always in* -é

arriver: arrivé

aller: allé

The others are best learnt as they occur; they are all given in the glossary.

AFTER ÊTRE . . . *the past participle behaves like an adjective and agrees with the subject of the verb. So if the subject is feminine it adds* **-e***:*

Il est venu ici	*He came here*
Une jeune fille est venue ici	*A girl came here*

À . . . *before the name of a place means 'to' as well as 'at', or 'in':*

Vous êtes allée à Orly?   *Did you go to Orly?*

AU . . . *'to the', 'at the', is used with a masculine noun beginning with a consonant:*

Je suis allée **au** bar	*I went to the bar*
Je suis allée à l'aéroport	*I went to the airport*
Je suis à la maison	*I'm at home*

CHEZ . . .

chez moi	*'at home' (at my home) or 'home' (to my house)*
chez vous	*'at your house' or 'to your home'*
chez Jean	*'at/to John's place'*

DE . . . *can mean 'from, 'out of' as well as 'of':*

Je suis sortie du bar	*I came out of the bar*
Je suis sortie de l'aéroport	*I came out of the airport*
Vous êtes de la police?	*Are you from the police?*

CE, CET, CETTE, CES . . . *this/that; these/those:*

	Singular	Plural
masculine (before consonant)	**ce** jeune garçon	**ces** jeunes garçons
(before vowel or mute h)	**cet** homme	**ces** hommes
feminine	**cette** jeune fille	**ces** jeunes filles

THE PRONOUNS LE/LA . . . *used as direct objects ('him/her/it') come after commands and requests (imperatives). N.B. This does not apply to negative commands and requests:*

Où est-ce que je mets ce dossier?	*Where shall I put this file?*
Mettez-**le** sur la table	*Put it on the table*
Où est-ce que je mets cette tasse?	*Where shall I put this cup?*
Mettez-**la** sur la table	*Put it on the table*

SI . . . *is the word for 'yes' in answer to a negative question or in contradiction of a negative statement:*

Et il n'est pas venu?	*And he didn't come?*
Si, il est venu	*Yes, he did*
Non, merci	*No thank you*
Mais si!	*But yes (you must)!*

PUTTING IT TO USE

	Questions	Answers
Oui, je viens d'Orly.	Vous venez de Genève?	Oui, je viens de Genève.
Oui, je viens du bar.	Vous venez d'Orly?	—, — — — .
Oui, il vient de l'aéroport.	Vous venez du bar?	—, — — — .
Oui, il vient de la banque.	Jean vient de l'aéroport?	—, il vient — — .
Oui, elle vient de chez moi.	Lemaître vient de la banque?	—, — — — .
	La concierge vient de chez vous?	—, — — — .

Oui, elle est arrivée ce soir.	L'avion de Genève est arrivé?	Oui, il est arrivé ce soir.
Oui, il est sorti ce soir.	Catherine est arrivée?	—, — — — .
Oui, elle est sortie ce soir.	Lemaître est sorti?	—, — — — .
Oui, il est venu ce soir.	La vendeuse est sortie?	—, — — — .
Oui, elle est venue ce soir.	Ce jeune homme est venu?	—, — — — .
	La concierge est venue?	—, — — — .

Je suis allé(e) au cinéma.	Où est-ce que vous êtes allé(e)?	Je suis allé(e) au café.
Je suis allé(e) à l'hôtel.	Où est-ce que vous êtes allé(e)?	— — — cinéma.
	Où est-ce que vous êtes allé(e)?	— — — — hôtel.
Il est allé à la cabine téléphonique.	Où est-ce que Catherine est allée?	Elle est allée à l'aéroport.
	Où est-ce que Jean est allé?	— — — — cabine téléphonique.

Il est joli ce foulard, n'est-ce pas?   Oui, c'est un joli foulard.

Il est beau ce sac, n'est-ce pas?   — , — — — — .
Il est grand cet_immeuble, n'est-ce pas?   — , — — — — .
Elle est belle cette fille, n'est-ce pas?   — , — — — — .
Elle est grande cette maison, n'est-ce pas?   — , — — — — .

Oui, c'est_un beau sac.
Oui, c'est_un grand_immeuble.
Oui, c'est_une belle fille.
Oui, c'est_une grande maison.

Vous_achetez ces mouchoirs ou ce foulard ?   J'achète ce foulard.

Vous_achetez ce chapeau ou ce sac ?   — — sac.
Vous_achetez ce chemisier ou cette robe ?   — — — .
Vous_achetez ces gants ou ces mouchoirs ?   — — — .

J'achète ce sac.
J'achète cette robe.
J'achète ces mouchoirs.

Vous_allez à Genève ?   Non, je ne vais pas à Genève aujourd'hui.

Vous_allez au bureau ?   — , — — — — — .
Vous_allez à l'aéroport ?   — , — — — — — .
Jean va à la maison ?   — , il ne va pas — — — .
Catherine va chez Jean ?   — , — — — — — .
La police va chez vous ?   — , — — — — — .

Non, je ne vais pas au bureau aujourd'hui.
Non, je ne vais pas à l'aéroport aujourd'hui.
Non, il ne va pas à la maison aujourd'hui.
Non, elle ne va pas chez Jean aujourd'hui.
Non, elle ne va pas chez moi aujourd'hui.

Elle est grande.   En_effet, elle est très grande.
Et lui?   Lui? il est très grand aussi.

Elle est pe*ite.   En_effet, — — — .
Et lui?   Lui? — — — — .
Elle est charmante.   — — , — — — .
Et lui?   — ? — — — — .

En_effet, elle est très petite.
Lui? Il est très petit aussi.
En_effet, elle est très charmante.
Lui? Il est très charmant aussi.

4·POURSUITES

(The next evening. Lemaître's office. Lemaître is telephoning. He has a photograph of the scarred man from Orly in his hand.)

Lemaître Allô! Le Bar Victor? Qui est là?

Barman *(over the telephone)* C'est le barman.

Lemaître Bien. Écoutez. *(looking at the photograph)* Est-ce que Dédé est là ce soir?

Barman Dédé? Non. Mais qui êtes-vous?

Lemaître Dédé n'est pas venu, vous êtes absolument certain, oui?

Barman Oui, mais qui . . .?

(Lemaître cuts him off and immediately dials another number)

(Outside Catherine's flat. Dacier is waiting at the door. Catherine arrives. She is surprised to find someone there)

Catherine Qui est là?

Dacier C'est moi.

Catherine Ah, c'est vous. Vous avez trouvé mon adresse! Comment?

Dacier D'abord j'ai trouvé ces gants. *(showing the gloves)*

Catherine Où ça?

Dacier Au Bar du Dôme. Vous habitez ici?

Catherine Oui, voilà mon appartement. *(nervously)* Mais partez, je vous en prie. Ne restez pas là.

Dacier Qu'est-ce qu'il y a? Vous êtes bien nerveuse.

Catherine Oui, je suis nerveuse. *(looking for her key)* Ah, ma clé, où est ma clé?

Dacier *(pointing to it)* Votre clé? Tenez, la voilà.

(She takes the key and opens the door)

Catherine Entrez vite.

Dacier Après vous. *(they go in)*

Catherine Fermez la porte. *(he shuts the door. She moves on towards the* *sitting room)* **Venez par ici. Suivez-moi.** *(he follows her)* **Entrez au salon. Attendez, j'allume.** *(she switches on the light. They go into the sitting room)* **Je vais tirer les rideaux** *(she draws the curtains and turns to face him. He gives her the gloves and she says nothing)*

Dacier Pas même 'merci'?

Catherine Merci.

Dacier Et merci à vous. Vous avez oublié ces gants au Bar du Dôme. Je suis allé à la boutique. Regardez, *(showing the label inside the gloves)* 'À la Mode de Paris'. J'ai trouvé l'adresse, et voilà. Mais je ne connais pas votre nom.

Catherine C'est Catherine. Catherine Léger. *(a moment of embarrassed silence)*

Dacier Vous êtes partie bien vite du Bar du Dôme. Pourquoi?

Catherine Parce que. Et vous, vous êtes venu ici. Pourquoi?

Dacier *(producing the parcel from the shop)* Parce que j'ai acheté . . . ceci.

Catherine Qu'est-ce que c'est?

Dacier *(giving it to her)* C'est pour vous.

Catherine Pour moi?

Dacier Oui.

Catherine Je regarde?

Dacier Oui, allez-y.

Catherine Qu'est-ce que c'est?

Dacier Ah!

Catherine *(opening the parcel)* Là. Ça y est. *(pulling out the scarf)* Oh! C'est joli. Oh, c'est trop joli!

Dacier Il vous plaît?

Catherine Oui, il me plaît beaucoup. J'ai toujours désiré un foulard comme ça. Vous êtes un amour.

Dacier Ah, vous voyez bien!

Catherine Asseyez-vous. Non, pas cette chaise. Prenez plutôt le fauteuil. *(he sits in the armchair)*

Dacier Vous voulez une cigarette?

Catherine Oui, je veux bien.

Dacier J'ai acheté des Dubellay, exprès pour vous.

Catherine *(recoiling)* Non. Après tout, non merci.

Dacier *(shrugs his shoulders and looks round)* C'est joli chez vous. Le salon est joli . . .

Catherine Oh, vous savez . . . j'ai déjà arrangé des choses mais je n'ai pas fini. Je vais encore arranger, euh, les rideaux. *(she gestures to the window then to the carpets)* Et puis je vais changer les tapis.

Dacier Vous allez changer les tapis? Pourquoi?

Catherine Mais ils sont laids! Et puis, regardez cette petite table.

Dacier *(noticing a photograph of a middle-aged man)* C'est qui là, sur la photo?

Catherine Ça, c'est mon père.

Dacier Votre père?

Catherine Oui, il habite à la campagne.

Dacier *(seeing another photo—this time of a young man)* Et lui, c'est qui?

Catherine Toujours aussi curieux. Ça, c'est mon frère.

Dacier Il est pilote d'aviation?

Catherine Oui, il est pilote à Air France. Il voyage beaucoup.

Dacier Où est-ce qu'il va?

Catherine Oh, il va en Amérique, en Scandinavie . . . partout, quoi.

Dacier *(incredulously)* Et c'est vraiment votre frère?

Catherine Oui, bien sûr.

Dacier Ah bon! Ce n'est pas votre fiancé.

Catherine Vous êtes bête.

(The office. Lemaître is still telephoning numbers from a list of bars and hotels on his desk)

Lemaître Allô! Le Bar Paname?

Barman *(over the telephone)* Oui, qui est là?

Lemaître Dites-moi, vous avez rencontré Dédé ce soir?

Barman Oui. Il est venu, mais il est parti.

Lemaître *(suddenly alert)* Ah! Où est-ce qu'il est allé? Vous savez?

Barman Je ne sais pas. Mais essayez l'Hôtel des Boulevards. C'est là qu'il habite.

Lemaître Bon. Merci. Je vais essayer l'Hôtel des Boulevards.

Barman Mais qui est là? Allô, qui est là . . . ?

(Lemaître cuts him off and adds l'Hôtel des Boulevards to his list)

(Catherine's flat. The sitting room)

Dacier *(pointing to the photograph of the young man)* Et c'est vraiment votre frère?

Catherine *(laughing)* Mais oui, c'est mon frère.

Dacier Dites-moi, Catherine . . .

Catherine Oui?

Dacier Piste Six . . .

Catherine *(turning away from him)* Non!

Dacier Si, dites-moi.

Catherine Mais, ce n'est pas important.

Dacier *(insistent)* Si, dites-moi Catherine. Piste Six. Qu'est-ce que ça signifie?

Catherine Je ne sais pas, je ne sais pas. Et puis, non, Jean, je vous en prie.

(The reception desk at the Hôtel des Boulevards—a small hotel in a seedy district of Paris. The scar-faced man from Orly is sitting nearby, reading a newspaper. The telephone rings. The owner of the hotel answers)

Patronne L'Hôtel des Boulevards. J'écoute.

Lemaître *(over the telephone)* Dites-moi Madame. Est-ce que vous avez chez vous un certain Dédé. Dédé Corti?

Patronne Corti? Dédé Corti? *(she notices how the scarred man reacts violently and lies)* N-non, il n'habite pas ici. *(The scar-faced man makes a gesture of secrecy)*

Lemaître Vous êtes sûre?

Patronne *(hedging)* Dédé Corti? Non, ie ne connais pas, enfin. . . . Je ne connais pas le nom. *(suspiciously)* Qui est à l'appareil?

Lemaître Un ami. Alors, il est là, oui ou non?

Patronne *(hesitating)* Peut-être, mais alors il est sorti.

Lemaître Il est sorti? Où est ce qu'il est allé?

Patronne Je ne sais pas, moi. Il est parti . . . Euh, . . . et puis, écoutez; excusez-moi, je suis occupée. Au revoir Monsieur.

Lemaître *(suavely)* Merci, Madame.

(Lemaître, still in his office, replaces the receiver and puts a tick on his list against the Hôtel des Boulevards. He opens a locked drawer in a filing cabinet, takes out a pair of dark glasses, a slouch hat, gloves, a small hypodermic syringe and a capsule and makes for the door)

SOME EXPRESSIONS

je ne connais pas	*I don't know (a person or place)*
allez-y!	*go on!*
ça y est!	*there we are!, that's it!*
il vous plaît?	*do you like it?*
il me plaît	*I like it*
je n'ai pas fini	*I haven't finished*
ils sont laids	*they are ugly*
c'est qui là?	*who's that there?*
à la campagne	*in the country*
il est pilote à Air France	*he's a pilot with Air France*
L'Hôtel des Boulevards. J'écoute.	*Hôtel des Boulevards here (on telephone)*
c'est là qu'il habite	*that's where he lives*

HOW THE LANGUAGE WORKS

SUIVRE *(to follow)*

   Present tense   *Past participle*

      *je suis | vous suivez   suivi

      il/elle suit |

      (not to be confused with je suis *= I am)*

THE PAST TENSE . . . *of some verbs is formed with* être *but most verbs use* AVOIR *with the past participle of the verb:*

j'ai trouvé	*I found, I have found*
il/elle a suivi	*he/she followed, has followed*
vous avez oublié	*you forgot, you have forgotten.*

After avoir, *the past participle does not change to agree with the subject of the verb.*

FUTURE ACTIONS . . . *are often expressed by adding the infinitive of the verb to the present tense of* aller:

Je vais arranger les rideaux	*I'm going to arrange / I shall arrange the curtains*
il/elle va téléphoner	*he/she's going to phone / he/she will phone*
vous allez changer les tapis	*you're going to change / you will change the carpets*

*There is another form of the future in French (*j'arrangerai, il/elle téléphonera, vous changerez*). We shall point it out later so that you will recognise it when you come across it, but you can get on perfectly well in conversation without having to use it.*

MON, MA, VOTRE . . . *The possessive adjectives, agree with the nouns they qualify:*

C'est mon père	*he's/it's my father*	mon *before a masculine noun*
Où est ma clé?	*where's my key?*	ma *before a feminine noun*
Vous avez trouvé mon adresse!	*you found my address!*	mon *before a feminine noun beginning with a vowel or mute* h
Ce n'est pas votre fiancé	*he's/it's not your fiancé*	votre *before a masculine or a feminine noun*

QUI EST . . . ? C'EST . . .

Qui est là?	*Who's there?*
C'est moi	*It's me*
Qui est à l'appareil?	*Who's speaking? (on the 'phone)*
C'est le barman	*It's the barman*

EN . . . *is used to mean 'to' or 'in' before the names of countries which are feminine or which begin with a vowel: all those which end in -e are feminine, except* le Mexique *(Mexico):*

Il va en Amérique   *He goes to America*
Elle est en France   *She's in France*

AU . . . *is used in the same way before names of countries which are masculine and begin with a consonant:*

au Canada   *to/in Canada*
au Japon   *to/in Japan*
au Mexique   *to/in Mexico*

NASAL VOWELS . . . *in French there are four 'nasal vowel' sounds. These are:*
(1) un (2) bon (3) vin (4) blanc
The four sounds have alternative spellings:
(1) un, um
(2) on, om
(3) in, im, ain, aim, ein, en
(4) an, am, en, em
Note that en *in some words is pronounced as sound* (3), *and in others as sound* (4).
Mostly, when those spellings end a word or come before a consonant, they are pronounced as 'nasal vowels' e.g.
(1) un (2) non (3) certain (4) comment, entrer
But the n *or* m *is pronounced and the vowel is not 'nasal' in:*
une venu téléphoner tenez *etc.*
There is only one case when the n *is pronounced and the vowel remains 'nasal'. This is in liaison.*
mon adresse un homme en Amérique

PUTTING IT TO USE

C'est votre frère ?	Non, ce n'est pas mon frère.
C'est votre père ?	—— , —— —— —— —— —— .
C'est la photo de votre fiancé ?	—— , —— —— —— —— —— .
C'est votre foulard ?	—— , —— —— —— —— —— .
C'est votre mère ?	Non, ce n'est pas ma mère.
C'est votre clé ?	—— , —— —— —— —— .
C'est votre fiancée ?	—— , —— —— —— —— .
C'est votre adresse ?	Non, ce n'est pas mon‿adresse.
C'est votre appartement ?	—— , —— —— —— —— .
C'est votre hôtel ?	—— , —— —— —— —— .
C'est votre amie ?	—— , —— —— —— —— .

Non, ce n'est pas mon père.
Non, ce n'est pas la photo de mon fiancé.
Non, ce n'est pas mon foulard.

Non, ce n'est pas ma clé.
Non, ce n'est pas ma fiancée.

Non, ce n'est pas mon‿appartement.
Non, ce n'est pas mon‿hôtel.
Non, ce n'est pas mon‿amie.

Jean est en Angleterre ?	Non, il est en France.
Vous‿habitez en France ?	—— , —— —— —— —— Angleterre.
Vous voyagez en Europe ?	—— , —— —— —— —— Afrique.
Le frère de Catherine va en France ?	—— , —— —— —— —— Amérique.
Catherine est‿allée en Scandinavie ?	—— , —— —— —— —— Suisse.

Non, j'habite en‿Angleterre.
Non, je voyage en‿Afrique.
Non, il va en‿Amérique.
Non, elle est‿allée en Suisse.

Vous ne sortez pas ?	Si, je sors.
Vous ne partez pas ?	—— , —— —— .
Vous ne suivez pas la piste ?	—— , —— —— —— .
Vous ne mettez pas la table ?	—— , —— —— —— .

Si, je pars.
Si, je suis la piste.
Si, je mets la table.

Vous_avez téléphoné? — Oui, j'ai téléphoné.
Vous_avez trouvé de la monnaie? — Oui, j'ai trouvé de la monnaie. — —, — — — — —.
Vous_avez composé le numéro? — Oui, j'ai composé le numéro. — —, — — — —.
Vous_avez appuyé sur le bouton? — Oui, j'ai appuyé sur le bouton. — —, — — — —.
Lemaître a parlé au téléphone? — Oui, il a parlé au téléphone.
Est-ce que Lemaître a parlé à la patronne? — Oui, il a parlé à la patronne. — —, — — — — —.
Jean a trouvé l'adresse de Catherine? — Oui, il a trouvé l'adresse de Catherine. — —, — — — — —.
Catherine a oublié ses gants? — Oui, elle a oublié ses gants. — —, — — — — —.

Où est-ce que vous_allez téléphoner? — Je vais téléphoner au bar.
Où est-ce que vous_allez travailler? — Je vais travailler à Orly. — — — — — Orly.
Où est-ce que vous_allez voyager? — Je vais voyager en_Europe. — — — — —_Europe.
Où est-ce que vous_allez habiter? — Je vais habiter à la campagne. — — — — — — campagne.
Où est-ce que vous_allez dîner ce soir? — Je vais dîner en ville. — — — — — ville.

Qui est là? — C'est moi.
Qui est là? — C'est Monsieur Lemaître. — — — Monsieur Lemaître.
Qui est_à l'appareil? — C'est la secrétaire de M. Lemaître. — — — la secrétaire de M. Lemaître.
Qui est_à l'appareil? — C'est Catherine. — — — Catherine.

Qu'est-ce que Lemaître va essayer? — Il va essayer l'Hôtel des Boulevards.
Qu'est-ce que Catherine va arranger? — Elle va arranger les rideaux. — — — — —.
Qu'est-ce que Catherine va changer? — Elle va changer les tapis. — — — —.

5·UN HOMME MORT

(Reception desk—l'Hôtel des Boulevards. The owner of the hotel is dealing with two English tourists)

Patronne Alors voilà, Monsieur, Madame. *(handing over a key)* Voilà la clé de votre chambre. Numéro dix-sept au deuxième étage. *(they forget their luggage)* Les bagages! *(to herself with a sigh)* Oh là, là, là, là.

(Lemaître enters, wearing dark glasses and a slouch hat)

Patronne Bonsoir, Monsieur!

Lemaître Vous êtes la patronne de l'hôtel?

Patronne Oui, je suis la patronne.

Lemaître Monsieur Corti est là, s'il vous plaît?

Patronne Monsieur Corti . . . ah, vous avez téléphoné tout à l'heure?

Lemaître *(lying)* Non.

Patronne *(suspiciously)* Monsieur Corti, vous dites?

Lemaître Oui.

Patronne *(evasively)* Ah non, Monsieur, il n'est pas à l'hôtel.

Lemaître Mais il habite ici, n'est-ce pas? Je suis un ami.

Patronne Corti. Je ne connais pas ce nom.

Lemaître *(showing her a photograph of the scar-faced man)* Mais vous connaissez cet homme?

Patronne *(betraying herself by a look of recognition)* Non, il n'est pas ici.

Lemaître *(turning to the door)* Il est sorti? Quand est-ce qu'il est sorti?

Patronne *(stubbornly)* Mais il n'habite pas ici!

Lemaître Allons, Madame! Quand est-ce qu'il est sorti?

Patronne *(giving in)* Il est sorti . . . euh. Quelle heure est-il?

Lemaître *(looking at his watch)* Il est neuf heures moins vingt.

Patronne Alors il est sorti il y a une demi-heure . . . oui, c'est ça, à huit heures et quart, à huit heures vingt peut-être.

Lemaître Et où est-ce qu'il est allé?

Patronne Je ne sais pas.

(The telephone rings. She answers)

Patronne Allô, l'Hôtel des Boulevards . . . Non, Monsieur, je suis désolée. *(shaking her head)* Pas de chambres. L'hôtel est complet. De rien . . . *(she puts down the receiver)*

Lemaître Et quand est-ce qu'il est arrivé, Corti?

Patronne Il est arrivé hier soir, dans la nuit . . . vers minuit.

Lemaître Et il est vraiment sorti?

Patronne Oui.

Lemaître Et quand est-ce qu'il va rentrer?

Patronne Je ne sais pas . . . aujourd'hui, ce soir . . . peut-être demain . . .

Lemaître *(pointing to the hotel register)* Bon, donnez-moi une chambre, s'il vous plaît.

Patronne Mais, Monsieur . . . l'hôtel est complet.

Lemaître *(impatiently)* Alors vous avez fini, oui? Je veux une chambre et tout de suite.

Patronne Mais c'est impossible, Monsieur. C'est complet.

(At that moment, a sleazy-looking woman walks in, followed by a man. She signals to the owner, who mouths the number of a room to her. Lemaitre watches closely as the two go upstairs)

Lemaître *(ironically)* Tiens, tiens, c'est complet?

Patronne *(embarrassed)* Oui, ce soir . . .

Lemaître *(threateningly)* Bon. Quand est-ce que j'avertis la police? Là, tout de suite?

Patronne *(panicking)* Ah non! N'avertissez pas la police!

Lemaître *(with a wry smile)* Je voudrais une chambre pour moi pour cette nuit, Madame.

Patronne *(pretending to look up the register)* Attendez . . . ah, oui, une petite chambre. Mais pour une nuit seulement!

Lemaître Très bien. Merci Madame. Je ne reste pas plus longtemps. *(asking for the key)* Vous avez la clé, s'il vous plaît?

Patronne *(handing him a police registration form)* D'abord vous allez remplir la fiche de police!

Lemaître Et elle? *(gesturing upstairs to where the woman disappeared)* Elle remplit une fiche?

Patronne *(firmly)* Vous remplissez votre fiche et vous avez votre chambre.

Lemaître *(giving way)* Bon. *(he begins to fill in the form with a false name and address)*

(Catherine's flat. Dacier and Catherine are still talking. He again shows her the message she left for him)

Dacier Enfin, Catherine, la Piste Six? Qu'est-ce que ça signifie?

Catherine *(embarrassed)* Non, Jean. Je vous en prie. Vous avez fini? Vous posez trop de questions.

Dacier Mais enfin, Catherine! Qu'est-ce qu'il y a? Ce n'est pas normal. Ce

rendez-vous au Bar du Dôme. Vous êtes venue et puis tout d'un coup . . . hop!
Vous êtes partie! Et puis maintenant . . .
Catherine Écoutez Jean, vous êtes très sympathique, très gentil, mais vous
êtes trop curieux.
Dacier Comment? Votre vie est tellement secrète, tellement dangereuse?
Catherine Dangereuse? . . . Peut-être. . . .

(The hotel reception again)
Lemaître *(still filling in the form)* Elle est à combien cette chambre?
Patronne Elle est à dix-huit francs.
Lemaître Dix-huit francs pour une petite chambre, c'est cher.
Patronne C'est le prix.
Lemaître À ce prix-là, c'est avec salle de bain, j'espère? *(The patronne shrugs
her shoulders as if to say no)* Et le petit déjeuner est compris?
Patronne *(impatiently)* Non, Monsieur, le petit déjeuner n'est pas compris. Il est
en supplément. Trois francs.
Lemaître *(handing over the form)* Là. Voilà la fiche! La clé, s'il vous plaît.
Patronne Alors, c'est pour une nuit seulement?
Lemaître *(ironically)* Oui Madame, je ne suis pas en vacances!
Patronne *(holding on to the key of the room until she gets her money)* Dix-huit
francs, s'il vous plaît. *(indicating he has no luggage)* Pas de bagages! Vous payez
tout de suite.
Lemaître Bien *(taking out a 50-franc note and dangling it in front of her)*
Patronne Numéro dix-neuf. Troisième étage. *(trying to take the note)*
Lemaître *(still holding it back)* Et le numéro de la chambre de Monsieur Corti?
Patronne *(evasively)* Monsieur Corti . . . ? *(he gently waves the note at her)*
C'est la chambre numéro . . . vingt.
(Lemaître compares the number of his room and smiles. He tosses her the note)
Lemaître Gardez la monnaie.

(Catherine's flat)
Dacier Vous allez tout de même dîner avec moi?
Catherine Oui, je veux bien.
Dacier Bon, parfait. Alors, on y va? *(getting up)*
Catherine Quoi, maintenant?
Dacier Eh bien, oui. Vous n'avez pas dîné tout de même?
Catherine Non. Mais pas ce soir, ça ne va pas. Je ne veux pas.
Dacier Qu'est-ce qu'il y a?
Catherine Rien. Mais pas ce soir.
Dacier Alors, quand est-ce que vous allez dîner avec moi. Demain?
Catherine Oui, demain, si vous voulez. Mais partez maintenant!
Dacier *(leaving)* Bon, je pars. Mais, dites moi, ça va pour demain? *(she nods)*
À huit heures. Au Restaurant du Palais Royal.
Catherine Oui, entendu. *(taking him to the door and opening it carefully as if
someone might be on the other side)*

Dacier Alors, bonsoir et . . . bonne nuit.

Catherine *(looking at her new scarf)* Merci encore pour le foulard. C'est gentil. Bonsoir. *(he leaves)*

(The Hotel des Boulevards. Inside Room 20. Lemaître is sitting on the bed. With one hand he is holding down the scar-faced man who is petrified with fear. With the other hand, he is holding a syringe)

Lemaître *(ironically)* Désolé, mon vieux Dédé, mais c'est comme ça. Et maintenant, où est le paquet? *(the scarred man looks towards the drawer of the bedside table)* Dans le tiroir? *(Lemaître opens the drawer and takes out a packet. The paper falls off to reveal a packet of Dubellay cigarettes)* Dédé, vous n'êtes pas allé au Bar du Dôme. Je comprends très bien. Le rendez-vous n'a pas marché. aprés . . . hein Dédé . . . après, vous avez gardé le paquet. Pourquoi Dédé? Pour donner le paquet à un autre, pour aller voir la police? Non, mon vieux Dédé, je suis désolé. La Piste Six est finie. J'aime les hommes sûrs, Dédé! Et un homme sûr, c'est un homme mort.

(He shoots the syringe into the man's arm. A convulsion, and the man dies. Lemaître opens the packet to see that it contains what he wants. He takes out an inner metal container. Satisfied, he puts the packet and its contents in his pocket, switches out the light and leaves the room)

SOME EXPRESSIONS

au deuxième étage	*on the second floor*
c'est ça	*that's right*
pas de . . .	*no . . .*
de rien	*don't mention it*
plus longtemps	*longer*
trop de	*too many/much*
elle est à combien, cette chambre	*how much is this room?*
elle est à dix-huit francs	*it's 18 francs*
à ce prix-là	*at that price*
compris	*included*
en supplément	*extra*
en vacances	*on holiday*
gardez la monnaie	*keep the change*
on y va?	*shall we go?*
ça ne va pas	*it's no good/I can't*
si vous voulez	*if you like*
c'est gentil	*it's kind (of you)*
mon vieux Dédé	*my dear Dédé*
pour aller voir . . .	*to go and see . . .*

HOW THE LANGUAGE WORKS

FINIR, AVERTIR, REMPLIR

Present tense	Past participle
je finis | vous finissez	fini
il/elle finit |	

avertir *(to warn)* and remplir *(to fill)* behave exactly like finir *(to finish)*

CONNAÎTRE . . . *'to know (a person or place)'*

Present tense	Past participle
je connais | vous connaissez	connu
il/elle connaît |	

Vous connaissez cet homme?	*Do you know this man?*
Je ne connais pas ce nom	*I don't know this name*
Il connaît Paris	*He knows Paris*

EXPRESSIONS OF TIME

Quelle heure est-il?	*What's the time?*
Il est midi	*It's twelve o'clock (midday)*
...minuit	*...twelve o'clock (midnight)*
...une heure	*...one o'clock*
...deux heures vingt	*...twenty past two*
...trois heures et quart	*...a quarter past three*
...quatre heures et demie	*...half past four*
...cinq heures moins le quart	*...a quarter to five*
...six heures moins dix	*...ten to six*
...sept heures du matin	*...seven a.m.*
...huit heures du soir	*...eight p.m.*
Quand est-ce qu'il est sorti?	*When did he go out?*
Il est sorti tout à l'heure	*He went out a moment ago*
...à neuf heures	*...at nine o'clock*
...hier	*...yesterday*
...hier soir	*...last night*
...ce soir	*...this evening*
...dans la nuit	*...in the night*
...vers minuit	*...towards midnight*
...il y a une demi-heure	*...half an hour ago*
Quand est-ce qu'il va rentrer?	*When is he coming back?*
Il va rentrer aujourdhui	*He's coming back today*
...ce soir	*...this evening*
...demain	*...tomorrow*
...à dix heures	*...at ten o'clock*
...tout de suite	*...at once*
...tout à l'heure	*...presently*
...dans dix minutes	*...in ten minutes*

PUTTING IT TO USE

C'est ça. Avertissez la police.	Je finis l'exercice ?
C'est ça. Remplissez la fiche.	J'avertis la police ?
C'est ça. Avertissez la concierge.	Je remplis la fiche ?
	J'avertis la concierge ?

C'est ça. Finissez l'exercice.

— — — .
— — . — .
— — . — .
— — . — .

Je suis_allé(e) à Orly à huit_heures.	Quand_est-ce que vous_êtes_arrivé(e) ?	Je suis_arrivé(e) à midi.
Je suis rentré(e) ce matin.	Quand_est-ce que vous_êtes_allé(e) à Orly ?	— — — à huit_heures.
	Quand_est-ce que vous_êtes rentré(e) ?	— — ce matin.
Je suis monté(e) chez_elle hier.	Quand_est-ce que vous_êtes monté(e) chez elle ?	
Je suis sorti(e) tout_à l'heure.	Quand_est-ce que vous_êtes (sorti(e) ?	— — — hier.
Je suis parti(e) hier matin.	Quand_est-ce que vous_êtes parti(e) ?	— — — tout_à l'heure.
	Quand_est-ce qu'il est sorti ?	— — hier matin.
Il est_arrivé à Paris la semaine dernière.	Quand_est-ce que Jean est arrivé à Paris ?	Il est sorti lundi dernier.
Elle est_allée en Suisse l'année dernière.	Quand_est-ce que Catherine est_allée en Suisse ?	— — — la semaine dernière.
J'ai parlé à Jean il y a une demi-heure.	Quand_est-ce que vous_avez téléphoné ?	— — — l'année dernière.
J'ai fini ce livre avant-hier.	Quand_est-ce que vous_avez parlé à Jean ?	J'ai téléphoné cet après-midi.
	Quand_est-ce que vous_avez fini ce livre ?	— — il y a une demi-heure.
	Quand_est-que Lemaître a téléphoné à l'hôtel ?	— — avant-hier.
Il a appelé Catherine dans la nuit.	Quand_est-ce que Jean a appelé Catherine ?	Il a téléphoné à l'hôtel hier soir.
		— — dans la nuit.

Je vais dîner ce soir à huit_heures.

Je vais travailler tout_à l'heure.

Je vais chercher le paquet demain.

Je vais partir en vacances mardi.

Il va payer la note demain matin.

Elle va visiter Genève l'année prochaine.

Elle va taper la lettre dans dix minutes.

Quand_est-ce que vous_allez téléphoner? — Je vais téléphoner tout de suite.

Quand_est-ce que vous_allez dîner? — — — ce soir à huit_heures.

Quand_est-ce que vous_allez travailler? — — — tout_à l'heure.

Quand_est-ce que vous_allez chercher le paquet? — — — — demain.

Quand_est-ce que vous_allez partir en vacances? — — — — mardi.

Quand_est-ce que Dédé va rentrer? — Il va rentrer la semaine prochaine.

Quand_est-ce que Jean va payer la note? — — — — demain matin.

Quand_est-ce que Catherine va visiter Genève? — — — — l'année prochaine.

Quand_est-ce que la secrétaire va taper la lettre? — — — — dans dix minutes.

Quelle heure est-il? — Il est neuf_heures.

Quelle heure est-il? — Il est huit_heures dix.

Quelle heure est-il? — Il est onze_heures et demie.

Quelle heure est-il? — Il est six_heures moins vingt-cinq.

Quelle heure est-il? — Il est trois_heures moins le quart.

Quelle heure est-il? — Il est midi//minuit.

Quelle heure est-il?	7.0	Il est sept_heures.
Quelle heure est-il?	9.0	— — .
Quelle heure est-il?	8.10	— — .
Quelle heure est-il?	11.30	— — .
Quelle heure est-il?	5.35	— — .
Quelle heure est-il?	2.45	— — .
Quelle heure est-il?	12.00	— — .

6·PISTE DANGEREUSE

(The next evening. Lemaître's office. Catherine enters. Lemaître is nowhere to be seen)

Catherine *(calling out)* Monsieur Lemaître! *(she goes to the desk and nervously begins to search)* Monsieur Lemaître!

(She finds a newspaper. On its front page the story of the murder in the hotel and a photograph of the scar-faced man)

Catherine *(reading the headline)* 'Le Cadavre de la Chambre 20. Est-ce un Crime ou un Suicide?'

(She gives a start. The murdered man is the one Lemaître said was 'Piste Six'. She continues to search and finds a Dubellay cigarette packet with a secret compartment—empty. She sees a note-pad with an imprint of handwriting. Taking a pencil she shades in black over it so that the writing appears)

Catherine *(reading the message)* 'Genève. Un paquet Dubellay. Urgent. Piste Six terminée. Piste Sept imminente'. *(to herself, realizing with horror the implication of the words)* Piste Six terminée! *(suddenly the 'phone rings. Startled, she picks up the receiver)* Allô, ici le bureau de Monsieur Lemaître!... Non Monsieur, Monsieur Lemaître n'est pas là . . . Est-ce que vous voulez rappeler tout à l'heure? . . . Ah bon, demain matin . . . Oui, très bien, je vais faire la commission, Monsieur . . . De rien.

(Catherine replaces the 'phone, looks again at the message and the photograph of the scar-faced man. On an impulse, she puts the empty Dubellay packet into her handbag, takes the newspaper and leaves the office)

(The Restaurant du Palais Royal. Dacier comes in)

Serveuse Vous êtes seul, Monsieur?

Dacier *(indicating he's expecting a guest)* Non, deux couverts s'il vous plaît.

Serveuse Ah, bien. Voici une bonne petite table.

Dacier Merci. *(he sits down)*

Serveuse *(giving him the menu)* Voici la carte, Monsieur. Est-ce que vous voulez choisir?

Dacier Non, pas tout de suite, j'attends quelqu'un.

Serveuse Est-ce que vous voulez un apéritif?

Dacier Oui, je veux bien.

Serveuse Qu'est-ce que vous allez prendre?

Dacier Oh, je vais prendre . . . un verre de vin rosé.

Serveuse Tout de suite. *(calling out the order as she leaves)* Et un verre de rosé, un.

(Dacier looks at the menu)

Serveuse *(coming back with the glass of wine)* Et voilà, Monsieur. Un verre de rosé. Et le pain. *(seeing his coat on a chair)* À qui est le manteau? Il est à vous, Monsieur?

Dacier Oui, il est à moi. Mettez-le au vestiaire s'il vous plaît.

Serveuse *(taking the coat)* Bien, Monsieur.

Dacier Merci bien. *(he looks at his watch)* Pardon, Mademoiselle, quelle heure est-il, s'il vous plaît?

Serveuse Il est, euh, huit heures et quart.

Dacier Déjà? *(he puts his watch right)* Il n'y a pas beaucoup de monde ce soir?

Serveuse Beaucoup de monde? Ah, Monsieur, vous savez. J'ai peu de clients maintenant, mais c'est encore tôt. Vers neuf heures, vous allez voir. Oh, là-là, c'est plein; j'ai assez de clients à ce moment-là. Tenez, voilà déjà une cliente.

(Catherine comes in)

Catherine *(joining Dacier)* Je suis en retard . . .

Dacier Un peu, mais, ça ne fait rien. Asseyez-vous.

Serveuse Mademoiselle va prendre un apéritif?

Catherine Merci, pas pour moi. *(changing her mind)* Si, après tout, je veux bien.

Dacier Qu'est-ce que vous allez prendre?

Catherine Comme vous.

Dacier Du vin rosé? *(to the waitress)* Mademoiselle, un autre verre de rosé, s'il vous plaît.

Serveuse Tout de suite, Monsieur. *(calling out the order)* Et encore un verre de rosé, un!

Dacier *(to Catherine)* Alors? Vous êtes venue; c'est gentil.

Catherine Oh Jean, si vous saviez!

Dacier *(tugging gently at her silk scarf)* Le foulard vous va bien.

Catherine Oui? Écoutez, Jean, j'ai peur. J'ai découvert quelque chose de terrible.

Serveuse *(bringing her drink)* Vous voulez choisir?

Catherine *(nervously)* Non, euh . . .

Dacier Mais si. *(passing her the menu)* Tenez, voici la carte.

Serveuse Qu'est-ce que vous désirez, Mademoiselle? *(pointing to the menu)* Vous voulez du potage pour commencer?

Catherine Du potage? Merci, je n'en veux pas. Je préfère . . .

Serveuse Des hors d'oeuvre? Du pâté?

Catherine Non, je voudrais de la . . . oh, je ne sais pas!

Dacier Je vais choisir pour vous. Alors, pour commencer . . . Est-ce que vous avez de la salade niçoise?

Serveuse Non, je n'ai pas de salade niçoise aujourd'hui, mais j'ai de la salade de tomates.

Dacier Catherine?

Catherine Oui, volontiers.

Dacier Bien, une salade de tomates, et moi . . . je voudrais des crudités. Et pour suivre . . . voyons . . .

Serveuse Un steack? Un Chateaubiant? Coq au vin? Une escalope? Poisson? Sole meunière?

Dacier Euh . . . non . . . *(looking at the menu)* Ah, tenez, Catherine. Une côte de veau à la crème et aux champignons?

Catherine Oui, avec plaisir.

Dacier Bon. Deux.

Serveuse Et comme boisson? Qu'est-ce que vous allez prendre? Du vin rouge?

Dacier Oui, du rouge. *(pointing to the wine list)* Il est bon, le Bordeaux?

Serveuse Il est excellent, Monsieur.

Dacier Bon. Alors une bouteille.

Serveuse Entendu. *(calling out the order)* Une crudité, une. Et faites marcher une tomate!

Dacier *(to Catherine)* Mm, j'ai faim! *(he raises his glass)* À la vôtre. Tenez, j'ai une idée. Tout à l'heure après dîner . . .

Catherine Jean, je vous en prie. Écoutez-moi. J'ai peur. J'ai découvert quelque chose de terrible. *(she shows him the message from Lemaître's pad)* Regardez. Regardez ceci.

Dacier Aha! Piste Six. La fameuse Piste Six!

Catherine Ce n'est pas drôle, je vous assure. *(she gives him the newspaper with the report of the murder)* Voyez, le journal. Alors, vous comprenez? Piste Six terminée.

Dacier Qu'est-ce que c'est, cette Piste Six?

Catherine La Piste Six, c'est lui, et il est mort. *(she points to the photograph of the dead man in the paper)* Piste Six terminée. Vous comprenez maintenant? Mort, fini!

Dacier Mais . . .? Et vous êtes dans cette affaire.

Catherine Oui, justement, moi. *(Dacier looks dismayed)* Oh Jean, écoutez-moi!

Serveuse *(interrupting with their order)* Pour qui est la salade de tomates?

Dacier C'est pour Mademoiselle.

*   *   *

(Dacier and Catherine have finished eating)

Catherine Vous comprenez? Je travaille comme modèle pour la Société Soleil. La maison fabrique et vend une huile de bronzage. J'ai un bon salaire. Le patron, Monsieur Lemaître, paie bien. Il paie très bien. Alors, j'ai pensé, pourquoi pas?

C'est mystérieux, mais ça ne fait rien. Des paquets arrivent de Genève, bon, un peu de contrebande, des vitamines ou quelque chose comme ça. Moi je veux bien, pourquoi pas? Un message dans le téléphone à Orly, un rendez-vous dans un bar en ville et puis fini. Ce n'est pas terrible. Vous comprenez?

Dacier Oui, je comprends.

Catherine *(pointing to the newspaper and the message)* Et puis voilà. Ce crime. L'assassin est certainement Lemaître.

Dacier Et ça, qu'est-ce que c'est?

Catherine C'est un télégramme. Lemaître a certainement envoyé un télégramme en Suisse.

Dacier Mais pour dire quoi? Et à qui? Voilà la question.

Catherine Ah, ça je ne sais pas.

Dacier Mais pourquoi est-ce qu'il a assassiné ce pauvre type?

Catherine Ah ça!

Dacier Attendez. Le type arrive à Orly. Il cherche le message. Naturellement, pas de message. Il a le fameux paquet. Lemaître cherche le type . . .

Catherine . . . pour récupérer le paquet. Hé oui, j'ai trouvé ce paquet dans le bureau de Lemaître. *(takes the empty Dubellay packet from her bag)*

Dacier *(reflectively)* Mais qu'est-ce qu'il y a dans ces fameux paquets? Sûrement quelque chose de très important et de très secret. Et de très urgent, c'est évident. Certainement pas des vitamines pour l'Huile de Bronzage Soleil!

Catherine Jean, c'est terrible!

Dacier Écoutez-moi bien. Avertir la Police, pas possible. Vous avez fait de la contrebande. Vous êtes dans l'affaire jusque là.

Catherine Alors, quoi?

Dacier *(decisively)* Découvrir le secret de Lemaître, le secret de la Société Soleil; le contenu de ces paquets. Découvrir l'origine et la destination de ces paquets.

Catherine Quoi, moi?

Dacier Oui, vous. Vous et moi. Vous travaillez pour Lemaître. Pour vous c'est facile. Vous continuez votre travail comme d'habitude et . . . vous observez.

Catherine Non, Jean, j'ai peur.

Dacier Écoutez, Catherine, c'est ça, ou la Police. Et la Police! . . . vous êtes tellement dans cette affaire . . . *(he pulls a face)* Zéro!

(The Société Soleil laboratory. An assistant is preparing chemicals. Lemaître comes in with three capsules)

Lemaître Ça y est. J'ai les capsules. *(carefully opening a capsule)* Tenez. C'est urgent! Attention. Doucement, doucement . . .

(The laboratory assistant adds the contents of the capsule to a test tube, handling it with great care. A drop is smeared on to a slide. Lemaître peers at it through a microscope)

SOME EXPRESSIONS

je vais faire la commission	*I'll pass the message on*
bien, Monsieur	*very well, sir*
c'est encore tôt	*it's still early*
à ce moment-là	*then, at that moment*
ça ne fait rien	*it doesn't matter*
si vous saviez	*if only you knew*
le foulard vous va bien	*the scarf suits you*
j'ai peur	*I'm afraid*
j'ai découvert	*I've discovered*
pour commencer	*to begin with*
volontiers	*(yes) please*
voyons	*let us (me) see*
et comme boisson?	*and to drink?*
j'ai faim	*I'm hungry*
je vous assure	*I assure you*
pour qui?	*for whom?*
ah ça!	*don't ask me!*
vous avez fait de la contrebande	*you've been smuggling*

HOW THE LANGUAGE WORKS

APPELER *(to call)*

j'appelle	vous appelez
il/elle appelle	

ACHETER *(to buy)*

j'achète	vous achetez
il/elle achète	

PRÉFÉRER *(to prefer)*

je préfère	vous préférez
il/elle préfère	

Note the change of pronunciation and spelling between the forms that end in a consonant sound: appelle (apèl), achète (achèt), préfère (préfèr) and those that end in a vowel sound: appelez (aplé), achetez (achté), préférez (préféré).

PRENDRE, APPRENDRE, COMPRENDRE

Present tense		Past participle
je prends	vous prenez	pris
il/elle prend		

apprendre *(to learn)* and comprendre *(to understand)* behave like prendre *(to take, to have)*.

ATTENDRE, VENDRE, ENTENDRE, DESCENDRE

Present tense		Past participle
j'attends	vous_attendez	attendu
il/elle attend		

vendre *(to sell)*, entendre *(to hear)* rendre *(to give back)* and descendre *(to go down, come down)* all behave like attendre *(to wait)*.

Note that descendre *takes* être *in the past:*

il est descendu   *he has come down, he went down*

JE VEUX, JE VOUDRAIS, VOUS VOULEZ . . . *can all be used with the infinitive of another verb. Verbs used like* je veux *etc., we shall call 'modal' verbs:*

Je veux aller au cinéma   *I want to go to the cinema*
Je voudrais téléphoner   *I'd like to telephone*
Vous voulez choisir?   *Do you want to choose, order (a meal)?*

PAS DE . . . *After a negative,* de *or* d' *is used instead of the articles* du, de la, de l' *or* des:

Vous_avez de la salade niçoise?   *Have you (any) 'salade niçoise'?*
Non, je n'ai pas de salade niçoise *No, I haven't (any) 'salade niçoise'*

BEAUCOUP, ASSEZ, PEU, TROP . . . *These expressions of quantity are also followed by* de

J'ai beaucoup de clients   *I have a lot of/many customers*
J'ai assez de clients   *I have enough customers*
J'ai peu de clients   *I have few customers*
Vous posez trop de questions   *You ask too many questions*
Note: beaucoup de monde   *a lot of people*

QUELQUE CHOSE DE . . . *('something . . .') After this expression the adjective never varies:*

Quelque chose de très_important   *Something very important and*
   et de très secret   *very secret*
Note that de *must be repeated before each adjective.*

JE N'EN VEUX PAS

Vous voulez du potage?   *Would you like some soup?*
Merci, je n'en veux pas   *No thank you, I don't want any*

en *here corresponds to the English 'any'. As we have seen before (Episode 2) it stands for* du, de l', de la, des *plus a noun and cannot be left out. Note also the use of* merci *for 'no thank you'.*

À QUI EST ... ? *(literally 'to whom is ... ?) asks to whom something belongs:*

À qui est le manteau?	*Whose coat is it?*
Il est à moi	*It's mine*
Il est à lui	*It's his*
Il est à elle	*It's hers*
Il est à vous	*It's yours*
Il est à Monsieur Dacier	*It's Mr. Dacier's*

Note also:

Il est à vous, ce manteau?	*Is this your coat?*

The pronouns **moi** *(I, me),* **lui,** *(he, him),* **elle** *(she, her),* **vous** *(you) are used either after prepositions (like* **à***) or on their own (i.e. when 'I', 'he', 'she', etc. are not subjects of a verb) or for emphasis:*

C'est lui? ou non?	*Is it him? or not?*
C'est moi	*It's me*
Quoi, moi?	*What, me?*
Oui, vous et moi	*Yes, you and me*
Moi, j'ai peur	*I am afraid*

DES HORS-D'OEUVRE ... *Some words in French begin with an 'aspirate'* **h**: *the* **h** *is not pronounced, but the words behave as if they began with a consonant. This means they are never preceded by liaison:*   **des hors-d'oeuvre**

                          or by elision: **le homard** *('the lobster')*

You will find these words listed in the glossary with the **h** *printed in extra heavy type.*

PUTTING IT TO USE

Vous avez du vin rosé?	Non, je regrette, je n'ai pas de vin rosé.	
Vous avez du potage?	Non, je regrette, je n'ai pas de potage.	— , — — — — .
Vous avez de la salade niçoise?	Non, je regrette, je n'ai pas de salade niçoise.	— , — — — — .
Vous avez des hors-d'oeuvres variés?	Non, je regrette, je n'ai pas de hors-d'oeuvres variés.	— , — — — — .
Vous avez un crayon?	Non, je regrette, je n'ai pas de crayon.	
Vous avez un stylo?	Non, je regrette, je n'ai pas de stylo.	— , — — — — .
Vous avez une cigarette?	Non, je regrette, je n'ai pas de cigarette.	— , — — — — .

Vous avez du vin blanc?	Non, mais j'ai beaucoup de bière blonde.	Non, mais j'ai beaucoup de vin rouge.
Vous avez de la bière brune?	Non, mais j'ai beaucoup de bière blonde.	— , — — — — bière blonde.
Vous avez des glaces au chocolat?	Non, mais j'ai beaucoup de glaces à la vanille.	— , — — — — à la vanille.

Vous voulez du pain?	Merci, je n'en veux pas, je préfère du vin.	Merci, je n'en veux pas. Je préfère des croissants.
Vous voulez de l'eau?		— , — — , — — vin.
Vous voulez des crudités.	Merci, je n'en veux pas, je préfère de la salade.	— , — — , — — salade.
Vous voulez des légumes?	Merci, je n'en veux pas, je préfère des tomates.	— , — — , — — tomates.

Vous prenez un apéritif?	Merci, je n'en prends pas.	Merci, je n'en prends pas.
Vous prenez du vin?	Merci, je n'en prends pas.	— , — — — .
Vous prenez des fruits?	Merci, je n'en prends pas.	— , — — — .

54

	Vous_avez assez de vin ?	Oui, merci, j'en_ai assez.
Oui, merci, j'en_ai assez.	Vous_avez assez de viande ?	—, —, — — — — .
Oui, merci, j'en_ai assez.	Vous_avez assez de légumes ?	—, —, — — — — .
	Vous_avez assez d'argent ?	Non, malheureusement, je n'en_ai pas assez.
Non, malheureusement, je n'en_ai pas assez.	Vous_avez assez de temps ?	—, —, — — — — .
Non, malheureusement, je n'en_ai pas assez.	Vous_avez assez de patience ?	—, —, — — — — .

	Vous voulez téléphoner ?	Oui, je voudrais bien téléphoner.
Oui, je voudrais bien déjeuner.	Vous voulez déjeuner ?	—, — — — .
Oui, je voudrais bien aller au théâtre.	Vous voulez aller au théâtre ?	—, — — — .
Oui, je voudrais bien finir ce livre.	Vous voulez finir ce livre ?	—, — — — .

	Qu'est-ce que vous_allez prendre ?	Je vais prendre un cognac.
Je vais prendre des crudités.	Qu'est-ce que vous_allez prendre ?	— — — crudités.
Elle va prendre une salade de tomates.	Qu'est-ce que Catherine va prendre ?	— — — salade de tomates.

	À qui est ce paquet ? Il est_à vous ?	Oui, il est_à moi.
Oui, il est_à Jean/à lui.	À qui est ce manteau ? Il est_à Jean ?	—, — — — — .
Oui, elle est_à Anne/à elle.	À qui est cette maison ? Elle est_à Anne ?	—, — — — .
	Pour qui est le bifteck ?	C'est pour moi.
C'est pour mademoiselle.	Pour qui est l'escalope ?	— — mademoiselle.
C'est pour ce jeune homme.	Pour qui est la sole meunière ?	— — ce jeune homme.

55

7 · L'AGENT VINGT-QUATRE

(The next afternoon. Lemaître's office. His secretary comes in and hands him a folder of letters)

Lemaître *(annoyed at the interruption)* Qu'est-ce qu'il y a?

Secrétaire Ce sont des lettres à signer, Monsieur.

Lemaître Ah bon. *(he signs the letters)* À propos, j'ai encore une lettre à dicter. Où est-ce que vous avez mis les lettres de la Maison Laborde?

Secrétaire *(picking up a folder)* Les voilà, Monsieur.

Lemaître Donnez-les-moi. *(she hands them over)* Merci bien. Tapez la lettre immédiatement.

Secrétaire Bien, Monsieur. *(she sits down at a typewriter in the far corner of the office)*

Lemaître Bon, alors, je dicte . . .

Secrétaire *(to herself, typing)* Paris, le vingt-cinq avril mil neuf cent soixante-cinq . . .

Lemaître *(dictating)* Messieurs, nous avons bien reçu votre lettre du vingt et un avril *(he looks at the letter in his hand)* et nous vous remercions de votre commande numéro soixante-quatre. À la ligne! *(his secretary starts a new paragraph)* En ce qui concerne votre demande pour une remise sur la quantité, nous sommes . .

(The telephone rings. The secretary answers)

Secrétaire Allô, ici le bureau de Monsieur Lemaître . . . Je regrette, Monsieur Lemaître est occupé . . . *(to Lemaître)* C'est pour vous, Monsieur.

Lemaître *(looking up)* Qui est à l'appareil?

Secrétaire Je ne sais pas, mais il insiste.

Lemaître Passez-le-moi.

Secrétaire *(into 'phone)* Ne quittez pas, Monsieur. Je vous passe Monsieur Lemaître.

Lemaître *(picking up his extension)* Allô, Henri Lemaître à l'appareil . . .

Agent *(ringing from a telephone box)* Ici l'agent vingt-quatre.

Lemaître Oh, c'est vous! Oui, et alors?

Agent Eh bien, le paquet? La livraison est prête?

Lemaître La livraison? Oui, elle est prête. *(nervously)* Écoutez, je suis très occupé. Rappelez-moi dans une demi-heure. À tout à l'heure. *(he puts the phone down and tries to concentrate again on the dictation)* Euh . . . la livraison.

Secrétaire *(puzzled)* La livraison?

Lemaître *(correcting himself)* Non! Excusez-moi. Qu'est-ce que j'ai dit?

Secrétaire Vous avez dit *(reading what she has typed)* 'En ce qui concerne votre demande pour une remise sur la quantité, nous sommes . . .'·

Lemaître Ah, oui. *(continuing to dictate)* Euh . . . nous sommes prêts à vous accorder deux pour cent sur quatre cents cartons de grands flacons de notre huile solaire. *(looking up again)* À la ligne. La livraison aura lieu le plus tôt possible et vous recevrez en même temps soixante-quinze . . . oh, disons cent affiches publicitaires pour l'huile Soleil, l'Huile Moderne et Esthétique de Bronzage. Formule de politesse.

Secrétaire *(to herself, finishing off the letter)* Veuillez agréer, Messieurs, l'expression de nos sentiments distingués, Henri Lemaître, directeur-général. *(to Lemaître)* Vous voulez signer la lettre tout de suite?

Lemaître Oui, donnez-la-moi! *(she gives him the letter for signature)*

(Dacier's flat. A ring at the door. He answers and Catherine walks in)

Dacier Bonjour, ça va?

Catherine Jean, j'ai peur.

Dacier Venez par ici . . . Je vais faire du café. *(he takes down a coffee grinder from a shelf)*

Catherine Jean, j'ai peur. Cette histoire des paquets. Qu'est-ce que je vais faire?

Dacier Mais c'est décidé! Vous continuez à la Société Soleil avec Lemaître. C'est essentiel. Restez dans le bureau. Écoutez Lemaître au téléphone. Observez ses mouvements, et puis racontez-moi tout. Et moi, à ce moment-là, je . . .

Catherine Vous suivez la piste. Non, Jean!

Dacier *(changing the subject)* Les tasses, Catherine!

Catherine Où sont-elles?

Dacier Elles sont dans le buffet.

Catherine *(taking cups from a cupboard and looking around)* Où est-ce que je les mets?

Dacier Mettez-les sur la table!

Catherine *(returning to the subject)* Écoutez, j'ai peur pour moi et j'ai peur pour vous.

Dacier Mais Catherine, c'est essentiel. Ces fameux paquets arrivent de Suisse. Une fois à Paris, où est-ce qu'ils passent? Voilà le mystère.

(Lemaître's office. His secretary is still with him. The 'phone rings. She answers it)

Secrétaire C'est le même monsieur pour vous.

Lemaître Bien, merci. *(picking up 'phone)* Allô Lemaître à l'appareil.

Agent Ici l'agent vingt-quatre. Et le paquet, il est prêt?

Lemaître *(pretending to talk business)* Le paquet . . . euh . . . ah oui, la livraison! Oui, euh . . . j'ai fait le nécessaire. C'est prêt.

Agent Bien. C'est extrêmement urgent. Et pour le rendez-vous?

Lemaître *(making sure his secretary is not paying attention)* Vous voulez un rendez-vous?

Agent Oui, bien sûr! Alors, où? Et quand?

Lemaître *(as his secretary looks up)* Écoutez, cher Monsieur . . . vous comprenez, je suis très occupé en ce moment. Vous voulez rappeler dans dix minutes? Entendu?

(He hangs up. The agent is furious at being put off again. He looks for change to make a further call. As he does so, he checks he has his pistol with him)

(Dacier's flat. He and Catherine are sitting on a sofa)

Dacier Bon, c'est entendu? Vous allez au bureau. Observez Lemaître, écoutez-le au téléphone et puis racontez-moi tout.

Catherine Oh, Jean, je ne sais pas . . .

Dacier *(offering her coffee)* Au lait ou noir?

Catherine Noir.

Dacier *(putting his arm round her)* Allez, belle espionne! *(he offers sugar)* Du sucre?

(Lemaitre's office. He is now alone. The 'phone rings again. He answers)

Agent L'agent vingt-quatre.

Lemaître Ah, c'est vous. Bien, maintenant ça va, je suis seul. Qu'est-ce que vous voulez?

Agent Je répète: le paquet, est-ce qu'il est prêt? Oui ou non? Est-ce que la livraison est prête?

Lemaître Oui, bien sûr. Vous avez l'argent?

Agent Quarante mille.

Lemaître Ce n'est pas assez. Maintenant c'est soixante mille.

Agent *(shocked)* Combien?

Lemaître Soixante mille.

Agent *(furious)* Qu'est-ce que c'est que cette histoire-là? Vous êtes complètement fou. Et pourquoi? Pourquoi soixante mille?

Lemaître *(blandly)* Parce que c'est comme ça. Maintenant c'est le prix. Alors, vous le voulez, ce paquet, oui ou non?

Agent À ce prix-là, non, je n'en veux pas!

Lemaître *(giving way slightly)* Bon, cinquante mille!

Agent *(agreeing)* Hm! C'est encore trop cher. Mais d'accord.

Lemaître Et le rendez-vous? Où est-ce que vous voulez prendre rendez-vous? Et quand?

Agent C'est urgent. Je veux le paquet tout de suite.

Lemaître *(looking at his watch)* Il est quatre heures. Disons . . . dans une demi-heure. À quatre heures et demie, ça vous va?

Agent D'accord.

Lemaître Alors, quatre heures et demie. *(thinking where they can meet)* Voyons, où?

(Catherine hurriedly arrives in the outer office. She notices Lemaître is on the 'phone, picks up the extension and listens)

Agent Allô, allô! Alors?

Lemaître Vous connaissez le cinéma le Rex!

Agent Bien sûr, je connais le Rex!

Lemaître En ce cas, à quatre heures et demie au Rex. Vous connaissez le cinéma, la salle du cinéma.

Agent Oui.

Lemaître Bien. Alors au fond de la salle, à quatre heures et demie. Et n'oubliez pas l'argent. C'est compris, cinquante mille francs!

(In the telephone box the agent puts down the receiver. He takes five bundles of notes, each containing 10,000 francs from his inside pocket. Then, smiling wryly, he feels for his pistol and replaces one of the bundles in his jacket)

SOME EXPRESSIONS

à propos	*by the way*
Messieurs,	*Dear Sirs,*
nous avons bien reçu	*we have received*
nous vous remercions	*we thank you*
à la ligne!	*new paragraph!*
en ce qui concerne	*concerning, as for*
une remise sur la quantité	*a discount on a bulk order*
nous sommes	*we are*
Ici . . .	*here is, this is . . . (on 'phone)*
ne quittez pas	*hold on (on 'phone)*
à tout à l'heure	*I'll hear from you in a moment (on 'phone)*
à vous accorder	*to grant you*
le plus tôt possible	*as soon as possible*
en même temps	*at the same time*
disons	*let's say*
formule de politesse	*polite phrase (to close letter)*
veuillez agréer l'expression de nos sentiments distingués	*we remain, yours faithfully*
ça va?	*how are things?/how are you?*
au téléphone	*on the 'phone*
une fois à Paris	*once in Paris*
où est-ce qu'ils passent?	*where do they get to?*
j'ai fait le nécessaire	*I've done what's necessary*

en ce moment	*at the moment*
au lait	*with milk*
qu'est-ce que c'est que	*what's all this*
cette histoire-là?	*about?*
d'accord	*O.K.*
ça vous va?	*does that suit you?*

HOW THE LANGUAGE WORKS

ILS/ELLES . . . *are plural forms corresponding to the singular* il *and* elle. *They both mean 'they', but* ils *must be used to refer to masculine nouns and* elles *to feminine nouns:*

ÊTRE

ils/elles sont *they are*

N.B. ce sont des . . . *is the plural of* c'est un/une

ce sont des lettres à signer   *they are letters to sign*

THE PLURAL OF -ER VERBS

	Written	Pronounced
singular	il cherche	il cherch$\not{e}$
plural	ils cherchent	il$\not{s}$ cherch$\not{ent}$
singular	il arrive	il arriv$\not{e}$
plural	ils arrivent	il-Z-arriv$\not{ent}$

Note that in the case of il cherche/ils cherchent *there is no difference of pronunciation between the singular and the plural. In the case of* il arrive/ils arrivent *only the liaison* (Z) *indicates the plural. The same is true of* elle arrive/elles arrivent.

THE PLURAL OF NOUNS . . . *is usually formed by adding* -s. *This* -s *is never pronounced except in liaison. So in spoken French nothing usually indicates the plural except words such as* les, ces, des *in front of the noun:*

	Written	Pronounced
singular	le paquet	le paqué$\not{t}$
plural	les paquets	lé$\not{s}$ paqué$\not{ts}$
singular	l'assiette	l'assiett$\not{e}$
plural	les assiettes	lé-Z-assiett$\not{es}$

ADJECTIVES . . . *usually form their plural by adding* -s *or* -es *(for feminine plural). The pronunciation is not affected except in liaison:*

les petits garçons   *the little boys*

les assiettes sont petites   *the plates are small*

PAST PARTICIPLES . . . *when used after* être *also behave like adjectives and add* -s *or* -es *for the plural. The pronunciation is not affected except in liaison:*

Les garçons sont partis   *The boys left*

Les filles sont parties   *The girls left*

LES . . . *is the plural form of the direct object pronouns* le/la *(him, her, it):*

Les voilà!	*Here/there they are!*
Mettez-les sur la table	*Put them on the table*

PRONOUNS AFTER THE IMPERATIVE . . . *Note the position of the pronoun when a direct object* (le, la, les) *and indirect object* (moi) *follow the imperative:*

Il insiste!	*He insists*
Passez-**le-moi**	*Put him through to me*
Vous voulez signer la lettre?	*Do you want to sign the letter?*
Oui, donnez-**la-moi**	*Yes, give it to me*
Voilà les lettres	*Here are the letters*
Donnez-**les-moi**	*Give them to me*

PRONOUNS BEFORE THE PRESENT TENSE . . . *Note that pronouns come* **before** *the present tense of the verb:*

(Ce paquet) Vous **le** voulez?	*Do you want it?*
(Cette lettre) Je **la** tape?	*Shall I type it?*
Où est-ce que je **les** mets?	*Where shall I put them?*

N.B. Both le *and* la *become* l' *before a verb beginning with a vowel:*

je **l'**achète?	*Shall I buy it?*

je **vous** passe Monsieur Lemaître	*I'll put Mr. Lemaître through to you*

N.B. Vous *can mean 'you' or 'to you'. But remember how it is used like* moi, lui, elle, *etc. after prepositions:*

J'ai peur pour moi et pour vous	*I'm afraid for myself and for you*

SOME PAST PARTICIPLES

> dire *(to say)*   *past participle:* dit
> recevoir *(to receive)*   ,,   ,,   reçu

Note that c *is pronounced* s *before* i *and* e*. Before* a, o, u *it is pronounced* k *unless it has a cedilla* ç *as in* ça, reçu, garçon, français, *etc. when it is also pronounced* s*.*

AURA LIEU- RECEVREZ . . . *are special future forms:*

La livraison aura lieu	*The delivery will take place*
Vous recevrez	*You will receive*

DATES . . . *are expressed by using the cardinal numbers* (deux, trois, *etc.*) *with the month, except for 'the first', where* 'le premier' *is used:*

Paris, le vingt-cinq avril	(le 25 avril)	*Paris, 25th April*
Paris, le premier avril	(le 1ᵉʳ avril)	*Paris, 1st April*

Note that the article le *must be included*

Mil neuf cent soixante-cinq	*1965*

In dates mil *(not* mille*) is used.*

PUTTING IT TO USE

Où est le paquet de cigarettes ?   Il est là.

Elle est sur la table.
Il est dans le tiroir.

Ils sont sur le comptoir.
Elles sont dans le petit bureau.

Où est la boîte d'allumettes ?   — — sur la table.
Où est l'argent de poche ?   — — dans le tiroir.
Où sont les billets de banque ?   Ils sont dans le coffre-fort.
Où sont les chèques de voyage ?   — — sur le comptoir.
Où sont les lettres de M. Laborde ?   — — dans le petit bureau.

Je mets le dossier dans le classeur ?   Oui, mettez-le dans le classeur.

Oui, mettez-les dans le fichier.
Oui, mettez-le dans l'enveloppe.
Oui, mettez-les dans le portefeuille.

Je mets les lettres dans le fichier ?   —, — — — .
Je mets l'argent dans l'enveloppe ?   —, — — — .
Je mets les billets dans le portefeuille ?   —, — — — .

Est-ce que je donne le paquet à Jean ?   Oui, donnez-le à Jean.

Oui, donnez-les à Catherine.
Oui, donnez-le à l'agent.
Oui, dictez-la à la secrétaire.
Oui, passez-la au porteur.
Oui, envoyez-le à mon ami.
Oui, demandez-le à ma soeur.
Oui, demandez-la au directeur
Oui, montrez-le à l'ingénieur.

Est-ce que je donne les gants à Catherine ?   —, — — — .
Est-ce que je donne l'argent à l'agent ?   —, — — — .
Est-ce que je dicte la lettre à la secrétaire ?   —, — — — .
Est-ce que je passe la valise au porteur ?   —, — — — .
Est-ce que j'envoie le télégramme à votre ami ?   —, — — — .
Est-ce que je demande l'argent à votre soeur ?   —, — — — .
Est-ce que je demande la permission au directeur ?   —, — — — .
Est-ce que je montre le dossier à l'ingénieur ?   —, — — — .

Je donne la lettre à la secrétaire?   Non, donnez-la-moi.
Je donne les paquets à l'agent?   —, — — —.
Je passe les tasses à Catherine?   —, — — —.
Je passe la commande à la Maison Laborde?   —, — — —.
J'envoie le courrier au directeur?   —, — — —.
Vous donnez le paquet à Jean?   Non, je le donne à Catherine.
Vous donnez les cigarettes à l'agent?   —, — — — barman.
Vous passez la commande au directeur?   —, — — — secrétaire.
Vous envoyez une affiche publicitaire à la Maison
  Laborde?   —, — — — sa succursale.
Vous demandez ce service à Catherine?   —, — — — son frère.
Je vous passe la communication?   Oui, passez-la-moi.
Je vous donne le dossier?   —, — —.
Je vous dicte ces lettres?   —, — —.

Non, donnez-les-moi.
Non, passez-les-moi.
Non, passez-la-moi.
Non, envoyez-le-moi.

Non, je le donne au barman.
Non, je la passe à la secrétaire.

Non, je l'envoie à sa succursale.
Non, je le demande à son frère.

Oui, donnez-le-moi.
Oui, dictez-les-moi.

Qu'est-ce que c'est?   C'est un chèque de voyage.
Qu'est-ce que c'est?   — une livraison de flacons.
Qu'est-ce que c'est?   Ce sont des lettres recommandées.
Qu'est-ce que c'est?   — — dossiers secrets.
Ce ne sont pas des lettres commerciales?   Si, ce sont des lettres commerciales.
Ce ne sont pas des cigarettes anglaises?   —, — — — — .
Ce ne sont pas des tasses à café?   —, — — — — .

C'est une livraison de flacons.

Ce sont des dossiers secrets.

Si, ce sont des cigarettes anglaises.
Si, ce sont des tasses à café.

63

8·DANS LE NOIR

(Lemaître's office. He is preparing to leave. Catherine enters)
Lemaître Bonjour.
Catherine Vous sortez?
Lemaître Oui, ma jolie, je sors. Est-ce que vous avez vu mes gants? Où est-ce que j'ai mis mes gants?
Catherine Ils sont là, sur le bureau. *(pointing to the small packet on Lemaître's desk)* Vous avez besoin de ça?
Lemaître Ah oui, en effet, j'en ai besoin. *(he takes the packet)* Merci. Bon! Alors à tout à l'heure!
Catherine Vous en avez pour longtemps?
Lemaître Pour longtemps? *(looking at his watch)* Oh, j'en ai pour une heure environ. Et n'oubliez pas, si on téléphone, 'Soleil, l'Huile Moderne et Esthétique de Bronzage . . .
Catherine *(smiling)* . . . est imbattable! Je sais!
Lemaître Au revoir, ma jolie.
(Lemaître leaves the office. Catherine goes to the telephone and dials Dacier's number)
Catherine Allô Jean. Jean, c'est vous? Catherine . . .
Dacier *(on telephone)* Vous êtes au bureau? Qu'est-ce qui se passe?
Catherine Écoutez, c'est très urgent. Il est sorti.
Dacier Qui? Lemaître?
Catherine Oui, il a pris le paquet.
Dacier Où est-ce qu'il est allé?
Catherine Il a téléphoné à quelqu'un.
Dacier Qu'est-ce qu'il a dit?
Catherine Je n'ai pas tout entendu, mais il a pris rendez-vous avec cette personne.
Dacier Où? Où est-ce qu'ils ont pris rendez-vous?

Catherine Dans un cin———... *(the door opens and Lemaître returns. Catherine pretends to be answering a business call)* Donc, ainsi vous ... un petit instant s'il vous plaît, Monsieur. *(to Lemaître)* C'est un client ... Une demande de renseignements ...

Lemaître Envoyez des brochures. *(distractedly)* Combien est-ce que nous avons de ces petites brochures publicitaires? *(thinking)* Ah oui, nous en avons beaucoup. Envoyez des brochures.

Catherine Eh bien, Monsieur, c'est entendu. Je vous envoie des brochures publicitaires.

(Lemaître picks up his hat and a newspaper. Surreptitiously he conceals his hypodermic in the newspaper and goes out)

Catherine *(keeping up the fictitious conversation till Lemaître has gone)* Oui, Monsieur, la Société Soleil est à votre disposition ... à votre entière disposition ... *(dropping her pretence)* Ça y est ... Ça va maintenant. Il est parti.

Dacier Qu'est-ce qu'il a fait?

Catherine Je ne sais pas. Il est revenu. Il est entré, il a pris son journal et son chapeau ...

Dacier Un chapeau comment?

Catherine C'est un chapeau mou, noir. Maintenant, écoutez, c'est urgent. Il a rendez-vous au Cinéma. Le Rex.

Dacier Au Rex. D'accord. À quelle heure?

Catherine À quatre heures et demie ... et au fond de la salle.

Dacier Bon. Ça va. Je vais au cinéma.

Catherine Jean! Faites attention ...

Dacier Oui, bien sûr. Catherine, vous voulez venir chez moi ce soir?

Catherine Oui. D'accord. Chez vous, à huit heures.

Dacier Vous êtes adorable.

Catherine À ce soir. Soyez prudent. *(she rings off)*

(The foyer of le Rex cinema. Dacier is looking at a film-still. Lemaître arrives, goes to the box office. Dacier eavesdrops)

Lemaître *(to the box office attendant)* Une place, Madame, s'il vous plaît.

Caissière Une place. D'accord, mais où? Vous voulez en haut au balcon ou en bas aux fauteuils d'orchestre? *(pointing to a plan of the cinema)* Les fauteuils sont tous au même prix, devant, au centre ou au fond de la salle.

Lemaître Donnez-moi un fauteuil d'orchestre.

Caissière Voilà Monsieur.

Lemaître C'est combien?

Caissière C'est cinq francs.

Lemaître Voilà. *(he turns to go in)* Il y a beaucoup de monde?

Caissière Non, pas trop. *(Lemaître moves to the stalls entrance)* Votre billet, Monsieur! *(he returns, takes the ticket and enters. Dacier goes up to the box office)*

Dacier Pardon Madame, ce monsieur, qu'est-ce qu'il a pris?

Caissière Comment?

Dacier Qu'est-ce qu'il a pris comme place?

Caissière Mais ça ne vous regarde pas, Monsieur.

Dacier *(charming her)* Allons, Madame, un peu de bonne volonté.

Caissière Alors, on fait du charme?

Dacier À une jolie femme, toujours.

Caissière Allez donc, eh Valentino!

Dacier Alors?

Caissière Le Monsieur? Fauteuil d'orchestre. *(she gives him a stalls ticket too)* C'est cinq francs.

Dacier *(paying)* Vous êtes mille fois aimable.

Caissière *(with a giggle)* Pas possible! Ça c'est du dialogue de cinéma!

Dacier *(pointing to the confectionery on display)* Je vous offre un petit chocolat, Madame? Des bonbons?

Caissière *(declining)* Ça c'est gentil. Mais non.

Dacier Mais pour une jolie femme.

Caissière *(pointing to the usherette)* Non, donnez plutôt un bon pourboire à l'ouvreuse.

Dacier *(teasing her)* Mais vous savez, Madame, elle n'est pas aussi jolie que vous!

(Dacier enters the stalls, tips the usherette and takes a seat a little way behind Lemaître. A man comes in and sits next to Lemaître. It is Agent 24. Lemaître takes out the packet, opens it and shows its contents to the agent. The agent gives him money in return for the packet. Lemaître finds only four bundles of notes, turns on the agent, and reaches for his hypodermic. The agent feels for his gun. They confront each other. Eventually the agent gives way, and passes Lemaître another bundle. As he leaves he taps Lemaître on the shoulder and slips him a written message. Dacier observes all this from his seat)

(Back in the office some time later, Lemaître puts away the money he received from the agent. He unfolds and reads the message he was passed)

Lemaître 'Livraison urgente. Nouveau paquet pour samedi.' *(thinking hard)* Il veut un autre paquet . . . pour samedi! *(he looks at the calendar)* Aujourd'hui c'est mercredi. Samedi, ça fait seulement trois jours. *(thinking of the money involved)* Mais ça fait aussi cinquante mille francs! *(calling)* Catherine!

Catherine *(from the outer office)* Oui, Monsieur.

Lemaître Catherine, venez un instant, s'il vous plaît.

Catherine Oui, j'arrive!

Lemaître Venez donc, c'est urgent.

Catherine *(appearing)* Oui, oui, me voilà.

Lemaître Asseyez-vous. *(she sits down)* Catherine, ma jolie, où est-ce que vous allez ce soir?

Catherine Ce soir? Je sors, j'ai rendez-vous avec quelqu'un . . . Pourquoi?

Lemaître Parce que j'ai besoin de vous.

Catherine Comment? Vous avez besoin de moi?

Lemaître Oui, pour la Piste Sept.

Catherine La Piste Sept? Mais . . .

Lemaître Mais quoi?

Catherine Rien. À l'aéroport d'Orly?

Lemaître Non, ma belle, je vous offre le voyage à Genève!

Catherine Ce soir, mais . . . aller à Genève? Moi? C'est impossible.

Lemaître *(sharply)* Impossible? Et pourquoi? *(he throws some money in front of her)* C'est vous la Piste Sept maintenant, la Piste Sept!

Catherine Moi? Mais . . .

Lemaître Allez! En route pour Genève et pas d'histoire. *(he takes her hand)* Je ne plaisante pas, ma belle! *(picking up the money)* Et ça, hein? Vous n'aimez pas ça? *(he presses the money into her hand and leads her out of the office)*

SOME EXPRESSIONS

à tout à l'heure	*see you soon*
vous en avez pour longtemps?	*are you going to be long?*
j'en ai pour une heure environ	*I'm going to be about an hour*
si on téléphone	*if anyone rings*
qu'est-ce qui se passe?	*what's happening?*
il a pris rendez-vous	*he made an appointment*
une demande de renseignements	*a request for information/an enquiry*
à votre (entière) disposition	*(entirely) at your service*
je n'ai pas tout entendu	*I didn't hear everything*
un chapeau comment?	*what kind of hat?*
faites attention!	*take care!*
soyez prudent!	*be careful!*
au même prix	*(at) the same price*
c'est combien?	*how much is it?*
c'est cinq francs	*it's five francs*
ça ne vous regarde pas	*it's none of your business*
un peu de bonne volonté	*try to be helpful*
on fait du charme	*you're turning on the charm*
je vous offre . . . ?	*may I offer you . . . ?*
aussi jolie que vous	*as pretty as you*
il veut	*he wants*
ça fait	*that makes/that is*
en route pour	*off (you go) to!*
pas d'histoire!	*no nonsense!*

HOW THE LANGUAGE WORKS

NOUS . . . *With all verbs except* être *the ending of the verb after* **nous** *('we') is* ons

avoir	nous avons	*we have*
chercher	nous cherchons	*we are looking for*
BUT: être	nous sommes	*we are*

MORE VERBS IN THE PRESENT

ENVOYER *(to send)*	
j'envoie	vous envoyez
il/elle envoie	nous envoyons
ils/elles envoient	

PAYER *(to pay)*	
je paie	vous payez
il/elle paie	nous payons
ils/elles paient	

Note the change in spelling of the present: i *when no other syllable follows (remember the plural verb ending -*ent *is never pronounced);* y *when followed by a syllable (*ez, ons*). This rule applies to all verbs whose infinitive ends in -*yer.

MORE VERBS IN THE PAST . . . *note the following past participles:*

FAIRE *(to do, make)*	METTRE *(to put)*	VOIR *(to see)*
fait	mis	vu

Qu'est-ce qu'il a fait?	*What did he do?*
Où est-ce que j'ai mis mes gants?	*Where did I put my gloves?*
Est-ce que vous avez vu mes gants?	*Have you seen my gloves?*

COMBIEN EST-CE QUE VOUS AVEZ DE . . . ? J'EN AI . . .

Combien est-ce que nous avons de brochures?	*How many brochures have we got?*
Nous en avons beaucoup	*We have a lot (of them)*
...peu	*...few (of them)*
...un peu	*...a few (of them)*
...cent	*...100 (of them)*
...mille	*...1,000 (of them)*
Combien est-ce que vous avez de whisky?	*How much whisky have you got?*
J'en ai assez	*I have enough (of it)*
...peu	*...little (of it)*
...un peu	*...a little (of it)*

Note that en *here means 'of them', 'of it', and remember again that whereas in English 'of them' 'of it' can be omitted,* en *can never be omitted in French.*

AVOIR BESOIN DE

Vous avez besoin de ça?	*Do you need this?*
Oui, j'en ai besoin	*Yes, I need it*

With this expression, if the object needed is a thing, en *is generally used in the answer. But when a person or persons are needed* de *is always used followed by the name of the person or a pronoun:*

Vous avez besoin de moi?	*Do you need me?*
Oui, j'ai besoin de vous	*Yes, I need you*

PUTTING IT TO USE

J'en ai deux.	Combien est-ce que vous_avez de paquets ?
J'en ai beaucoup.	Combien est-ce que vous_avez d'autos ?
	Combien est-ce que vous_avez d'argent ?
	Combien est-ce que nous_avons d'affiches ?
Nous_en_avons mille.	Combien est-ce que nous_avons de flacons ?
Nous_en_avons vingt et une.	Combien est-ce que nous_avons de livraisons ?
	Combien est-ce que M. Deville veut de paquets ?
Il en veut soixante et onze.	Combien est-ce qu'il veut de flacons ?
Elle en veut très peu.	Combien est-ce que Catherine veut de brochures ?

J'en_ai un.
— — — deux.
— — — beaucoup.
Nous_en_avons assez.
— — — mille.
— — — vingt et une.
Il en veut vingt-deux.
— — — soixante et onze.
— — — très peu.

	Qu'est-ce que vous_avez acheté ?
	Qu'est-ce que vous_avez rempli ?
Nous_avons rempli des fiches.	Qu'est-ce que vous_avez pris ?
Nous_avons pris de l'argent.	Qu'est-ce que vous_avez dit ?
Nous_avons dit merci.	Qu'est-ce que vous_avez fait ce matin ?
Nous_avons fait des courses.	Qu'est-ce que vous_avez vu hier ?
Nous_avons vu la cathédrale.	Qu'est-ce que vous_avez entendu ?
Nous_avons entendu un concert de musique moderne.	

Nous_avons acheté de l'huile de bronzage.
— — des fiches.
— — de l'argent.
— — merci.
— — des courses.
— — la cathédrale.
— — un concert de musique moderne.

	J'envoie la lettre ?
	J'envoie le paquet ?
	Je paie la note ?
	Je paie le supplément ?
Oui, envoyez-le par la poste.	
Oui, payez-la à la caisse.	
Oui, payez-le au contrôleur.	

Oui, envoyez-la tout de suite.
— , — — par la poste.
— , — — à la caisse.
— , — — au contrôleur.

C'est six francs.
— 2 francs 50 le kilo.
— 7 francs 75.
—10 francs 85.

C'est combien les balcons?
C'est combien ces pêches?
C'est combien ce gâteau?
C'est combien cette bouteille de vin?

C'est deux francs cinquante le kilo.
C'est sept francs soixante-quinze.
C'est dix francs quatre-vingt-cinq.

Non, je n'ai pas besoin de lui.
— , — — — — :
— , — — — — :
— , — — — — :
Non, je n'en ai pas besoin.
— , — — — — .
— , — — — — .
— , — — — — .

Vous avez besoin de Jean?
Vous avez besoin de M. Lemaître?
Vous avez besoin de Catherine?
Vous avez besoin de moi?
Vous avez besoin de votre voiture?
Vous avez besoin de mes services?
Vous avez besoin d'argent?
Vous avez besoin d'un parapluie?

Non, je n'ai pas besoin de lui.
Non, je n'ai pas besoin d'elle.
Non, je n'ai pas besoin de vous.

Non, je n'en ai pas besoin.
Non, je n'en ai pas besoin.
Non, je n'en ai pas besoin.

Combien est-ce qu'il y a de jours dans une semaine? Il y en a sept.
Combien est-ce qu'il y a de mois dans une année? — — — .
Combien est-ce qu'il y a d'heures dans un jour? — — — .
Combien est-ce qu'il y a de minutes dans une heure? — — — .

Il y en a douze.
Il y en a vingt-quatre.
Il y en a soixante.

9 · PISTE SEPT

(A travel agency. The assistant is dealing with an elderly man. Lemaître and Catherine enter)

Employée *(keeping a counterfoil and handing the man his reservations)* Bon, alors ça c'est à moi et ces réservations sont à vous. Ce sont les places numéro soixante et onze et soixante-douze.

(The man moves off forgetting his newspapers)

Lemaître *(to the assistant)* Pardon, Madame.

Employée *(noticing the newspapers)* Excusez-moi. À qui sont ces journaux? Ils ne sont pas à vous, Monsieur?

Lemaître Non, Madame.

Employée *(realising)* Ah non! Ils sont au Monsieur là-bas. Monsieur! Ces journaux sont à vous! *(she hands the elderly man his newspapers and turns to Lemaître)* Oui, Monsieur? Qu'est-ce que je peux faire pour vous?

Lemaître Pour Genève? À quelle heure est le prochain avion?

Employée Swissair ou Air France?

Lemaître Ça m'est égal. Le prochain avion.

Employée Attendez. Je vais regarder dans l'indicateur. *(she looks up the air time-table)* Paris-Genève . . . oui, le vol sept cent vingt. Départ à dix-neuf heures cinq. Tout est complet, je pense. *(offering to ring up)* Mais je peux toujours essayer, Monsieur.

Lemaître Oui. Essayez, s'il vous plaît. C'est extrêmement important et très urgent.

Employée Bien, Monsieur. Je vais mettre votre nom sur la liste d'attente. *(she dials the airline number)*

(Lemaître turns to Catherine, who is looking depressed)

Lemaître Allons, souriez.

Catherine Mais où est-ce que je vais à Genève?

Lemaître *(brushing her question aside)* Ne vous occupez pas de ça. Allons, souriez! *(Catherine forces a smile)* Voilà. Après tout, aller à Genève, ce n'est pas si terrible.

Employée *(getting through on the 'phone)* Allô, ici l'Agence 'Intercontinental'. Le vol sept cent vingt pour Genève. Est-ce que vous avez deux places?

Lemaître *(interrupting)* Non, non! **Une** place seulement.

Employée *(nodding to Lemaître that she has understood, she turns back to the 'phone)* Non? Vous n'en avez pas? Mais écoutez, je voudrais une place seulement. *(to Lemaître)* Classe touriste ou première classe?

Lemaître *(indicating Catherine)* Allez! Donnez-lui une première classe.

Employée Ah, c'est pour Mademoiselle? *(into 'phone)* Allo, oui une première ... Vous me rappelez? Bien, merci, mais sans faute. Vous allez faire ça pour moi, n'est-ce pas? *(putting down the 'phone)*

Lemaître Alors?

Employée *(referring to the airline clerk)* Eh bien, il essaie. Il rappelle dans cinq minutes. Mais vous savez, tout est très pris en ce moment. Il y a une conférence internationale en Suisse ... et tout le monde va en Suisse!

Lemaître Ah ça, c'est ennuyeux. *(Catherine moves off towards a public telephone in the corner)* Où est-ce que vous allez, Catherine?

Catherine *(pointing)* Là-bas.

Lemaître Pourquoi?

Catherine Je vais au téléphone. *(he looks puzzled)* Je veux téléphoner!

Lemaître Vous n'allez pas téléphoner maintenant? À qui?

Catherine *(lying)* À ma mère. Ça vous ennuie? Vous permettez?

Lemaître *(grudgingly)* Bien, mais faites vite!

(Catherine goes to the telephone and dials Dacier's number)

Employée *(suggesting to Lemaître an alternative way for Catherine to get to Geneva)* Mademoiselle ne veut pas aller par le chemin de fer? Il y a un train de nuit avec couchettes. Voyez l'horaire là devant vous. *(pointing to a railway timetable)* Départ de Paris à vingt-trois heures cinq.

Lemaître Non, ça met trop longtemps.

Employée Mais c'est très pratique. Il y a un wagon restaurant à partir de Dijon. Il y a toujours de la place dans ce train et vous êtes à Genève le matin à sept heures vingt. C'est parfait.

(Lemaître pays no attention. He turns to look at Catherine 'phoning)

(Dacier's flat. He answers the 'phone)

Dacier Jean Dacier à l'appareil ...

Catherine *(in a whisper)* Jean, c'est moi. Vite!

Dacier Quoi? Où êtes-vous? Au bureau?

Catherine Non, nous ne sommes pas au bureau. Nous sommes à l'Agence de voyages 'Intercontinental'.

Dacier Nous? Qui nous?

Catherine *(glancing round nervously)* Lemaître et moi. Je pars ce soir pour Genève.

Dacier Pourquoi? Qu'est-ce qu'il y a?

Catherine Un nouveau paquet – une nouvelle livraison! C'est très urgent apparemment. La Piste Six est terminée, alors euh . . . maintenant c'est la Piste Sept et c'est moi! Je vais à Genève.

Dacier À Genève? Mais où à Genève? À quelle adresse?

Catherine Je ne sais pas, je ne sais pas encore. Lemaître n'a pas dit l'adresse. Mais écoutez; venez vite ici! *(giving him directions)* Nous sommes à l'Agence 'Intercontinental', c'est derrière l'Opéra. Nous attendons confirmation pour le prochain avion.

Dacier *(promising to come)* Bien. J'arrive tout de suite. Vous allez essayer de découvrir l'adresse. . . . Et puis nous allons essayer de parler.

Catherine D'accord, mais faites vite!

Dacier Je vais prendre un taxi. J'arrive dans quelques minutes.

Catherine *(referring to the episode in the cinema)* À propos, vous n'avez pas vu Lemaître au cinéma?

Dacier Si, j'ai vu Lemaître!

Catherine Ah bon! Très bien . . . *(Lemaître suddenly moves up behind her. She pretends to be talking to her mother)* Oui, maman, nous sommes toujours en ville . . . Non, nous ne sommes pas encore partis pour l'aéroport . . . oui maman, tout va bien. Au revoir maman. *(putting the receiver down)*

Lemaître Votre mère va bien?

Catherine Oui, elle va bien, merci.

Lemaître *(taking her back to the counter)* Venez.

Employée *(answering the 'phone)* Allô, 'Intercontinental' . . . oui? Très bien. Le vol sept cent vingt . . . une seconde, s'il vous plaît. *(turning to Catherine)* C'est à quel nom? C'est pour vous, Mademoiselle, n'est-ce pas?

Catherine Oui. *(giving her name)* Léger. Catherine Léger.

Employée *(turning back to the 'phone)* Mademoiselle Catherine Léger. *(ringing off and starting to fill in the ticket)* Bien. Je vous prépare votre billet. Léger, vous avez dit?

Catherine Oui, Léger, Catherine. *(to Lemaître)* Où est-ce que je vais à Genève? À quelle adresse?

Lemaître *(again brushing her question aside)* Ne vous occupez pas de ça! Je vous donne l'adresse tout à l'heure.

Employée *(to Catherine)* Votre adresse à Paris, Mademoiselle?

Catherine Mon adresse? Euh . . . Soixante-dix. . . .

Lemaître *(interrupting with a false address)* Mais non! C'est quatre-vingts, rue de la Tour.

Employée Bien Monsieur.

(At this moment Dacier enters. He catches Catherine's eye. She signals that she can't yet talk or move)

Employée *(to Lemaître)* Vous payez par chèque, Monsieur. Ou en espèces?

Lemaître *(pulling out some notes from his wallet)* En espèces.

(Dacier tries unsuccessfully to get closer)

Lemaître *(handing over money)* Voilà. Alors, ce billet, il est prêt, Madame?

Employée Oui, tout de suite.

Lemaître Écoutez, faites vite, je vous en prie! *(impatiently looking at his watch)* L'avion part à sept heures cinq. Il est déjà six heures et quart.

Employée *(shrugging her shoulders)* Oui, je sais, mais qu'est-ce que vous voulez?

Lemaître Oui, mais d'ici Orly. . . .

Employée *(reassuringly)* C'est bientôt fini, Monsieur.

Catherine *(making a suggestion)* J'appelle un taxi?

Lemaître Oui, bonne idée, appelez déjà un taxi!

(Catherine sees her chance to talk to Dacier. She motions him to join her outside the agency)

Catherine *(calling from the doorway)* Taxi! Taxi!

Dacier *(joining her)* Vous avez l'adresse?

Catherine *(pretending to call a taxi)* Non. Taxi! Je ne sais pas encore. Taxi!

Dacier *(urgently)* Demandez l'adresse encore une fois.

(Lemaître makes for the door with the ticket. Dacier turns away as Lemaître grabs Catherine)

Lemaître Allez! Et maintenant à Orly, et en vitesse!

(Dacier is left behind. His attempts at finding the address in Geneva have been in vain. . . . On their way to Orly in the taxi, Catherine looks anxiously at Lemaître)

Lemaître Allons, allons, ma belle, souriez! Ce n'est pas si terrible.

Catherine *(smiling)* C'est vrai. Alors où est-ce que je vais? À quelle adresse?

Lemaître Ah non! C'est comme à Paris. Pas d'adresse. Vous connaissez la routine. À Genève, à l'aéroport, vous allez au premier téléphone. Entendu? *(Catherine nods)* Le premier téléphone et vous cherchez le message. 'Piste Sept'. Vous voyez. C'est simple!

SOME EXPRESSIONS

là-bas	*over there, down there*
ça m'est_égal	*it's all the same to me*
la liste d'attente	*the waiting-list*
donnez-lui	*give her*
ne vous_occupez pas de ça	*don't bother about that*
vous me rappelez?	*will you call me back?*
sans faute	*without fail*
tout_est très pris	*everything is very much booked up*
tout le monde	*everyone*
ça vous_ennuie?	*do you mind?*
faites vite!	*be quick!*
ça met trop longtemps	*it takes too long*
à partir de . . .	*from . . . onwards*
tout va bien	*everything's all right*
c'est_à quel nom?	*whose name is it in?*
en_espèces	*in cash*
mais qu'est-ce que vous voulez?	*what can I do about it?*
et en vitesse!	*and (let's) be quick about it*

HOW THE LANGUAGE WORKS

VOULOIR *(to want)*

je veux	vous voulez
il/elle veut	nous voulons
ils/elles veulent	

Past participle: voulu

POUVOIR *(to be able to)*

je peux	vous pouvez
il/elle peut	nous pouvons
ils/elles peuvent	

Past participle: pu

Note how the plural veulent *and* peuvent (veul~~ent~~, peuv~~ent~~) *differ in pronunciation from the singular* (veu~~t~~, peu~~t~~).

pouvoir *like* vouloir *is a 'modal' verb. It can be followed by another verb in the infinitive:*

Qu'est-ce je peux faire pour vous?   *What can I do for you?*

SOURIRE *(to smile)*

je souris	vous souriez
il/elle sourit	nous sourions
ils/elles sourient	

Past participle: souri

RIRE *(to laugh)*

behaves like sourire

RAPPELER *(to call back)*

je rappelle	vous rappelez
il/elle rappelle	nous rappelons
ils/elles rappellent	

Past participle: rappelé

. . . *behaves in spelling and pronunciation like* appeler:
(see episode 6)

NEGATIVE OF 'MODAL' VERBS FOLLOWED BY INFINITIVE . . . *Note the position of* ne . . . pas:

Vous n'allez pas téléphoner?	*You are not going to 'phone?*
Mademoiselle ne veut pas aller par le chemin de fer?	*Wouldn't the young lady like to go by train?*

NEGATIVE OF VERBS IN THE PAST . . . *Note the position of* ne . . . **pas**:

Lemaître n'a pas dit l'adresse?	*Didn't Lemaître give the address?*
Vous n'avez pas vu Lemaître?	*Didn't you see Lemaître?*
Nous ne sommes pas encore partis	*We haven't left yet*

ESSAYER *(to try)* . . . *and some other verbs take* de *when followed by an infinitive:*

Vous allez essayer de découvrir l'adresse	*You will (must) try to find out the address*

SHORT COMMON ADVERBS . . . *normally come after the verb. If there is more than one verb (e.g.* je peux essayer) *they come after the first verb:*

Nous sommes toujours en ville	*We are still in town*
Je peux toujours essayer	*I can always try*
Nous ne sommes pas encore partis	*We haven't left yet*

PLURALS IN -AUX . . . *the plural of most nouns and masculine adjectives ending in* -al *is* -aux:

un journal	*a newspaper*
À qui sont ces journaux?	*Whose newspapers are these?*
un animal, des animaux	*an animal, animals*
international, internationaux	*international*
commercial, commerciaux	*commercial*

However, the feminine plural of these adjectives is regular: **commerciales, internationales.**

PUTTING IT TO USE

Ils sont à Catherine.
Ils sont à la dame.
Elles sont à l'Anglais.
Elles sont au jeune homme.

À qui sont ces journaux?
À qui sont ces gants?
À qui sont les chèques?
À qui sont ces jolies photos?
À qui sont ces petites boîtes?

Ils sont à Jean.
— — Catherine.
— — la dame.
— — l'Anglais.
— — jeune homme.

Non, je n'ai pas acheté mes billets.
Non, je n'ai pas pris le taxi.

Non, il n'a pas lu les journaux.
Non, elle n'a pas vu son frère.
Non, elle n'a pas fait la commission.

Non, je ne suis pas sorti(e) hier.
Non, je ne suis pas arrivé(e) à l'heure.

Non, il n'est pas venu la semaine dernière.

Non, ils ne sont pas sortis.
Non, elles ne sont pas parties.

Vous avez téléphoné?
Vous avez acheté vos billets?
Vous avez pris le taxi?
Il a mis les lettres à la poste?
Il a lu les journaux?
Elle a vu son frère?
Elle a fait la commission?
Vous êtes allé(e) en Italie?
Vous êtes sorti(e) hier?
Vous êtes arrivé(e) à l'heure?
Elle est partie en vacances?
Il est venu la semaine dernière?
Ils sont partis?
Ils sont sortis?
Elles sont parties?

Non, je n'ai pas téléphoné.
—, — — — — — .
—, — — — — — .
Non, il n'a pas mis les lettres à la poste.
—, — — — — — .
—, — — — — — .
—, — — — — — .
Non, je ne suis pas allé(e) en Italie.
—, — — — — — .
—, — — — — — — .
Non, elle n'est pas partie en vacances.
—, — — — — — .
Non, ils ne sont pas partis.
—, — — — — .
—, — — — — .

77

Oui, je m'appelle Catherine
Oui, je vous rappelle.
Oui, j'appelle un taxi.

Vous vous_appelez Jean Dacier?
Vous vous_appelez Catherine?
Vous me rappelez?
Vous_appelez un taxi?

Oui, je m'appelle Jean Dacier.
—, — — — .
—, — — — .
—, — — — .

Non, mais je peux venir ce soir.
Non, mais je peux prendre le train
tout à l'heure.

Vous pouvez téléphoner aujourd'hui?
Vous pouvez venir ce matin?
Vous pouvez prendre le train tout de suite?

Non, mais je peux téléphoner demain.
—, — — — — ce soir.
—, — — — — — tout à l'heure.

Oui, vous pouvez regarder ce dossier.
Oui, vous pouvez téléphoner.
Oui, vous pouvez essayer.

Je peux appeler un taxi?
Je peux regarder ce dossier?
Je peux téléphoner?
Je peux essayer?

Oui, vous pouvez appeler un taxi.
—, — — — .
—, — — — .
—, — — — .

Non, je ne vais pas rappeler dans une minute.
Non, je ne vais pas téléphoner tout de suite.

Non, elle ne va pas voyager en seconde.
Non, il ne va pas prendre l'avion de Genève.

Vous_allez mettre mon nom sur la liste?

Vous_allez rappeler dans une minute?
Vous_allez téléphoner tout de suite?
Lemaître ne va pas_accompagner Catherine?
Catherine ne va pas voyager en seconde?
Jean ne va pas prendre l'avion de Genève?

Non, je ne vais pas mettre votre nom sur
la liste.
—, — — — — — .
—, — — — — .
Non, il ne va pas_accompagner Catherine.
—, — — — — .
—, — — — — — .

10 · PISTE DE GENÈVE

(Lemaître's office, next day. He is at his desk writing. The intercom buzzes)
Secrétaire *(over the intercom)* Il y a quelqu'un pour vous, Monsieur, mais il n'a pas de rendez-vous. Qu'est-ce que je fais?
Lemaître Qui est-ce? Demandez-lui son nom.
Secrétaire *(heard asking the visitor's name)* Votre nom, Monsieur, s'il vous plaît.
Le Monsieur Murano.
Secrétaire C'est un Monsieur Murano, Monsieur Lemaître.
Lemaître Murano? Je ne connais pas. Mais j'ai quelques minutes . . . Dites-lui d'entrer.
(Dacier enters, posing as a Swiss businessman)
Lemaître Monsieur?
Dacier Bonjour Monsieur. Excusez-moi. Je suis venu sans rendez-vous. Je vous dérange?
Lemaître Pas du tout Monsieur. C'est à quel sujet?
Dacier C'est au sujet de l'Huile Soleil.
Lemaître Très bien, Monsieur . . . euh . . . Murano?
Dacier Oui, Murano.
Lemaître Asseyez-vous Monsieur. *(they both sit)* Je vous écoute.
Dacier Eh bien, je suis de passage à Paris; je suis venu pour affaires. Alors, voilà. Je suis suisse – je viens de Lausanne. Comme vous le savez certainement, nous avons en Suisse une industrie touristique très importante. Et, par conséquent, un marché considérable pour les huiles de bronzage. J'envisage l'importation de l'Huile Soleil en Suisse. Est-ce que ça vous intéresse?
Lemaître Oui, ça m'intéresse. Mais, dites-moi, qu'est-ce que vous faites? Vous êtes importateur?
Dacier Oui, je suis importateur et je peux bien lancer votre produit en Suisse. J'ai une grosse affaire d'import-export, avec des succursales et des agences un peu partout.

Lemaître Et comment s'appelle cette affaire?

Dacier *(hedging)* Excusez-moi, mais pour l'instant c'est une simple demande de renseignements. Le nom de l'affaire n'est pas important. Vous me comprenez?

Lemaître Oui, je vous comprends.

Dacier Bien. Donnez-moi une idée de vos affaires en Europe. Qu'est-ce que vous faites? La France, l'Italie, l'Espagne . . . ?

Lemaître C'est exact. Regardez la carte. *(pointing to a map on the wall)* Et bien entendu, je fais aussi l'Allemagne, la Belgique, la Hollande, l'Angleterre et même la Scandinavie.

Dacier La Suisse?

Lemaître Oui, la Suisse comme tous les autres pays.

Dacier Vous avez des agents ou des correspondants à l'étranger? En Suisse, par exemple?

Lemaître Non, je fais toutes mes affaires d'ici, de Paris. Commandes, livraisons, et cetera. Nous avons tous nos services ici.

Dacier Par exemple, pour passer une commande, qu'est-ce que je fais?

Lemaître Vous nous écrivez.

Dacier À qui est-ce que j'adresse ma correspondance?

Lemaître À moi. Enfin, plutôt adressez-la à la Société Soleil, à la branche commerciale, au directeur des ventes.

Dacier *(trying to get an address in Switzerland out of Lemaître)* Alors, en Suisse vous n'avez pas d'agence? Pas de correspondants, rien?

Lemaître Non, Monsieur.

Dacier *(persistently)* À Zurich, à Lausanne, à . . . à Genève?

Lemaître Non! *(he changes the subject)* Tenez, Monsieur. *(showing publicity material)* Regardez ces affiches. Elles sont belles, n'est-ce pas? Et ça, *(he points to a lifesize publicity cut-out of Catherine)* ce n'est pas admirable?

Dacier Elle est admirable en effet, et tout à fait charmante. Et elle a un très joli sourire.

(A street in Geneva. Catherine is lost. She asks a shopkeeper standing in a doorway for help)

Catherine Pardon, Madame.

Vendeuse Oui, Mademoiselle. Vous êtes perdue, je vois.

Catherine C'est exact; je suis tout à fait perdue. J'arrive de Paris et je ne connais pas Genève.

Vendeuse Où est-ce que vous voulez aller?

Catherine *(taking out the note she has collected from Geneva airport)* Attendez, voici l'adresse.

Vendeuse Donnez-moi ce bout de papier s'il vous plaît.

(Catherine tears off the half of the note with the address and hands it to the shopkeeper)

Vendeuse *(reading the address)* 'Résidence Léman . . .' je connais ça, mais attendez . . .

Catherine C'est dans Genève même?

Vendeuse Oui, c'est en ville. Attendez . . . Ça me dit quelque chose, mais je ne suis pas sûre. Une seconde, j'ai un plan de Genève. Je vais chercher le plan. *(going into the shop)* Je reviens tout de suite.

Catherine Vous êtes très aimable.

Vendeuse *(coming back with a street plan)* Regardez le plan. *(pointing)* Vous êtes ici, au coin du boulevard et de cette rue. La Résidence Léman est là.

Catherine Montrez-moi le plan.

Vendeuse *(showing the plan)* Ici, vous voyez?

Catherine Attendez, je regarde . . . Ah, oui, je vois. Ce n'est pas très loin.

Vendeuse Non, c'est tout près d'ici. Alors, écoutez. *(indicating the route)* Vous prenez la rue à gauche.

Catherine *(pointing)* Celle-là?

Vendeuse Oui, celle-là. Vous la suivez sur deux cent mètres et vous tournez à droite aux feux. Vous continuez tout droit, vous arrivez au lac, vous tournez à gauche et vous voyez la Résidence tout de suite devant vous.

Catherine Ah, mais ça va, c'est très facile. Alors, à gauche, à droite, tout droit et à gauche en arrivant au lac?

Vendeuse Voilà.

Catherine Merci beaucoup, Madame.

Vendeuse Je vous en prie. Vous restez longtemps à Genève, Mademoiselle?

Catherine Non, pas longtemps.

Vendeuse Dommage, mais bon séjour en Suisse. Au revoir, Mademoiselle.

(Lemaître's office. Dacier is still trying to get information from him by pretending to talk business)

Lemaître Vous restez longtemps à Paris, Monsieur?

Dacier Non, je ne reste pas longtemps. Et justement, avant de partir je voudrais visiter vos usines . . . euh . . . vos laboratoires. Est-ce que vos laboratoires sont à Paris?

Lemaître Oui.

Dacier Et pour visiter ces laboratoires . . . euh . . . c'est possible? La technique m'intéresse, vous comprenez. Je voudrais . . .

Lemaître Mais non, cher Monsieur, ce n'est pas la peine. *(proudly switching on a closed circuit television receiver)* Nous avons ce circuit de télévision, un circuit intérieur avec nos laboratoires. *(the picture appears)* Ah, voici le laboratoire. *(he points to two scientists at work)* Et voilà deux de nos assistants.

Dacier Ah oui. Qu'est-ce qu'ils font?

Lemaître *(referring to one of them)* Celui-là, il prépare la formule.

Dacier Ah, oui, la formule de l'huile de bronzage?

Lemaître C'est cela.

Dacier En fait, qu'est-ce qui se passe?

Lemaître Eh bien, les deux assistants préparent le produit. Dans ces flacons, ils ont les ingrédients de l'huile de bronzage.

Dacier *(pointing to the other)* Et celui-là, qu'est-ce qu'il fait?

Lemaître Il verse la solution dans une éprouvette . . . pour vérifier le dosage.

Dacier C'est très intéressant. Est-ce que je peux aller voir sur place?

Lemaître Ah non, Monsieur, c'est impossible. *(switching off the receiver with a wry smile)* Vous savez, les secrets industriels . . .

Dacier *(changing the subject by pointing to the cut-out of Catherine)* Elle est tout à fait charmante, cette petite.

Lemaître N'est-ce pas?

Dacier Je voudrais bien faire sa connaissance. C'est possible?

Lemaître Aha! Mon cher ami, vous n'avez pas de chance.

Dacier Pourquoi?

Lemaître Malheureusement, c'est impossible. Elle n'est pas à Paris en ce moment. Elle est en voyage.

Dacier Ah, c'est dommage. Mais ça ne fait rien. Donnez-moi des photos. C'est pour la publicité, vous comprenez.

Lemaître Avec plaisir! *(he produces photographs of Catherine)*

Dacier *(looking at them)* Pas mal . . . Très jolie! Mes compliments! Elle est en voyage, vous dites?

Lemaître Oui.

Dacier Pour longtemps?

Lemaître *(vaguely)* Oh . . .

Dacier Quoi? Un jour, deux jours? Quand est-ce qu'elle va revenir?

Lemaître Euh . . . je ne suis pas sûr.

Dacier Elle est en France?

Lemaître Non, elle est à l'étranger. *(suspiciously)* Quoi? Elle vous intéresse tellement?

Dacier *(looking at the photographs appreciately)* Bah . . .euh . . . Ainsi, elle est en voyage à l'étranger?

Lemaître Oui. Elle est . . . euh . . . en Scandinavie!

Dacier Tiens, tiens.

Lemaître Oui, à Stockholm, à Copenhague . . . je ne suis pas sûr.

Dacier Ah, quel malheur. Moi, je rentre en Suisse dans deux jours.

Lemaître Oui, évidemment, c'est dommage. Une autre fois peut-être.

Dacier Je l'espère. *(changing the subject)* Alors, Monsieur, dites-moi, vous avez vos bureaux ici, et vos laboratoires . . . ?

Lemaître Oh, ils sont tout près d'ici. Enfin . . . dans cet immeuble.

Dacier *(trying for the last time)* Et je ne peux vraiment pas visiter?

Lemaître *(firmly)* Non, Monsieur, je regrette. *(getting up)* Alors, vous nous écrivez pour vos commandes, Monsieur . . .

Dacier Murano.

Lemaître Ah, oui, excusez-moi, Monsieur Murano.

(The balcony of the luxurious Résidence Léman overlooking the lake in Geneva. Catherine is ushered in by a svelte attendant. A beautiful woman is sunbathing on a chaise longue)

Catherine Euh . . . excusez-moi . . . Madame? . . .

(The woman unfolds languorously and turns to Catherine)

SOME EXPRESSIONS

je vous dérange?	*am I disturbing you?*
pas du tout	*not at all*
c'est_à quel sujet?	*what's it about?*
au sujet de	*about, concerning*
je suis de passage à Paris	*I'm passing through Paris*
pour affaires	*on business*
comme vous le savez certainement	*as you are no doubt aware*
ça vous_intéresse?	*are you interested?*
lancer un produit	*to introduce a product*
c'est_exact!	*exactly!, that's quite right*
à l'étranger	*abroad*
par exemple	*for example*
passer une commande	*to place an order*
directeur des ventes	*sales manager*
dans Genève (même)	*in (the town of) Geneva (itself)*
ça me dit quelque chose	*that rings a bell*
à gauche	*to the left*
sur deux cent mètres	*for 200 metres*
à droite	*to the right*
en arrivant au lac	*when you get to the lake*
bon séjour . . . !	*enjoy your stay!*
avant de partir	*before leaving*
ce n'est pas la peine	*it's not worth it/bothering*
vous n'avez pas de chance	*you're not in luck*
en voyage	*travelling*
mes compliments!	*congratulations!*
je l'espère	*I hope so*
tout près d'ici	*very near here*

HOW THE LANGUAGE WORKS

AVOIR *(to have)*
ils_ont, elles_ont *they have*
Note the liaison in the pronunciation of ils_ont (il-Z-on͡t); *compare this with* ils sont (il͡s son͡t).

FAIRE *(to do, make)*

je fais	vous faites
il/elle fait	nous faisons
ils/elles font	

Past participle: **fait**

DIRE *(to say, tell)*

je dis	vous dites
il/elle dit	nous disons
ils/elles disent	

Past participle: **dit**

VOIR *(to see)*

je vois	vous voyez
il/elle voit	nous voyons
ils/elles voient	

Past participle: **vu**

ECRIRE *(to write)*

j'écris	vous écrivez
il/elle écrit	nous écrivons
	ils/elles écrivent

Past participle: **écrit**

THE PRONOUNS ME, NOUS, VOUS . . . *before a verb can mean either 'me', 'us', 'you' or 'to me', 'to us', 'to you':*

Vous **me** comprenez?	*Do you understand me?*
Je **vous** comprends	*I understand you*
Vous **nous** écrivez	*You write to us*
Ça **me** dit quelque chose	*That rings a bell (lit: that says something to me)*

N.B. me *becomes* m' *before a verb beginning with a vowel.*

THE PRONOUN LUI . . . *is an indirect object pronoun: after a command or request it means '(to) him' or '(to) her':*

Demandez-lui son nom	*Ask him his name*
Qu'est-ce que je dis à Catherine?	*What shall I tell Catherine?*
Dites-lui d'entrer	*Tell her to come in*

REMEMBER THAT VERBS . . . *which take* **direct** *objects in French often need a preposition in English:*

Regardez ces affiches	*Look at these posters*
Je vous écoute	*I am listening to you*

Others which need no preposition in English take an **indirect** *object in their French equivalent:*

Demandez-**lui** d'entrer	*Ask him/her to come in*
Dites-**lui** de revenir	*Tell him/her to come back*

But if in these sentences we had a noun or a name instead of the pronoun lui, *we should have to use* à, au, à la, *etc.*

Demandez à Jean d'entrer	*Ask John to come in*
Dites au monsieur de revenir	*Tell the gentleman to come back*

CELUI-LÀ, CELLE-LÀ . . . *means 'that one' when pointing to something or somebody:* celui-là *for masculine nouns,* celle-là *for feminine:*

Vous prenez la rue à gauche	*You take the street on the left*
Celle-là? Oui, celle-là	*That one? Yes, that one*
Celui-là, qu'est-ce qu'il fait?	*What's that one doing?*

PUTTING IT TO USE

Vous connaissez la France? — Non, je ne connais pas la France.
Vous connaissez l'Angleterre? — —, — — — — —.
Vous connaissez la Corse? — —, — — — — —.
Vous connaissez Monsieur Lemaître? — Oui, je le connais bien.
Vous connaissez Catherine? — —, — — — —.
Vous connaissez les Dupont? — —, — — — —.

Non, je ne connais pas l'Angleterre.
Non, je ne connais pas la Corse.
Oui, je la connais bien.
Oui, je les connais bien.

À qui est-ce que je donne ce papier? — Donnez-le au directeur.
À qui est-ce que j'envoie cet argent? — — — Monsieur Lemaître.
À qui est-ce que je demande ce renseignement? — — — l'inspecteur.
À qui est-ce que je montre cette lettre? — — — la police.
À qui est-ce que je présente Catherine? — — — patron.
À qui est-ce que j'adresse la correspondance? — — —, la secrétaire.
À qui est-ce que je paie ces notes? — — —, caissière.
À qui est-ce que je passe ces commandes? — — — directeur des ventes.
À qui est-ce que j'emprunte l'argent? — — — votre ami.
À qui est-ce que j'envoie Jean Dacier. — — — commissaire.

Envoyez-le à Monsieur Lemaître.
Demandez-le à l'inspecteur.
Montrez-la à la police.
Présentez-la au patron.
Adressez-la à la secrétaire.
Payez-les à la caissière.
Passez-les au directeur des ventes.
Empruntez-le à votre ami.
Envoyez-le au commissaire.

Qu'est-ce que je donne à M. Murano? — Donnez-lui des affiches.
Qu'est-ce que je montre au visiteur? — — — les laboratoires.
Qu'est-ce que je demande à la secrétaire? — — — le dossier.
Qu'est-ce que j'envoie à notre correspondant? — — — des échantillons.
Qu'est-ce que je dis à Catherine? — — — de venir.

Montrez-lui les laboratoires.
Demandez-lui le dossier.
Envoyez-lui des échantillons.
Dites-lui de venir.

Il vous_attend?
Oui, il m'attend.

Il vous_écrit souvent?
—, — — —.

Elle vous connaît bien?
—, — — —.

Il m'attend à l'hôtel?
Oui, il vous_attend à l'hôtel.

Elle m'écrit bientôt?
—, — — —.

Il me paie sans faute?
—, — — —.

Vous m'entendez bien?
Oui, je vous_entends bien.

Vous m'écoutez, n'est-ce-pas?
—, — —.

Vous m'envoyez la note chez moi?
—, — — —.

Oui, il m'écrit souvent.
Oui, elle me connaît bien.

Oui, elle vous_écrit bientôt.
Oui, il vous paie sans faute.

Oui, je vous_écoute.
Oui, je vous_envoie la note chez vous.

Où est-ce que je vous_écris?
Vous m'écrivez à Paris.

Où est-ce que je vous_adresse la correspondance?
— — — six Place Maubert.

Où est-ce que je vous_expédie vos bagages?
— — — en_Angleterre.

Vous m'adressez la correspondance six Place Maubert.
Vous m'expédiez mes bagages en_Angleterre.

Je vous vois demain.
C'est ça, vous nous voyez demain.

Je vous vois dans huit jours.
— —, — — — .

Je vous_écris à Paris.
— —, — — — .

C'est ça, vous nous voyez dans huit jours.
C'est ça, vous nous_écrivez à Paris.

Est-ce que vous prenez ce paquet?
Non, je prends celui-là.

Est-ce que vous prenez cette rue?
—, — — —.

Est-ce que vous préférez ce restaurant?
—. — — —.

Non, je prends celle-là.

11 · LA BARONNE

(The balcony of the Résidence Léman. The woman on the chaise longue takes off her sunglasses. She is the Baroness Fernande de Bisson)

Catherine Euh . . . excusez-moi Madame?

Mme de B. Oui.

Catherine Pardon, Madame. Je suis venue pour . . . *(she looks uneasily at the attendant)* c'est pour la Piste Sept. *(the Baroness laughs)* Je viens de Paris.

Mme de B. *(suddenly serious)* Où sont vos références?

Catherine *(producing the slip of paper she found at Geneva airport)* Mes références? Les voilà!

Mme de B. *(in the deliberate tone of a familiar password)* 'Cigarette? Il y a des cigarettes sur la table.' *(Catherine goes to the table, takes a packet of Dubellay)* 'Vous ne préférez pas les autres?'

Catherine *(echoing the Baroness' tone)* 'Non. Ça, ce sont mes cigarettes préférées.'

Mme de B. 'Vous avez raison. Vous ne fumez pas?'

Catherine 'Si.' *(she opens the packet and slowly removes a cigarette)* 'Elles sont longues.'

Mme de B. *(satisfied that Catherine is not an impostor)* Bien. Asseyez-vous. *(Catherine sits down. Mme de Bisson turns to the attendant)* Toni, allumez ma cigarette. *(he lights a cigarette for her and exits. She looks hard at Catherine)* Comment vous appelez-vous?

Catherine Catherine.

Mme de B. Comment est-ce que vous êtes venue à Genève?

Catherine En avion.

Mme de B. Où est votre billet?

Catherine Il est dans mon sac.

Mme de B. Montrez-le-moi.

Catherine *(opening her handbag and handing over the ticket)* Le voilà!

Mme de B. *(studying the ticket and finding a small mark in the corner of the reverse side)* Il y a la marque dans le coin. *(to Catherine)* C'est bien. Tenez. *(giving the ticket back)* Vous avez un message?

Catherine Oui. Il a dit . . .

Mme de B. Qui?

Catherine Lemaître. *(the Baroness nods)* Lemaître a dit: 'Nous attendons une nouvelle commande. Il y a de nouveaux clients pour les paquets. Augmentez les livraisons.' C'est tout.

Mme de B. Bien.

(The window on to the balcony opens. Toni, the attendant, enters. He whispers in Mme de Bisson's ear. She nods towards Catherine. He grabs Catherine's arm and leads her to a door leading off to another room)

Catherine *(protesting)* Mais enfin, qu'est-ce qui se passe?

Mme de B. Patience, ma petite, ce n'est rien. Toni, donnez ce magazine à notre petite amie, *(handing him a magazine for Catherine)* et donnez-lui aussi des cigarettes. *(Toni takes a packet of cigarettes, gives Catherine the magazine and the cigarettes and ushers her out. He returns through the window with a white-haired man)*

Mme de B. Ah, mon cher Docteur Genin, venez, venez! Alors, mon cher Docteur. Qu'est-ce qui se passe? Vous êtes en retard.

Genin *(defiantly)* Oui, je suis en retard! Je suis venu à pied.

Mme de B. Vous avez le paquet? Vous avez le virus?

Genin *(on edge)* Oui, j'ai le virus. *(he produces a packet, small enough to slip into a packet of cigarettes)* Je le donne à Toni?

Mme de B. *(gesturing towards Toni)* Bien sûr. Donnez-lui le paquet! *(Neither Genin nor Toni makes a move)* Allez! Donnez-le-lui! *(Genin is forced to walk over to Toni and hand him the packet)* Alors, mon cher Docteur . . . ?

Genin Je veux mon argent.

Mme de B. *(handing him a wad of notes)* Voilà votre argent, Docteur. *(she thinks of Lemaître's message)* Et moi je veux un autre paquet.

Genin Quoi, maintenant?

Mme de B. Non, bien sûr. Dans trois jours.

Genin C'est impossible.

Mme de B. Ah? Et pourquoi?

Genin Parce que maintenant, j'ai un assistant dans mon laboratoire.

Mme de B. Où est le virus? Le virus est dans votre laboratoire?

Genin Oui, dans mon laboratoire.

Mme de B. Et votre assistant, il y est constamment avec vous?

Genin Oui, je vous dis, il y travaille avec moi.

Mme de B. Et le soir? Il y travaille aussi?

Genin Comment, le soir?

Mme de B. Eh bien, oui, le soir! Le soir ou la nuit, quand votre assistant n'est pas au laboratoire. Vous y allez et vous prenez le virus.

Genin Mais . . . mais c'est impossible! C'est déjà dangereux comma ça, en plein jour; alors le soir ou la nuit, vous pensez!

Mme de B. Écoutez-moi bien, Docteur. Vous êtes terriblement compromis maintenant. Nos intérêts sont les mêmes. Vous voulez mon opinion? Nous travaillons ensemble ou bien . . . '

Genin Ou bien?

Mme de B. La police! *(threateningly)* Le docteur Genin est accusé de vol, du vol d'un virus extrêmement dangereux, d'un virus extrêmement rare. Le docteur Genin vole! . . .

Genin *(interrupting)* Je vole pour vous. *(accusingly)* Vous aussi, vous êtes dans cette affaire.

Mme de B. Non, mon cher Docteur Genin. Voilà votre erreur. *(haughtily)* Moi, je suis la Baronne de Bisson! *(she laughs)* J'ai de l'influence. Et moi, je n'ai pas besoin d'argent. Alors, Docteur, c'est compris? Je veux un autre paquet dans trois jours. Faites le nécessaire.

Genin Mais je vous dis . . .

Mme de B. *(suddenly becoming sweet)* Soyez un amour, faites ça pour moi! *(offering her hand)* Bien. Au revoir, cher Docteur. *(calling to the inner room)* Toni! *(Toni leads the doctor away. He returns with Catherine. She breaks free of him in disgust)*

Mme de B. Allons! Allons ma petite fille! Vous n'aimez pas Toni? Il est très beau garçon. N'est-ce pas, Toni? *(Toni bows)* Et il est très obligeant, n'est-ce pas, Toni? *(he smiles)*

(Dacier's flat. He comes in carrying a newspaper, opens it, notices an article and reads the headline)

Dacier 'Le crime de la chambre vingt. La police cherche toujours l'assassin: La patronne de l'hôtel déclare "Un homme est venu parler à la victime".' *(to himself)* Et cet homme, c'est sûrement Lemaître . . . mais Catherine, où est-elle? Cette adresse à Genève? *(he has an idea)* Une Agence de l'Huile Soleil? Ah oui, c'est peut-être ça! *(he looks for a telephone directory)* l'annuaire du téléphone . . . ah là, sur la table. Bien. *(he selects a number and dials)* Allô? Allô, l'Agence Suisse . . . est-ce que vous avez un annuaire de Genève? Oui l'annuaire du téléphone! Bien. Alors, écoutez, je cherche un numéro à Genève. Oui, je cherche le numéro de la Société Soleil . . . Oui, Soleil. Cherchez à 'Soleil' ou à 'Huile Soleil'. D'accord, j'attends . . . *(he waits while the agency tries to find the number)* Alors, Mademoiselle, il y a un numéro pour Soleil, oui ou non . . . ? Il n'y a pas de numéro. Vous êtes sûre? . . . Bien, merci beaucoup. *(disappointed, he puts down the 'phone and looks at one of the photos of Catherine he got at Lemaître's office)* Où est-ce qu'elle est? Qu'est-ce qui se passe? Bon sang! Qu'est-ce qu'elle fait? . . .

(The Résidence Léman. Mme de Bisson, Catherine and Toni. Catherine is leaving)

Mme de B. Alors, Toni, le paquet, vous l'avez?

(Toni takes a packet of Dubellay cigarettes and inserts in it the small packet of virus he received from the doctor)

Mme de B. *(pointing to Catherine)* Donnez-le-lui. *(Toni gives her the packet)* Bien. *(to Catherine)* Maintenant ma petite, au revoir . . . Ah, un instant! Dites à Lemaître que tout va bien. N'oubliez pas! Dites-le-lui sans faute.

Catherine Oui, c'est entendu. Au revoir Madame.

Mme de B. Et bon voyage, bon retour à Paris. *(to Toni, as Catherine makes to leave alone)* Voyons Toni! Reconduisez-la. *(Toni leads Catherine away)*

(Dacier's flat. He is looking at one of the brochures he has received from Lemaître. It has a plan showing the site of the office and a photograph of the interior of the laboratories)

Dacier *(puzzling where the laboratories might be and looking at the plan)* Voilà le bureau de Lemaître. Les laboratoires sont certainement dans le même immeuble. Bon. Ils sont probablement . . . là. *(pointing to a spot on the plan)* Je passe par cette rue, ici derrière. *(tracing the line of a street)* Oui, mais comment y entrer? *(he looks at the photograph of the laboratories and notices a window)* Ah mais voilà une fenêtre! Très bien, j'entre par cette fenêtre. *(decisively)* Bon, ce soir, j'y vais et j'entre par la fenêtre. *(to an imaginary Lemaître)* Je vais tout de même visiter vos laboratoires, Monsieur Lemaître! . . .

SOME EXPRESSIONS

vous avez raison	*you're right*
le soir	*in the evening*
la nuit	*at night (-time)*
en plein jour	*in broad daylight*
voilà votre erreur	*that's where you're wrong*
faites le nécessaire	*see to it*
il est très beau garçon	*he's very handsome*
dites à Lemaître que tout va bien	*tell Lemaître everything's all right*
bon voyage	*have a good trip*
bon retour	*safe journey home*
reconduisez-la	*see her out*
je passe par cette rue	*I go down this street*
ici derrière	*behind here*
comment y entrer?	*how do I get in?*
par cette fenêtre	*through this window*

HOW THE LANGUAGE WORKS

THE POSSESSIVE ADJECTIVES . . . *see also page 36.*

With singular nouns		With plural nouns	
masculine	feminine		
mon	**ma**	**mes**	*my*
notre		**nos**	*our*
votre		**vos**	*your*

Je veux mon argent	*I want my money*
Voilà votre argent	*Here's your money*
Où sont vos références?	*Where are your references?*
Mes références? Les voilà	*My references? Here they are*
Donnez ce magazine à notre petite amie	*Give this magazine to our little friend*
Nos intérêts sont les mêmes	*Our interests are the same*

Remember: mon *even before a feminine noun when it begins with a vowel:*

Vous voulez mon opinion? *Do you want my opinion?*

SOYEZ . . . *is the imperative of* être*:*

Soyez un amour! *Be an angel!*

IL Y A . . . *means 'there is' or 'there are':*

Il y a un numéro pour Soleil? *Is there a number for Soleil?*
Il y a des cigarettes sur la table *There are cigarettes on the table*
After the negative il n'y a pas . . . de *replaces* un, une, du, de la, de l', des*:*
Il n'y a pas de numéro *There isn't a number; There's no number*

-LE-LUI, -LA-LUI, -LES-LUI . . . *Two pronouns can be combined like this after an imperative. Notice the different possibilities:*

Le paquet, je le donne à Toni? *Shall I give the packet to Toni?*
Bien sûr, donnez-lui le paquet *Of course, give him the packet*
Allez, donnez-le-lui *Go on, give it to him*

COMMENT? . . . *means 'how?':*

Comment est-ce que vous êtes *How did you come to Geneva?*
  venue à Genève?
Remember also:
Comment vous appelez-vous? *What's your name?*

EN . . . *can be used to express a means of transport:*

en avion *by aeroplane*
en taxi *by taxi*
en métro *by underground*
en autobus *by bus*
en train *by train*
But note:
Je suis venu à pied *I came on foot*

Y . . . *is used to replace* à, dans *etc. followed by a noun or a place name. It is often equivalent to 'there' in English, and can mean both 'at a place' or 'to a place':*

Le virus est dans mon laboratoire. *The virus is in my laboratory. And is*
  Et votre assistant, il **y** est *your assistant always there with*
  constamment avec vous? Oui, il *you? Yes, he works with me there*
  y travaille avec moi *(i.e. in the laboratory)*
Quand votre assistant n'est pas *When your assistant isn't in the*
  au laboratoire, vous **y** allez . . . *laboratory, you go there (i.e. to the*
  laboratory)

PUTTING IT TO USE

Mes papiers? Les voilà.	Où sont vos références?	Mes références? Les voilà.
Mes affaires? Les voilà.	Où sont vos papiers?	— — ? — — .
Vos cigarettes? Les voilà.	Où sont vos affaires?	— — ? — — .
Vos bagages? Les voilà.	Où sont mes cigarettes?	Vos — ? — — .
Vos valises? Les voilà.	Où sont mes bagages?	— — ? — — .
Nos billets? Les voilà.	Où sont nos valises?	— — ? — — .
	Où sont vos billets?	Nos — ? — — .

J'y vais en métro.	Comment est-ce que vous allez au bureau?	J'y vais à pied.
J'y vais en taxi.	Comment est-ce que vous allez chez vous?	— — — en métro.
	Comment est-ce que vous allez à la gare?	— — — taxi.
Nous y allons en train.	Comment est-ce que vous allez à Londres?	Nous y allons en avion.
	Comment est-ce que vous allez en Suisse?	— — — train.

	Je donne le paquet au client?	Oui, donnez-le-lui.
Oui, montrez-le-lui.	Je montre le dossier à l'employé?	— , — — — .
	Je demande la permission au directeur?	Oui, demandez-la-lui.
Oui, passez-la-lui.	Je passe la commande à la secrétaire?	— , — — — .
Oui, prêtez-la-lui.	Je prête la machine à Jean?	— , — — — .
	Je lui donne les chèques?	Oui, donnez-les-lui.
Oui, payez-les-lui.	Je lui paie ces notes?	— , — — — .
Oui, dites-le-lui.	Je le lui dis?	— , — — — .

C'est votre petit garçon?

C'est votre petite fille?

C'est votre numéro de téléphone?

Ce sont vos enfants?

Ce sont vos amies?

Ce sont vos bagages?

Non, ce n'est pas notre petit garçon.

—, — — — — — .

—, — — — — — .

Non, ce ne sont pas nos enfants.

—, — — — :— .

—, — — — :— .

Non, ce n'est pas notre petite fille.

Non, ce n'est pas notre numéro de téléphone.

Non, ce ne sont pas nos amies.

Non, ce ne sont pas nos bagages.

Est-ce que vous avez un stylo?

Est-ce que vous avez du papier?

Est-ce que vous avez des journaux?

Est-ce qu'il y a un numéro?

Est-ce qu'il y a une lettre pour moi?

Est-ce qu'il y a des paquets pour Catherine?

Oui, il y a un stylo dans le tiroir.

—, — — — — sur la table.

—, — — — — anglais là-bas.

Non, il n'y a pas de numéro.

—, — — — — — — — .

—, — — — — — .

Oui, il y a du papier sur la table.

Oui, il y a des journaux anglais là-bas.

Non, il n'y a pas de lettre pour vous.

Non, il n'y a pas de paquets pour Catherine/ pour elle.

12 · PASSAGES DIFFICILES

(Evening. Orly. The immigration and customs hall. There is an announcement on a loudspeaker)

Les passagers en provenance de Genève sont priés de se présenter pour les formalités de police et de douane. Les passagers poursuivant leur voyage sont priés de se rendre dans la salle de transit. Merci.

(Catherine, returning from Geneva, is in the queue at the passport control. She makes an impatient move. The officer of the Sécurité Nationale checking passports notices this)

Sécurité Attendez, Mademoiselle, ces messieurs vont passer tout de suite . . .

(The men in front of Catherine go through. The officer takes her passport, scrutinizes it, looks at her and shakes his head)

Catherine *(nervously)* Eh bien, qu'est-ce qu'il y a?

Sécurité Vous arrivez de Suisse, Mademoiselle?

Catherine Oui, j'arrive de Suisse.

Sécurité De Genève?

Catherine Oui.

Sécurité Vous êtes sûre?

Catherine Naturellement. Enfin qu'est-ce qu'il y a, Monsieur? Est-ce que vous me donnez mon passeport, oui ou non?

Sécurité *(coolly)* Non, je ne vous donne pas votre passeport. Alors, vous arrivez de Genève?

Catherine *(raising her voice)* Mais oui, je vous dis!

(A woman customs officer comes over to the control point and listens in to the conversation)

Catherine Enfin qu'est-ce qui se passe? Qu'est-ce qu'il y a?

Sécurité Votre passeport n'est pas en règle, Mademoiselle.

Catherine Il n'est pas en règle?

Sécurité Non, Mademoiselle.

(The Soleil Noir laboratory. A pair of hands grasps a metal bar across the high window, then a head appears and Jean Dacier heaves himself up. He tries, unsuccessfully, to open the window)

(Orly)

Sécurité *(showing Catherine her passport)* Où est le cachet suisse dans votre passeport? Je ne le vois pas!

Catherine Le cachet suisse?

Sécurité Oui, un cachet comme ça. *(points to his own stamp)*

Catherine Bah . . . je ne sais pas. Il y en a un là, non?

Sécurité Il y a beaucoup de cachets dans votre passeport, mais il n'y a pas de cachet suisse.

Catherine Mais ça, qu'est-ce que c'est? Ce n'est pas le cachet du contrôle suisse?

Sécurité Non, c'est celui des autorités françaises. Le cachet suisse n'y est pas.

Catherine Mais ce n'est pas de ma faute, après tout!

Sécurité *(giving no answer and looking through a list of names he has by his side)* Léger, Léger, Catherine Léger . . . Vous me donnez votre adresse à Paris, s'il vous plaît . . .

Catherine Oui, je vous donne mon adresse, mais . . .

Sécurité Eh bien?

Catherine *(worried)* J'habite soixante-dix, rue de Port-Royal . . .

(The laboratory. Dacier fails to open window. He takes a small suction pad from his pocket, applies it to the window pane, and produces a small glass cutting tool. He cuts round the pane, pulls it out of the frame, turns the handle from inside and squeezes himself through. Switching on his torch, he goes towards a wall of sun-tan oil crates to investigate their contents)

(Orly. The passport officer gives Catherine her passport)

Sécurité Écoutez, Mademoiselle, je vous donne votre passeport, mais la prochaine fois faites attention!

Catherine Qu'est-ce que vous voulez? Ce sont les autorités suisses.

Sécurité Allez! Bon, ça va, passez!

(As she picks up her handbag and a small travelling bag, the woman customs officer whispers to her colleague)

Douanière Est-ce que vous la connaissez?

Sécurité Non, je ne la connais pas.

Douanière Je vais bien examiner les bagages de cette jeune personne. *(calling Catherine over to her counter)* Pas par là, Mademoiselle, par ici pour la visite de la douane.

Catherine *(wearily)* Bien *(she puts down her bag)*

Douanière C'est tout ce que vous avez comme bagages?

Catherine Oui, c'est tout ce que j'ai.

Douanière *(pointing to a case)* Ça, c'est votre valise?

Catherine Non, c'est celle de ce monsieur. *(she indicates another traveller next to her)*

Douanière Vous avez quelque chose à déclarer?

Catherine *(nervously)* Non, rien. Je n'ai rien à déclarer.

Douanière Ouvrez votre sac de voyage s'il vous plaît.

(Catherine opens her bag. The customs woman fumbles in it)

Douanière Permettez . . . *(she pulls out a few objects, inspects them quickly and puts them back. Catherine is beginning to feel less nervous)*

Douanière Vous n'avez pas de parfum, d'alcool, de cigarettes?

Catherine Si, j'ai des cigarettes. *(shows carton)*

Douanière Combien est-ce qu'il y a de cigarettes dans cette cartouche?

Catherine Il y en a deux cents. Et j'ai aussi une demi bouteille de liqueur.

Douanière Montrez-la-moi. *(she shows her half a bottle of spirits)* C'est bien . . .
(Catherine picks up her travelling bag and makes to leave)

Douanière Hé! Pas si vite, Mademoiselle, pas si vite! Et ce sac, ce sac à main, montrez-moi ce que vous avez dans votre sac à main.

Catherine Mais . . .

Douanière *(taking bag from her)* Vous permettez, Mademoiselle?

(Catherine looks very worried as the customs woman opens bag and puts contents on bench including three packets of Dubellay cigarettes)

Douanière *(looking hard at Catherine)* Tiens! Encore des cigarettes? Vous avez le droit de passer deux cents cigarettes seulement. Il y en a deux cents dans la cartouche et trois paquets dans votre sac. Ça fait deux cent soixante. Vous en avez trop. *(fumbling among Catherine's possessions)* Ah! Et voilà du parfum.

Catherine Oui, c'est mon parfum, un petit flacon de parfum.

Douanière Votre porte-billets . . . Vous permettez? *(she looks inside Catherine's wallet and replaces it in the handbag. She picks up a compact)* Vous avez acheté ce poudrier en Suisse?

Catherine Non, en France.

Douanière *(picking up a lipstick)* Rouge à lèvres . . . *(she opens it and examines it, then isolates the three packets of cigarettes . . .)*

(The laboratory. Dacier's torch searches round the laboratory. It illuminates a life-size cut-out of Catherine. He moves over to it)

(Orly. The customs woman points to the three packets of Dubellay cigarettes)

Douanière Et ces cigarettes? Vous avez le droit de passer deux cents cigarettes seulement.

Catherine Oui, excusez-moi, euh . . .

Douanière *(examining packets slowly)* Qu'est-ce que c'est que ces cigarettes?

Catherine *(in a panic)* Eh bien . . . des cigarettes!

Douanière *(picking up one of the packets)* **Permettez, Mademoiselle . . .**
(Out of the packet she pulls out . . . ordinary full-sized cigarettes! She doesn't bother to open the other packets and hands Catherine her belongings) **C'est bien, allez-y!**

(The laboratory. Dacier happens to touch a part of the cut-out of Catherine and a panel swivels open. It reveals the secret area of the laboratory. He goes in, and explores. With a start of horror, he discovers evidence of experiments on living creatures . . .)

SOME EXPRESSIONS

les passagers poursuivant leur voyage	*passengers continuing their journey*
sont priés de se rendre	*are requested to make their way*
dans la salle de transit	*to the transit lounge*
en règle	*in order*
ce n'est pas de ma faute	*it's not my fault*
la prochaine fois	*the next time*
par ici pour la visite	*this way for the*
de la douane	*customs (examination)*
tout ce que vous̬ avez	*all you have*
tout ce que j'ai	*all I have*
vous̬ avez quelque chose à déclarer?	*have you anything to declare?*
je n'ai rien à déclarer	*I have nothing to declare*
permettez	*allow me*
pas si vite!	*not so fast!*
ce que vous̬ avez	*what you have*
vous̬ avez le droit de	*you're allowed to take through*
passer . . .	*(the customs)*

HOW THE LANGUAGE WORKS

ALLER *(to go)*

ils/elles vont	*they go, are going*

PRONOUNS IN NEGATIVE STATEMENTS . . . *Note the position of the pronouns: they come immediately before the verb:*

Je ne vous donne pas votre passeport	*I am not going to give you your passport*
Je ne le vois pas	*I can't see it*

NE . . . RIEN/RIEN *(nothing) . . .* ne–*verb*–rien *works like* ne–*verb*–pas, *and* rien, *like* pas, *is used alone when there is no verb:*

Vous avez quelque chose à déclarer?	*Have you anything to declare?*
Non, rien. Je n'ai rien à déclarer	*No, nothing. I have nothing to declare*

IL Y EN A

Il y a des lettres pour moi?	*Are there any letters for me?*
Oui, il y en a	*Yes there are*
Un cachet comme ça?	*A stamp like that?*
Il y en a un là, non?	*There is one (of them) there, isn't there?*
Combien est-ce qu'il y a de cigarettes?	*How many cigarettes are there?*
Il y en a deux cents	*There are 200 (of them)*
Ça fait deux cent soixante cigarettes	*That makes 260 cigarettes*
Vous en avez trop	*You have too many (of them)*

Remember that en *('of it', 'of them') cannot be omitted in French.*

DE . . . *marks possession. The point of the old joke about 'the pen of my aunt' is that this is the way the French indicate possession:*

Je vais bien examiner les bagages de cette jeune personne	*I shall examine this young woman's luggage thoroughly*
C'est votre valise? Non, c'est celle de ce monsieur	*Is this your case? No, it's the gentleman's*

CELUI DE/CELLE DE

C'est votre valise? Non, c'est **celle** de ce monsieur	*Is this your case? No, it's the gentleman's*
Ce n'est pas le cachet du contrôle Suisse, c'est **celui des** autorités françaises	*It's not the stamp of the Swiss control, it's that of the French officials*
Celui/celle de Jean	*John's (one)*

Note the plural forms: celui de/ceux de; celle de/celles de.

PUTTING IT TO USE

Je n'ai rien à boire.
Je n'ai rien à faire.

Qu'est-ce que vous avez à déclarer?	Je n'ai rien à déclarer.
Qu'est-ce que vous avez à boire?	—, — — — —.
Qu'est-ce que vous avez à faire?	—, — — — —.

Non, c'est celui du monsieur.
Non, c'est celui de l'étudiante.

Non, c'est celle d'Annette.

Non, ce sont ceux de vos voisins.

Non, ce sont celles de ses amies.

C'est le livre de Jean?	Non, c'est celui de Catherine.
C'est le passeport de la dame?	—, — — — — monsieur.
C'est le stylo du professeur?	—, — — — — — étudiante.
C'est la valise de votre mari?	Non, c'est celle de ma fille.
C'est la lettre d'Henri?	—, — — — — Annette.
Ce sont vos bagages?	Non, ce sont ceux des touristes.
Ce sont mes paquets?	—, — — — — vos voisins.
Ce sont vos affaires?	Non, ce sont celles de mes amis.
Ce sont ses cigarettes?	—, — — — — ses amies.

Non, je ne le connais pas.
Non, je ne la regarde pas.
Non, il ne les aime pas.

Non, je ne vous suis pas.

Non, il ne m'attend pas.

Vous connaissez ce monsieur?	Non, je ne le connais pas.
Vous connaissez le numéro?	—, — — — —.
Vous regardez la télévision?	—, — — — —.
Il aime ces tableaux?	—, — — — —.
Vous me comprenez?	Non, je ne vous comprends pas.
Vous me suivez?	—, — — — —.
Elle vous aime?	Non, elle ne m'aime pas.
Il vous attend?	—, — — — —.

PUTTING IT TO USE

Oui, il y en a.	Est-ce qu'il y a des cigarettes ?	Oui, il y en a.
Oui, il y en a.	Est-ce qu'il y a des lettres ?	—, — — —.
	Est-ce qu'il y a du vin ?	—, — — —.
Oui, il y en a une.	Est-ce qu'il y a un paquet ?	Oui, il y en a un.
Oui, il y en a un.	Est-ce qu'il y a une lettre ?	—, — — — .
	Est-ce qu'il y a un journal ?	—, — — — .
Il y en a une sur le bureau.	Où est-ce qu'il y a un crayon ?	Il y en a un sur la table.
Il y en a sur la chaise.	Où est-ce qu'il y a une enveloppe ?	— — — sur le bureau.
Il y en a dans le buffet.	Où est-ce qu'il y a des journaux ?	— — — sur la chaise.
	Où est-ce qu'il y a du cognac ?	— — — dans le buffet.
Il y en a deux.	Combien est-ce qu'il y a de paquets ?	Il y en a un.
Il y en a beaucoup.	Combien est-ce qu'il y a de clients ?	— — deux.
	Combien est-ce qu'il y a d'invités ?	— — beaucoup.
Non, il n'y en a pas.	Est-ce qu'il y a un paquet pour moi ?	Non, il n'y en a pas.
Non, il n'y en a pas.	Est-ce qu'il y a du vin ?	—, — — —.
	Est-ce qu'il y a des cigarettes ?	—, — — —.

13 · LA 'ROSE'

(Late the same evening. Lemaître's office. Catherine comes back from the airport, exhausted)

Lemaître Ah! Catherine, ma jolie . . . Alors, les nouvelles de Genève, est-ce qu'il y a un message pour moi?

Catherine Oui, la dame a dit . . .

Lemaître Oui, Fernande. Et alors?

Catherine J'ai un message de sa part: 'Tout va bien et c'est entendu pour les nouvelles commandes.'

Lemaître Très bien, ma chère Catherine! À propos, dites-moi, comment va Fernande?

Catherine Elle va bien.

Lemaître Et vous avez vu son assistant, le beau Toni?

Catherine Oui.

Lemaître Ah! Cette chère Fernande. Elle a bien de la chance. Sa maison est magnifique, vous ne trouvez pas? *(nostalgically)* C'est une femme admirable . . . ses cheveux, ses yeux, ses mains . . . *(noticing that something is wrong with Catherine)* Qu'est-ce qu'il y a? Vous n'avez pas fait bon voyage?

Catherine Bon voyage? Ah! Non, alors!

Lemaître *(soothing her)* Voyons, voyons, ma toute belle . . . vous allez y retourner pour les autres paquets. Vous allez les chercher à Genève.

Catherine Non! Je ne veux pas retourner à Genève!

Lemaître Et pourquoi pas?

Catherine La douane à Orly . . .

Lemaître *(alarmed)* La douane? Vous avez le paquet, j'espère? *(Catherine nods)* Eh bien?

Catherine Ils ont fouillé mon sac de voyage, mon sac à main. Ils ont examiné mon passeport pendant au moins vingt minutes. Alors, je ne vais pas recommencer, vous pensez. J'ai eu trop peur!

Lemaître Vous ne pouvez pas abandonner maintenant, Catherine.

Catherine La prochaine fois les douaniers ne vont pas manquer l'occasion. Ils vont trouver le paquet, et c'est fini pour vous comme pour moi.

Lemaître *(giving in)* Vous avez peut-être raison. C'est dommage, mais je vous comprends après tout. Et le paquet. Ne l'oubliez pas! Donnez-le-moi *(Catherine takes a packet of Dubellay cigarettes from her bag and goes to put it on the table)* Non! Ne le mettez pas là. Donnez-le-moi.

Catherine *(handing it over)* Tenez.

Lemaître Merci *(eyeing Catherine)* C'est dommage. Vous êtes une bien jolie 'piste'.

Catherine *(turning to go)* Et maintenant, excusez-moi.

(Lemaître tries to take her hand as she leaves but she evades him. She goes into the outer office, shuts the door and, making sure Lemaître is not listening, she telephones Dacier)

Catherine Allô? C'est moi.

Dacier Catherine! Où êtes-vous?

Catherine À Paris. Au bureau.

Dacier Quand est-ce que vous êtes rentrée de Genève?

Catherine Tout à l'heure. *(whispering)* Oh, Jean, Jean! J'ai besoin de vous voir, de vous parler.

Dacier Oui, Catherine. Écoutez. Je connais un restaurant-cabaret très bien avec un excellent spectacle, nous allons y dîner ce soir . . . vous voulez?

Catherine Oui, je veux bien. Comment s'appelle ce cabaret?

Dacier 'La Rose'. Vous connaissez?

Catherine Oui, je connais. Bon. Très bien *(noticing the state she is in after the journey)* Oh, je suis moche, moche! Écoutez, Jean. D'abord, je rentre à la maison. J'ai acheté une nouvelle robe à Genève. Je vais la mettre. Vous allez voir.

Dacier Oui, j'aimerais bien la voir.

Catherine Alors, à quelle heure?

Dacier Disons à onze heures?

(There is a click on the line. Lemaître, wanting to telephone, has picked up his receiver. He hears that Catherine is arranging a rendez-vous. Neither Dacier nor Catherine notice this)

Catherine D'accord. Rendez-vous à 'La Rose' à onze heures. Je me sauve.

(Catherine leaves the outer office. Lemaître, not particularly interested, starts to dial his number)

(The Cabaret 'La Rose'. A girl is sitting at the bar. She has been drinking heavily)

Fille *(to barman)* Un autre whisky! Je voudrais un autre whisky, s'il vous plaît, et de la glace! *(he puts ice in her drink)* Un, deux, trois petits glaçons. Ça va, merci bien. *(with a giggle)* Vous êtes adorable.

(Dacier enters. He looks round for Catherine. She is not yet there. He goes to the bar and takes a stool)

Dacier *(to the barman)* Un whisky, s'il vous plaît.

Fille *(to Dacier)* Bonsoir.

Dacier Bonsoir.

Fille Vous êtes seul?

Dacier Pour l'instant, oui.

Fille *(raising her glass)* Chin-chin *(she giggles then half-sings)* Chin-chin-chin, je ne suis pas de Chine, je suis du Tonkin. *(narrowing her eyes and rounding her lips)* Je suis jolie comme ça, non? Des yeux bridés, une petite bouche.

Dacier Délicieuse! *(he glances at her figure)* Pour le reste, vous ne ressemblez pas à une Tonkinoise!

Fille *(delighted)* Non? Vous n'êtes pas mal, vous non plus, vous savez. *(she looks hard at his face)* Vous avez un visage sympathique, très sympathique.

Dacier Merci.

Fille Et votre nez.

Dacier Mon nez?

Fille Oui, j'aime bien votre nez, il est mignon.

Dacier Tiens.

Fille *(pointing to his shoulders)* Et puis avec ces épaules, ces bras, vous êtes certainement très costaud.

(Catherine comes in. Dacier sees her and gets off his stool)

Dacier *(smiling)* Oui, assez! *(moving away)* Navré, excusez-moi!

(He goes to Catherine and puts his arms round her)

Fille *(dejectedly)* C'est bien ma chance!

(Lemaître's office. Lemaître has been working late and is finishing adding up a list of figures)

Lemaître Ça fait trois cent douze. Ouf . . . tous ces chiffres. *(he puts away the paper and picks up the packet he got from Catherine. He looks at his watch)* Onze heures dix. Bon, il est arrivé. *(he picks up the telephone and dials an internal number)* Ah bon, vous êtes là . . . Oui, j'ai le paquet. Je descends au laboratoire dans deux minutes. Vous êtes prêt? À tout de suite. *(he replaces the receiver)*

(The Cabaret 'La Rose'. Dacier and Catherine are sitting at a table and she is telling him what happened in Geneva)

Catherine Oh, Jean, cette horrible femme à Genève: Fernande . . . pouah!

Dacier Horrible? Pourquoi? Comment est-elle?

Catherine Elle est belle, très belle, très chic, extrêmement sophistiquée . . . mais je la déteste. Elle est horrible.

Dacier Est-ce qu'elle est l'amie de Lemaître?

Catherine Je ne sais pas. Elle est peut-être son amie. Elle est certainement sa complice. Et ce Toni!

Dacier Toni?

Catherine Le jules de Fernande; enfin, son assistant ou son domestique, je ne sais pas.

Dacier Comment est-il?

Catherine Il est infecte! Silencieux comme un serpent, froid, hypocrite . . . et ses mains.

Dacier Ses mains? Qu'est-ce qu'il y a? Comment sont-elles?

Catherine Elles sont longues, fines, blanches, des mains de femme.

(Lemaître's office. Lemaître is about to go to the laboratory. He picks up the packet and opens it. Dismayed and then furious, he finds only full-length Dubellay cigarettes)

Lemaître *(thinking Catherine has double-crossed him)* La garce! La sale petite garce! *(remembering the rendez-vous he overheard)* 'La Rose'. Le Cabaret 'La Rose' *(he glances in fury at the publicity photograph of Catherine, then opens a drawer and takes out his hypodermic syringe. He picks up his gloves and hat and quickly leaves the office.)*

(The Cabaret 'La Rose')

Dacier Catherine.

Catherine Oui? *(taking a packet of Dubellay from her handbag)*

Dacier Catherine . . . vous ne voulez pas partir d'ici, venir chez moi par exemple? *(Catherine smiles. She looks down at the packet and her smile vanishes)*

Catherine Eh, regardez! Le paquet!

(Dacier takes the packet and pulls out the container with the capsules. Catherine looks horrified)

Dacier *(decisively, realizing this is the evidence they needed)* Je remets les capsules dans le paquet, *(he replaces them)* et nous allons les porter à la police. Catherine, c'est formidable! *(brandishing the packet)* Nous avons la preuve des activités de Lemaître.

(At that moment, Lemaître enters. He does not at first see Catherine and is confronted by the girl who flirted with Dacier)

Fille Bonsoir, vous êtes seul? *(Lemaître ignores her)* Moi, je suis seule, ce soir, très seule. Je n'ai pas de chance. Écoutez, puisque vous êtes là, je vais vous chanter une chanson *(she half-sings tipsily as she did before. Catherine looks round and sees Lemaître)*

Catherine *(terrified)* Lemaître! Jean! Il est là! Il me cherche, c'est sûr.

Dacier Donnez-moi le paquet.

Catherine *(putting the packet back in her handbag)* Non, Jean, non! C'est trop dangereux. Partez, partez vite. Ne restez pas avec moi. Lemaître va vous voir. *(urgently)* Jean, je vous en prie!

(Dacier reluctantly gets up and makes himself inconspicuous. Lemaître eventually spots Catherine. He comes straight over to her)

Lemaître *(to Catherine)* Le paquet, où est-il?

Catherine *(trembling)* Excusez-moi, Monsieur Lemaître. C'est une erreur. Je vous ai donné le mauvais paquet, je . . . *(Lemaître grabs her)*

Lemaître Venez. Suivez-moi sans faire de bêtises.

(He surreptitiously shows her his syringe. She turns pale. Dacier is about to intervene, but she manages to give him a look, begging him not to move. Lemaître drags her away)

SOME EXPRESSIONS

de sa part	*from her*
vous ne trouvez pas?	*don't you think?*
vous n'avez pas fait bon voyage?	*didn't you have a good journey?*
manquer l'occasion	*(to) miss the opportunity*
je suis moche	*I look a sight*
je me sauve	*I must dash*
des yeux bridés	*slant-eyed*
pour le reste	*as for the rest*
non plus	*either*
navré	*I'm sorry*
c'est bien ma chance	*just my luck*
à tout de suite	*see you in a moment*
des mains de femme	*woman's hands*
la sale petite garce!	*the little bitch!*
le mauvais paquet	*the wrong packet*
sans faire de bêtises	*and no nonsense! (without doing anything stupid)*

HOW THE LANGUAGE WORKS

AVOIR . . . *(past participle* eu*) is used in a number of expressions where the English equivalent does not use the verb 'have':*

j'ai eu trop peur	(avoir peur)	*I was too afraid*
vous avez peut-être raison	(avoir raison)	*perhaps you are right*
j'ai besoin de vous voir	(avoir besoin de)	*I need to see you*

PRONOUNS WITH NEGATIVE COMMANDS . . . *come before the verb:*

Ne l'oubliez pas	*Don't forget it*
Ne le mettez pas là	*Don't put it there*

but remember: **Donnez-le-moi**   *Give it to me*

'MODAL' VERBS WITH PRONOUNS . . . *The pronouns always come before the infinitive:*

Je vais la mettre	*I'm going to put it on*
Nous allons y dîner ce soir	*We will dine there this evening*

note also: **J'**aimerais bien **la** voir   *I should like to see it*

COMMENT . . .

Comment est-il?	*What's he like?*
Il est infecte	*He's disgusting*
Comment s'appelle ce cabaret?	*What's the name of this cabaret?*
Il s'appelle 'La Rose'	*It's called 'La Rose'*

SON/SA/SES . . . *'his', 'her' or 'its':*

Et vous avez vu son assistant?	*And you saw her assistant?*
J'ai un message de sa part	*I have a message from her (lit. 'on her behalf')*
ses cheveux, ses yeux, ses mains	*her hair, her eyes, her hands*
Elle est peut-être son amie. Elle est certainement sa complice	*Perhaps she's his girl friend. She's certainly his accomplice*

Notice we use son *(like* mon*) before a feminine noun beginning with a vowel.*

SOME MORE ADJECTIVES

Une petite bouche . . . délicieuse	*a sweet little mouth*
singular: délicieux/délicieuse	*plural:* délicieux/délicieuses

All adjectives ending in eux *follow this pattern except* vieux *(old):*

singular: (un) vieux (monsieur)	*plural:* (de) vieux (messieurs)
(un) vieil (ami)	(de) vieux (amis)
(une) vieille (dame)	(de) vieilles (dames)
ses mains . . . elles sont longues	*his hands are long*
. . . blanches	*. . . white*
singular: long/longue	*plural:* longs/longues
blanc/blanche	blancs/blanches

PUTTING IT TO USE

	C'est le passeport de Catherine ?	Oui, c'est son passeport.
Oui, c'est son frère.	C'est le frère d'Annette ?	—, — — — — .
Oui, c'est son‿assistant.	C'est l'assistant de la baronne ?	—, — — — — .
Oui, c'est son‿amie.	C'est l'amie du directeur?	—, — — — — .
	C'est la maison de Monsieur Lemaître ?	Oui, c'est sa maison.
Oui, c'est sa mère.	C'est la mère de Catherine ?	—, — — — .
Oui, c'est sa complice.	C'est la complice de l'assassin ?	—, — — — .
	Ce sont les bagages du voyageur ?	Oui, ce sont ses bagages.
Oui, ce sont ses cigarettes.	Ce sont les cigarettes de Catherine ?	—, — — — .
Oui, ce sont ses‿amis.	Ce sont les‿amis de la patronne ?	—, — — — .

	Est-ce que je pose le paquet sur le bureau ?	Non, ne le posez pas sur le bureau.
Non, ne la mettez pas dans le filet.	Est-ce que je mets la valise dans le filet ?	—, — — — — — .
Non, ne le prenez pas.	Est-ce que je prends l'argent?	—, — — — .
Non, ne les signez pas.	Est-ce que je signe ces chèques de voyage ?	—, — — — .

Je donne ce chèque à Jean?
Non, ne le donnez pas à Jean, donnez-le-moi.

Je passe cette note à la secrétaire?
Non, ne la passez pas à la secrétaire, —, — — — — — —, — — — .
passez-la-moi.

J'envoie la lettre au directeur?
Non, ne l'envoyez pas au directeur, — , — — — — — —, — — — .
envoyez-la-moi.

Je montre ces échantillons à votre assistant?
Non, ne les montrez pas à mon assistant, — , — — — — — —, — — — .
montrez-les-moi.

Je vous attends?
Non, ne m'attendez pas.

Je vous écris à votre domicile?
Non, ne m'écrivez pas à mon domicile. — , — — — — — .

Je vous téléphone chez vous?
Non, ne me téléphonez pas chez moi. — , — — — — .

Vous voulez retourner à Genève?
Non, je ne veux pas retourner à Genève.

Vous pouvez attendre son retour
Non, je ne peux pas attendre son retour. — , — — — — — .

Vous pouvez venir avec nous?
Non, je ne peux pas venir avec vous. — , — — — — — .

Vous voulez prendre vos vacances?
Non, je ne veux pas prendre mes vacances. — , — — — — — .

14·STRATAGÈMES

(At the Cabaret 'La Rose', a moment later. Lemaître drags Catherine through into the vestibule. The woman in charge of the cloakroom is sitting dozing on a chair)

Lemaître *(in a harsh whisper)* Le paquet! *(Catherine gives it to him)* Et maintenant, ma belle enfant, assez d'histoires: dites-moi la vérité!

Catherine La vérité? Mais je vous ai dit la vérité.

Lemaître Est-ce que vous avez rencontré quelqu'un ici ce soir? Est-ce que vous avez parlé à quelqu'un?

Catherine Non!

Lemaître Vous n'êtes pas venue seule!

Catherine Si. Enfin, non, je suis venue avec un ami.

Lemaître Vous lui avez montré ce paquet?

Catherine Mais non, bien sûr.

Lemaître Mais vous en avez parlé?

Catherine Mais non!

Lemaître Alors, pourquoi est-ce que vous avez gardé le paquet?

Catherine Mais je vous l'ai dit. Je l'ai gardé par erreur.

(A young man comes out of the cabaret and goes to the woman cloakroom attendant. She wakes up with a start. He whispers something to her)

Employée Les toilettes, Monsieur, c'est par là. *(he goes to the wrong door)* Non, la porte à droite derrière le rideau!

Lemaître *(going over to the attendant)* Le manteau de Mademoiselle s'il vous plaît.

Employée Quel numéro, Monsieur?

Lemaître *(to Catherine)* Vous avez le numéro?

Catherine *(to the attendant)* Vous m'avez donné un numéro?

Employée Oui, je vous ai certainement donné un numéro, Mademoiselle.

Catherine *(stalling, hoping to avoid having to leave with Lemaitre)* Oh, je l'ai probablement perdu.

Lemaître *(brusquely)* Donnez-moi votre sac. *(he takes a ticket out of her bag)* C'est celui-là?

Employée *(taking the ticket)* Permettez, Monsieur. Oui, c'est bien ça. Le cent un, le cent un? Attendez, où est-ce que je l'ai mis, le cent un?

Lemaître Dépêchez-vous, Madame.

Employée Mais qu'est-ce que vous voulez, je fais de mon mieux!

Lemaître Nous sommes pressés.

Employée *(finding Catherine's coat)* Ah bon, le voilà le cent un! Un manteau et une écharpe.

Lemaître Tenez. *(throwing down some coins as a tip)*

Employée Merci, Monsieur, vous êtes très aimable. *(Lemaître takes Catherine's hand and forces her to leave. She forgets her scarf. A couple enter the cabaret as they go out)*

Employée *(to the couple)* Bonsoir, Monsieur–dame. Un manteau et un imperméable. Tenez, je vais vous donner vos numéros. Voilà! *(she gives them the tickets and they turn to go through the wrong curtains)* Ah non, pas par là, Monsieur–dame. *(with a giggle)* Ça, ce sont les toilettes. Par ici!

(An alley-way outside the Cabaret. Lemaître forces Catherine against a wall)

Lemaître Alors, ma belle? Aux messieurs de la police, aux amis, à votre ami dans le cabaret . . . vous leur avez parlé de moi, vous leur avez parlé de Genève? Hein?

Catherine Non, non, bien sûr que non.

Lemaître Faites attention, ma belle enfant. Un seul mot, un seul mot à la police, à votre ami, à n'importe qui . . . *(he shows her the hypodermic)* et bonsoir! Vous avez compris?

(The vestibule of the Cabaret. Dacier comes through the curtains)

Dacier Madame, une jeune fille brune et un monsieur viennent de sortir, vous les avez vus?

Employée Oui, Monsieur, je les ai vus. Ils ont demandé le manteau de Mademoiselle. Ils l'ont pris et ils sont partis à toute vitesse.

Dacier Bon, merci.

Employée La jeune fille, c'est une amie à vous?

Dacier Oui.

Employée *(handing over Catherine's scarf)* Dans ce cas, prenez cette écharpe, elle est à elle. Elle l'a oubliée.

Dacier D'accord, je vais lui rendre son écharpe.

Employée Voilà, Monsieur. Mais il faut faire vite. Ils sont partis à toute vitesse.

(The alley-way)

Catherine Écoutez, Monsieur Lemaître, j'ai bien trop peur pour agir contre vous.

Lemaître Oui, c'est vrai, petite fille, vous avez trop peur. Vous avez peur d'un rien, peur de la douane! Écoutez-moi bien. Vous êtes allée à Genève, n'est-ce pas? Eh bien, vous allez y retourner demain.

Catherine Non, Monsieur Lemaître, non, je ne veux pas!

(At that moment, Dacier slips round the corner and observes them)

Lemaître Vous allez à Genève demain, je vous dis. Et n'oubliez pas une chose: *(showing the hypodermic again)* elle est belle, cette aiguille, n'est-ce pas? Oui, elle est belle et elle est silencieuse. Alors, soyez comme elle: belle et silencieuse. *(he turns to leave)* À demain, au bureau, à neuf heures. Entendu? *(calling back to her)* Faites de beaux rêves, ma jolie, de beaux rêves . . . silencieux! Bonne nuit! *(When he has gone, Dacier comes up to Catherine and takes her in his arms)*

Dacier Là, ma chérie, là!

Catherine Jean.

Dacier *(comforting her)* Tout va bien, il est parti maintenant.

Catherine Oh, Jean, j'ai eu peur. Et puis vous avez entendu Lemaître? Il veut m'envoyer à Genève!

Dacier Oui, j'ai entendu.

Catherine Je ne veux pas, mais je ne peux pas!

Dacier Vous avez rendu le paquet à Lemaître?

Catherine Oui, bien sûr, je lui ai rendu le paquet! Oh, Jean!

Dacier Allons, allons . . . venez maintenant, nous allons rentrer à la maison, rentrer chez moi.

Catherine Oui, Jean, oui.

(Dacier's flat)

Dacier *(pouring out a glass of whisky)* Un peu plus?

Catherine Non, c'est bien.

Dacier Mais si! Un peu plus. Vous en avez besoin. Et moi aussi j'en ai besoin. *(he pours himself a glass)*

Catherine Qu'est-ce que nous allons faire maintenant? Je ne veux pas aller à Genève, je ne peux pas. J'ai trop peur, Jean.

Dacier Pourtant, il faut faire quelque chose, il faut suivre la piste! Il faut la suivre jusqu'au bout! Qu'est-ce qu'il y a dans ces capsules? Il faut trouver ces capsules et les porter à la police. C'est notre seule chance. Autrement vous êtes l'esclave ou la victime de Lemaître. *(he looks up suddenly)* J'ai une idée. Attendez-moi, ne bougez pas, je reviens tout de suite. *(he goes into the bedroom)*

Catherine *(calling to him)* Jean!

Dacier *(from the bedroom)* Oui?

Catherine Mais qu'est-ce que vous faites?

Dacier J'arrive. Une seconde et j'arrive.

Catherine Mais . . . mais Jean, qu'est-ce qui se passe? Qu'est-ce que vous faites?

Dacier *(returning in an old and shabby corduroy jacket)* Voyez . . . je suis un pauvre acteur sans travail.

Catherine *(surprised)* Comment? À qui sont ces vêtements?

Dacier Ils sont à moi. *(ironically)* Il est beau ce veston, vous ne trouvez pas?

Catherine Il est magnifique . . . mais . . .

Dacier *(interrupting her)* Écoutez. Voilà mon idée. Demain matin, nous allons au bureau de Lemaître, vous et moi. Vous lui dites: Je regrette Monsieur Lemaître, mais je ne peux pas aller à Genève, c'est trop dangereux pour moi et pour vous.

Catherine Oui, et ensuite?

Dacier Vous me présentez à Lemaître. Vous lui dites: Voici un acteur que je connais. Il est très bien, mais il est sans travail. Il a besoin d'argent. Lui, il peut aller à Genève et travailler pour vous.

Catherine Mais . . .

Dacier Qu'est-ce que vous en pensez? C'est une bonne idée, non?

Catherine (reluctantly) Franchement, je ne sais pas . . . mais oui, peut-être.

Dacier C'est notre seule chance. Je vais à Genève et je découvre le contenu de ces capsules. Catherine, la piste Huit, c'est moi!

SOME EXPRESSIONS

assez d'histoires	*that's enough nonsense*
par erreur	*by mistake*
dépêchez-vous	*hurry up*
je fais de mon mieux	*I'm doing my best*
nous sommes pressés	*we're in a hurry*
n'importe qui	*anyone*
à toute vitesse	*very quickly*
c'est une amie à vous?	*is she a friend of yours?*

HOW THE LANGUAGE WORKS

OUVRIR *(to open)*

j'ouvre	vous ouvrez
il/elle ouvre	nous ouvrons
ils/elles ouvrent	

past participle: ouvert

couvrir *(to cover)*
découvrir *(to discover)*
offrir *(to offer) . . . behave like*
ouvrir

OBJECT PRONOUNS WITH VERBS IN THE PAST . . . *come before the auxiliary verb* **avoir** *or* **être***:*

Je l'ai dit	*I said so (it)*
Vous lui avez montré ce paquet?	*Did you show him this packet?*
Vous m'avez donné un numéro?	*Did you give me a number?*
Je vous ai dit	*I told you*
Vous leur avez parlé?	*Did you speak to them?*

N.B.: leur *is an indirect object pronoun meaning '(to) them'. The pronoun objects not shown in the examples* (nous, y, en) *go before the auxiliary in the same way.*

AGREEMENT . . . *When the past tense is formed with* **avoir**, *the past participle agrees with a* ***direct*** *object, if it comes before the verb:*

Elle a oublié cette écharpe?	*Did she forget this scarf?*
Oui, elle l'a oubliée	*Yes, she forgot it*
Vous **les** avez vu**s**	*You saw them*
Je **vous** ai vu	*I saw you (talking to one person)*
Je **vous** ai vu**s**	*I saw you (talking to more than one person)*

. . . but if the pronoun object before the verb is **indirect** *there is* **no** *agreement:*

Vous leur avez parlé?   *Did you speak to them?*

Fortunately agreement does not usually affect pronunciation unless the participle ends in -s *or* -t:

Ce sac, où est-ce que je l'ai mis? *(pronounced 'mi')*
Ces sacs, où est-ce que je les ai mis? *(pronounced 'mi')*
but: Cette écharpe, où est-ce que je l'ai mise? *(pronounced 'miz')*
Ces écharpes, où est-ce que je les ai mises? *(pronounced 'miz')*

IL FAUT . . . *(literally: 'it is necessary') when followed by an infinitive, often corresponds to 'I must', 'we must' etc.:*

il faut faire quelque chose	*we must do something*
il faut suivre la piste	*we must follow the trail*
il faut faire vite	*you'll have to be quick*

FAITES, DITES . . . *are the imperative forms of* **faire** *and* **dire**:

dites la vérité	*tell the truth*
faites de beaux rêves!	*sweet dreams!*

VENIR DE . . . *followed by an infinitive means 'to have just (done something)':*

une jeune fille et un monsieur viennent de sortir	*a young lady and a gentleman have just gone out*

allez vous en — go away

en - of them? — some (handwritten)

PUTTING IT TO USE

Est-ce que je vous ai envoyé un paquet?
Non, vous m'avez envoyé une lettre.
Est-ce que je vous ai donné l'écharpe d'Anne?
—, — — — celle de Jeanne.
Est-ce que vous m'avez dit de venir ce soir?
—; — — — — demain.
Est-ce que vous m'avez demandé un stylo?
—; — — — — un crayon.

Non, vous m'avez donné celle de Jeanne.
Non, je vous ai dit de venir demain.
Non, je vous ai demandé un crayon.

Vous n'avez pas compris ce problème?
Si, je l'ai compris.
Vous n'avez pas vu mon ami?
—; — — — .
Vous n'avez pas trouvé mon sac?
—; — — — .
Vous n'avez pas rencontré mon amie?
—; — — — .
Vous n'avez pas compris ma question?
Si, je l'ai comprise.
Vous n'avez pas fait la commission?
—; — — — .
Vous n'avez pas écrit cette lettre?
—; — — — .
Vous n'avez pas appris cette leçon?
—; — — — .

Si, je l'ai vu.
Si, je l'ai trouvé.
Si, je l'ai rencontrée.

Si, je l'ai faite.
Si, je l'ai écrite.
Si, je l'ai apprise.

Quand est-ce qu'il a téléphoné à son père?
Il lui a téléphoné hier soir.
Quand est-ce qu'elle a écrit à sa mère?
— — la semaine dernière.
Quand est-ce qu'ils ont répondu à ces gens?
— — il y a quinze jours.
Quand est-ce qu'elles ont parlé de ces choses?
— — mercredi dernier.
Comment est-ce que vous êtes allé(e) en France?
J'y suis allé(e) en voiture.
Comment est-ce que vous êtes venu(e) à Orly?
— — en taxi.
Comment est-ce qu'elles sont arrivées chez elles?
— — à pied.

Elle lui a écrit la semaine dernière.
Ils leur ont répondu il y a quinze jours.
Elles en ont parlé mercredi dernier.

J'y suis venu(e) en taxi.
Elles y sont arrivées à pied.

Oui, je vais vous_envoyer à Genève.

—, — — — .
—; — — .
—, — — .

Vous allez m'envoyer à Genève?
Vous allez me laisser travailler?
Je peux vous téléphoner demain?
Il veut vous parler?

Oui, je vais vous laisser travailler.
Oui, vous pouvez me téléphoner demain.
Oui, il veut me parler.

Si, nous_allons l'envoyer.

—; — — .
—; — — .
—, — — .

Vous n'allez pas_envoyer ce paquet?
Vous ne pouvez pas parler à votre ami?
Vous ne voulez pas retourner à Genève?
Vous n'allez pas_écrire de cartes postales?

Si, nous pouvons lui parler.
Si, nous voulons y retourner.
Si, nous_allons en_écrire.

The following group—and the last of each subsequent practice section—consists of questions on the story. You may find that your answer isn't identical with the one we give but this does not necessarily mean it is incorrect: there are often alternatives. But when you repeat the drills try to remember the answer we gave.

Qu'est-ce que Catherine a oublié au vestiaire?
Où est-ce que Catherine ne veut pas retourner?
Pourquoi est-ce qu'elle ne veut pas y retourner?
Est-ce que Catherine est_allée seule au cabaret?
Avec qui est-ce qu'elle y est_allée?

— — — .
— — .
— — .
Non, — — — — seule.
— — — — .

Elle y a oublié son_écharpe.
Elle ne veut pas retourner à Genève.
Parce qu'elle a trop peur.
Non, elle n'y est pas_allée seule.
Elle y est_allée avec Dacier.

115

15 · NOUVELLE PISTE

(Early the next morning. Lemaître's office. Lemaître is sorting out some papers)

Lemaître Bon, il faut des copies pour le service des ventes, le service des achats, le service d'expédition. Et le service de publicité? Ah non, ce n'est pas la peine, ça ne les intéresse pas. *(he answers a buzz on the internal telephone)* Allô, oui?

Secrétaire *(from outer office)* Il y a quelqu'un au téléphone pour vous, Monsieur Lemaître.

Lemaître Qui est-ce?

Secrétaire Il ne veut pas donner son nom. Je vous le passe, Monsieur? Il insiste.

Lemaître Oui, passez-le-moi. *(she puts the caller through)* Allô, oui?

Agent *(on phone)* Ici l'agent vingt-quatre.

Lemaître Ah, c'est vous. Le paquet est prêt, je vous l'envoie ce matin?

Agent Non, envoyez-le-moi cet après-midi. Vous connaissez 'La Chine Ancienne'?

Lemaître Non, je ne connais pas. Qu'est-ce que c'est? Un restaurant chinois?

Agent Non, c'est une boutique chinoise, une boutique d'antiquités chinoises. Envoyez le paquet à la boutique.

Lemaître Bon, d'accord. Alors l'adresse, vous me la donnez?

Agent Quatorze bis, rue du Prince. C'est dans le cinquième. Demandez Madame Li.

Lemaître Bon, c'est entendu. Mais je veux mon argent tout de suite, hein?

Agent Cinquante mille?

Lemaître Oui, cinquante mille comme la dernière fois! Au revoir. *(He rings off. He is anxious and nervous)* Hmm, 'La Chine Ancienne' Une boutique, je n'aime pas ça. *(he has an idea)* Je sais! J'envoie Catherine avec le paquet. Oui, je le lui donne et elle y va pour moi. Comme ça, je la tiens, la belle Catherine.

(There is a knock on the door. Catherine comes in)

Catherine Monsieur Lemaître . . .

Lemaître Entrez. Asseyez-vous. *(she sits down)* Alors, depuis hier soir, vous avez réfléchi, n'est-ce pas? Vous n'avez pas fait de bêtises, j'espère?

Catherine Bien sûr que non.

Lemaître Catherine, écoutez-moi bien. J'ai deux commissions pour vous; l'une ici à Paris, l'autre à Genève.

Catherine *(interrupting)* À Genève! Non, Monsieur Lemaître, je ne peux pas. C'est trop dangereux, je vous l'ai déjà dit.

Lemaître Écoutez, Catherine. J'attends un nouveau paquet de Genève. Vous y allez, oui ou non?

Catherine Non, je n'y vais pas. Mais justement je connais quelqu'un, un acteur, un acteur sans travail. Il peut y aller à ma place. Il a besoin d'argent. Il veut bien faire le voyage.

Lemaître *(sharply)* Vous ne lui avez pas parlé de la Piste, des paquets?

Catherine Bien sûr que non. Je ne lui ai pas parlé des paquets. Seulement j'ai pensé: moi, je ne peux pas aller à Genève. Il faut quelqu'un pour y aller. Alors j'ai pensé à cet acteur.

Lemaître Et où est-il, cet acteur?

Catherine *(pointing to the outer office)* Là!

Lemaître Eh bien vous, vous êtes rapide!

Catherine *(getting up)* Je vous le présente?

Lemaître Oui, dites-lui d'entrer.

(Catherine goes to the door and opens it. Dacier comes in)

Dacier Bonjour, Monsieur.

Lemaître *(thinking he recognizes Dacier)* Est-ce que je ne connais pas ce Monsieur? Est-ce que je ne vous ai pas vu quelque part?

Dacier *(concocting an explanation)* Vous me connaissez? Ah, oui, c'est possible après tout. Je suis acteur. J'ai fait beaucoup de télévision, de cinéma. Alors, beaucoup de gens me connaissent . . .

Lemaître Oui, j'imagine. Vous connaissez Genève?

Dacier Non, pas vraiment. J'y suis déjà allé une fois . . .

Lemaître *(still suspicious)* Qu'est-ce que vous êtes? Vous êtes français?

Dacier Bien sûr, je suis français.

Lemaître Vous avez vos papiers d'identité.

Dacier Oui, euh . . .

Lemaître *(holding out his hand)* Eh bien, vous me les montrez, oui ou non?

Dacier Oui, je vous les montre. Mais pourquoi?

Catherine Montrez-les-lui.

Dacier Bon, si vous voulez . . . *(he hands over his papers)*

Lemaître Dacier, Dacier. *(he looks hard at the papers then hands them back)* ·Bien, maintenant écoutez-moi. Vous allez partir pour Genève cet après-midi. Vous allez prendre l'avion. A l'aéroport de Genève, au premier téléphone, vous allez trouver un message. *(Dacier wants to interrupt)* Non, ne posez pas de questions. Le mot de passe, c'est Piste Huit. Piste Huit. Répétez . . .

(While Lemaître talks to Dacier, Catherine picks up a newspaper. With a start she notices a headline. It reads: 'Le mystère de la chambre vingt. La police ne connaît toujours pas l'identité de la victime. La patronne de l'hôtel va faire une déclaration aujourd'hui')

(The Quai des Orfèvres. The French Scotland Yard. In a small police office, the owner of the Hotel des Boulevards is reading over the typed copy of her statement)
Patronne Je soussignée, Berthe Philibert, propriétaire de l'Hôtel des Boule-vards, cent quatre-vingt-dix-neuf, Boulevard de Clichy, déclare ce qui suit: La nuit du vingt-trois courant j'ai reçu la visite d'un voyageur. Il m'a demandé une chambre pour trois ou quatre jours. Je lui ai donné la chambre numéro vingt. Le même soir, un homme de quarante à quarante-cinq ans est venu à mon hôtel. Il m'a posé des questions sur le voyageur et il a pris la chambre numéro dix-neuf. Le lendemain matin, j'ai découvert sur le lit de la chambre vingt le cadavre de la victime. Je ne connais pas l'identité de ces personnes autrement que par leur fiche de police. Signé: Berthe Philibert. *(a policeman gives her a pen for her signature. She looks up inquiringly)* Et ma déclaration que l'Hôtel des Boule-vards est un hôtel respectable? *(he shakes his head impatiently)* Bon, bon, bon! Si c'est comme ça, je signe. Mais vous savez, mon hôtel est un établissement respectable. *(she signs)* Et maintenant avec votre permission, je retourne à mes affaires. *(she gets up and leaves grandly)*

(Lemaître's office. He is giving Dacier the last instructions)
Lemaître Alors, n'oubliez pas! La Piste Huit. Départ de l'avion pour Genève à quinze heures!
Dacier Et mon argent?
Lemaître *(brushing his request aside)* À votre retour de Genève, Monsieur, à votre retour... Entendu? *(he dismisses Dacier who is forced to leave the office and turns to Catherine. He is still a little suspicious)* Catherine, attendez dans le petit bureau. Je voudrais vous parler dans un instant. *(Catherine goes out. Lemaître decides to ring Geneva. He checks the code for telephone calls abroad)* Je fais le dix, j'attends la musique, et puis je fais le zéro quatre. *(he dials the code. The operator answers)* Allô! Je voudrais un préavis pour Genève, s'il vous plaît . . . Madame de Bisson. Oui, Bisson, B-I-S-S-O-N, c'est le vingt-quatre seize zéro-neuf à Genève. Oui, vingt-quatre: deux fois douze; seize; zéro neuf; oui, neuf: cinq et quatre. Comment? *(giving a false name)* C'est de la part de Monsieur, euh, Monsieur Dubellay. Oui, Dubellay. A comme Anatole, Y comme Yvonne. OPÉra quarante-deux trente-huit. Mais non, Mademoiselle, j'ai dit préavis, ce n'est pas en PCV. C'est moi qui paie la communication. Rappelez-moi aussitôt que possible. C'est très urgent. *(he puts down 'phone and frowns anxiously)* Hmm, Dacier, Dacier . . . *(The call comes through)*
Lemaître *(to Madame de Bisson)* Allô, allô, Fernande?
Mme de B. *(on 'phone)* Henri, c'est vous?
Lemaître Oui, c'est moi. Écoutez, j'ai un nouveau courrier. Piste Huit. Il s'appelle Dacier. Je ne le connais pas bien. Il y a quelque chose d'un peu curieux . . . Je ne

sais pas. Surveillez-le donc!

Mme de B. D'accord. Quand est-ce que vous me l'envoyez?

Lemaître Je vous l'envoie cet après-midi. Par l'avion qui quitte Orly à quinze heures!

Mme de B. C'est un peu vite, vous savez, mon cher Henri.

Lemaître *(unable to hear)* Comment? La ligne est très mauvaise.

Mme de B. Je dis: c'est un peu vite!

Lemaître Oui, je sais, mais c'est urgent. J'ai besoin d'un autre paquet. C'est d'accord, n'est-ce pas? Vous me le promettez? *(hearing a click)* Allô, allô?

Téléphoniste *(thinking the call is over)* Vous avez fini, Monsieur?

Lemaître *(furious)* Non, Mademoiselle, je n'ai pas fini. Ne coupez pas *(trying to make contact again)* Allô, Fernande. Vous m'entendez?

Mme de B. Oui. Je suis là.

Lemaître Écoutez, le message, vous le lui laissez comme d'habitude. Et n'oubliez pas. Surveillez-le.

Mme de B. Entendu. À bientôt.

Lemaître Au revoir.

(Lemaître puts the phone down and summons Catherine by the intercom)

Lemaître Catherine, venez un instant *(she enters)* Fermez la porte. *(she shuts the door nervously)* Venez ici . . . n'ayez pas peur! *(he takes her hand)* Voyons, ma chère Catherine, nous sommes bons amis, n'est-ce pas?

Catherine *(anxiously)* Oui, oui, bien sûr, Monsieur Lemaître.

Lemaître Bien. Voici une adresse en ville, tenez! *(handing her a slip of paper)* Vous connaissez cette rue?

Catherine Oui, je la connais. C'est derrière le Panthéon.

Lemaître Bien. Allez-y cet après-midi. *(he takes out a small packet of capsules)* Prenez ce paquet avec vous. *(he gives her instructions)* Vous entrez dans la boutique et vous demandez Madame Li. Vous sortez le paquet de votre sac . . .

Catherine Et je le lui donne?

Lemaître Non. Montrez-le-lui seulement. À ce moment-là, elle va vous montrer l'argent, cinquante mille francs.

Catherine Cinquante mille!

Lemaître *(explaining)* Oui, cinq liasses de dix mille. Bon, assurez-vous que tout l'argent y est! Et puis, offrez-lui le paquet . . . comme ceci. *(demonstrating)* Vous le lui donnez d'une main et vous prenez l'argent de l'autre, comme ça. Entendu?

Catherine Cinquante mille francs! Mais c'est une fortune!

Lemaître Ça, ma belle enfant, c'est le travail, ce sont les affaires. Allez! *(calling her back and frowning)* Et Catherine, votre ami Dacier . . .

Catherine *(frightened)* Qu'est-ce qu'il y a?

Lemaître *(thinking better of it)* Non. Rien. Allez. Et faites attention, hein?

(Catherine leaves taking the packet with her)

SOME EXPRESSIONS

bis - repeat (handwritten margin note)

ça ne les intéresse pas	*they're not interested in that*
quatorze bis rue du Prince	*14a rue du Prince*
c'est dans le cinquième	*it's in the 5th arrondissement*
bien sûr que non	*of course not*
à ma place	*instead of me*
quelque part	*somewhere*
le mot de passe	*password*
je soussignée	*I, the undersigned*
ce qui suit	*as follows*
la nuit du vingt-trois courant	*the night of the 23rd inst.*
autrement que	*otherwise than, except*
je fais le dix	*I dial 10*
je voudrais un préavis pour Genève	*I should like a personal call to Geneva*
deux fois	*twice*
c'est de la part de	*it's . . . speaking, wanting to speak (to him/her)*
en PCV	*reverse charge*
ne coupez pas	*don't cut me off*
vous sortez le paquet de votre sac	*you take the packet out of your bag*
ce sont les affaires !	*that's business !*

HOW THE LANGUAGE WORKS

AYEZ/N'AYEZ PAS . . . *is the imperative (positive and negative) of* **avoir** *(to have):*

n'ayez pas peur   *don't be afraid*

SAVOIR
(to know—a thing or fact)

je sais	vous savez
il/elle sait	nous savons
	ils/elles savent

past participle: **su**

CONNAÎTRE
(to know—a person or place)

je connais	vous connaissez
il/elle connaît	nous connaissons
	ils/elles connaissent

past participle: **connu**

RÉFLÉCHIR *(to reflect)*

je réfléchis	vous réfléchissez
il/elle réfléchit	nous réfléchissons
	ils/elles réfléchissent

past participle: **réfléchi**

réfléchir *behaves just like* **finir**
avertir, remplir. *See episode 5*

PROMETTRE *(to promise)*

je promets	vous promettez
il/elle promet	nous promettons
	ils/elles promettent

past participle: **promis**

promettre *behaves like* **mettre**
See episode 3

y— `a./ en—de

NEGATIVE VERBS IN THE PAST ... *Note the position of* ne ... pas, *when there is a preceding pronoun:*

je **ne** l'ai **pas** demandé	*I didn't ask for it*
vous **ne** lui avez **pas** parlé	*you didn't speak to him*

TWO PRONOUNS ... *preceding a verb are used in the following order:*

either:	Jean	le la les	lui leur	donne envoie montre *etc.* présente demande
or:	Jean	me nous vous	le la les	donne *etc.*

je **vous le** passe, Monsieur?	*shall I put him through to you?*
(l'adresse) vous **me la** donnez?	*will you give it to me?*
(le paquet) je **le lui** donne	*I'll give it to him*

If y *and* en *are used, they always come immediately before the verb:*

il **vous y** envoie	*he sends you there*
il **nous en** donne	*he gives us some*
vous **y en** trouvez beaucoup	*you find a lot of them there*

Remember the order of pronouns after the imperative:

donnez	-le -la -les	-moi -lui -nous -leur

DÉJÀ ... *Note the position of* déjà *when used with verbs in the past:*

je vous l'ai déjà dit	*I've already told you (so)*
j'y suis déjà allé une fois	*I've already been there once*

C'EST MOI/LUI/ELLE *etc.* **QUI** . . . *is used for emphasis or contrast, since in French words cannot normally be stressed unless they come at the end of a phrase:*

C'est moi qui paie la communication   *I'm paying for the call*

IL FAUT . . . *can be used with a noun or a pronoun like* quelqu'un:

Il faut quelqu'un pour y aller   *We need someone to go there*

PENSER À . . . *'to think of/about' (someone or something):*

j'ai pensé à cet acteur   *I thought of this actor*

but note: different pronouns for people and things:

j'ai pensé **à lui/à elle**   *I thought of him/her*

j'y ai pensé   *I thought of it*

PROFESSIONS . . . *Note how the French express their profession:*

no article:

je suis acteur   *I'm an actor*

il est médecin   *he's a doctor*

PUTTING IT TO USE

	Est-ce que je vous donne ce paquet?	Oui, donnez-le-moi.
Oui, envoyez-la-lui.	Est-ce que j'envoie cette lettre à notre client?	— , — — — .
Oui, montrez-les-lui.	Est-ce que je montre mes papiers au commissaire?	— , — — — .
Non, ne les lui montrez pas.	Est-ce que je donne l'adresse à la secrétaire?	Non, ne la lui donnez pas.
Non, ne le lui envoyez pas.	Est-ce que je montre les comptes au secrétaire?	— , —	—	— .
	Est-ce que j'envoie le paquet à la concierge?	— , —	—	— .

	Et si M. Lemaître me demande de lui donner le paquet?	Eh bien, vous le lui donnez.
	Et si le douanier me demande de lui montrer ma valise?	— , —	—	— .
Eh bien, vous la lui montrez.	Et si les gendarmes me demandent de leur montrer mes papiers?	— , —	—	— .
Eh bien, vous les leur montrez.		

	Quand est-ce que vous me le donnez, ce paquet?	Je vous le donne tout de suite.
	Quand est-ce que vous me l'expliquez, ce problème?	— — — — tout à l'heure.
Je vous l'explique tout à l'heure.	Quand est-ce que vous me les payez, ces dettes?	— — — — demain.
Je vous les paie demain.		

	Vous avez vu ce film?	Non, je ne l'ai pas vu.
	Vous avez signé cette lettre?	— , —	—	— .
Non, je ne l'ai pas signée.	Vous avez examiné les valises?	— , —	—	— .
Non, je ne les ai pas examinées.		

123

Vous m'avez téléphoné?
Vous lui avez répondu?
✻ Vous y êtes allé(e)s?

Non, je ne lui ai pas répondu.
Non, nous n'y sommes pas allé(e)s.

Non, je ne vous ai pas téléphoné.
—, — — — —.
—, — — — —.

Je vous ai rendu votre stylo?
Il nous a acheté notre voiture?
Elles vous ont donné mon adresse?

Non, il ne vous a pas acheté votre voiture.
Non, elles ne m'ont pas donné votre adresse.

Non, vous ne m'avez pas rendu mon stylo.
—, — — — — —.
—, — — — — —.

Vous avez pensé à Catherine?
Vous avez pensé à moi?
Est-ce qu'il a pensé à son amie?
Est-ce qu'elle a pensé à son père?
Vous avez pensé à la leçon?
Vous avez pensé à la commission?
Vous avez pensé aux paquets?

Non, je n'ai pas pensé à vous.
Non, il n'a pas pensé à elle.
Non, elle n'a pas pensé à lui.
Non, je m'excuse, je n'y ai pas pensé.
Non, je m'excuse, je n'y ai pas pensé.
Non, je m'excuse, je n'y ai pas pensé.

Non, je n'ai pas pensé à elle.
—, — — — —.
—, — — — —.
—, — — — —.
Non, je m'excuse, je n'y ai pas pensé.
—, — —, — —, — —.
—, — —, — —, — —.

Qu'est-ce que 'La Chine Ancienne'?
Qu'est-ce que la patronne de l'hôtel a fait au
    Quai des Orfèvres?
Comment est-ce que Dacier va aller à Genève?
À qui est-ce que Lemaître a téléphoné?
Où est-ce que Lemaître a envoyé Catherine?

C'est une boutique d'antiquités chinoises.

Elle a fait une déclaration.
Il va prendre l'avion.
Il a téléphoné à Mme de Bisson.
Il l'a envoyée à la Chine Ancienne.

C'est — — — —.
— — —.
— — prendre — —.
— — — —.
— — — —.

✻

16 · CHINOISERIES

(That afternoon. 'La Chine Ancienne', a Chinese antique shop in the Chinese quarter of Paris. Catherine enters the shop, sees no-one and calls out)
Catherine Il y a quelqu'un? Pardon, est-ce qu'il y a quelqu'un?
(A Chinese woman observes her from a corner and smiles to herself. She startles Catherine as she moves out of the corner)
Chinoise Madame . . . *(correcting herself)* Excusez-moi, Mademoiselle . . .
Catherine *(still a little frightened)* Bonjour.
Chinoise Vous désirez?
Catherine Vous êtes Madame Li?
Chinoise Oui, vous voulez me voir?
Catherine Oui, je voudrais vous parler, Madame. Je viens de la part de . . . je vous apporte euh . . .
Chinoise Oui?
Catherine J'ai un paquet pour vous.
Chinoise Qu'est-ce que c'est?
Catherine Je ne sais pas, mais . . . Est-ce que vous voulez voir le paquet?
Chinoise Oui, je veux bien le voir. Montrez-le-moi. *(Catherine opens her handbag and takes out the packet. The Chinese woman tries to take it, Catherine slips back, and the woman calmly walks past her to the door)* Excusez-moi, s'il vous plaît. Je vais fermer la porte . . . à clé. *(she looks out at the sunlit street)* Il fait beau aujourd'hui, n'est-ce pas? Il fait un beau soleil. *(speaking as if she were merely passing the time of day)* Souvent à Paris il pleut, il fait froid, il neige. Je déteste ça. J'aime le temps chaud, bien chaud . . . *(She suddenly turns on Catherine)* Vous n'êtes pas d'accord? Venez par ici, Mademoiselle. Asseyez-vous. *(Catherine follows her and sits down)* Je vous sers un peu de thé?
Catherine Oui, euh . . . enfin, euh . . .

Chinoise Vieille coutume chinoise. *(she puts out two cups and picks up a teapot)* Vous ne m'avez pas répondu. Est-ce que vous voulez du thé?

Catherine Euh . . . Oui, je veux bien, mais donnez-m'en très peu, s'il vous plaît.

Chinoise *(pouring a little into Catherine's cup)* Comme ça? Et pour vous, naturellement, du sucre.

Catherine Oui.

Chinoise Combien est-ce que je vous donne de sucre? Deux morceaux, trois?

Catherine Donnez-m'en un seulement.

Chinoise *(putting one lump of sugar in her cup and then serving herself)* Voilà! Et maintenant nous pouvons prendre le thé et parler tranquillement' *(She suddenly leans forward and stares at Catherine)* Dites-moi, votre patron, vous aimez travailler pour lui? Vous ne voulez pas travailler directement avec moi?

Catherine *(bewildered)* Travailler avec vous? Comment cela?

Chinoise *(earnestly)* Vous pouvez m'être très utile, vous savez, les laboratoires . . . vous connaissez les laboratoires?

Catherine Non, je ne les connais pas. Parlez à mon patron. Vous pouvez en parler avec lui, vous pouvez lui demander . . . *(impatiently)* Écoutez, Madame, je vous ai apporté ce paquet. Est-ce que vous voulez me donner l'argent, s'il vous plaît?

Chinoise *(with a wry smile)* Aha, l'argent! Combien est-ce qu'il veut, votre patron?

Catherine Cinquante mille francs.

Chinoise *(sarcastically)* Tiens, tiens, il veut cinquante mille francs!

Catherine *(getting up as if to leave)* Écoutez, Madame, je suis pressée.

Chinoise *(takes her hand and forces her to sit down)* Un instant, ma petite. J'ai ici une très jolie chose. *(she points to a shelf behind her)* Vous voulez la voir?

Catherine Mais non, Madame, je n'ai pas le temps.

Chinoise *(firmly)* Si, ma petite, vous voulez la voir! Tenez. *(she leans back and takes down a hand of ivory)* C'est un objet très vieux, très ancien, une vieille main en ivoire. Regardez comme elle est blanche, comme les doigts sont blancs, comme les ongles sont longs et effilés. *(she thrusts the hand close to Catherine)* Touchez-la, prenez-la. *(Catherine recoils)* Voyez comme elle est belle, cette longue main blanche . . .

(Geneva. The arrival hall of the airport. Dacier has arrived from Paris. He follows Lemaître's instructions and goes to the first telephone booth. He finds the note and reads it)

Dacier 'Supermarché du Centre. Cinq heures. Piste Huit.' *(surprised)* Supermarché? Tiens! *(he feels in his pocket, realizes he has no Swiss money and goes to a desk for foreign exchange. He has to attract the clerk's attention)* Pardon, Monsieur.

Caissier Ah, excusez-moi, s'il vous plaît. C'est pour le change, Monsieur?

Dacier Oui, je voudrais changer de l'argent français.

Caissier Oui, Monsieur, parfaitement.

Dacier Quel est le cours du franc français?

Caissier Ce sont des chèques de voyages, Monsieur, ou des billets?

Dacier *(showing the banknotes he wants to change)* Des billets.

Caissier Alors voilà, Monsieur. *(points to a table of exchange rates)* Le cours du jour est à quatre-vingt-huit centimes. Combien est-ce que vous voulez de francs suisses?

Dacier Donnez m'en . . . euh . . . je ne sais pas au juste. Je voudrais changer deux cents francs français. *(handing the clerk the notes)*

Caissier Deux cents . . . *(working out the sum on the adding machine)* Ça vous fait . . . cent soixante-seize francs suisses.

Dacier Bien. *(taking out his passport)* Vous voulez mon passeport et mon adresse à Genève?

Caissier Ah non, Monsieur, je n'en ai pas besoin. Seulement si vous changez des chèques de voyages.

Dacier D'accord.

Caissier Est-ce que je vous donne de la petite monnaie, Monsieur?

Dacier Oui, donnez-m'en un peu. Et le reste en billets.

Caissier Entendu. *(he hands some small change and a larger number of Swiss banknotes)* Et voilà Monsieur. Cent soixante-seize francs.

Dacier Hmm. *(picking up one of the notes)* Ils sont beaux, des billets tout neufs!

Caissier Eh oui, tenez. *(taking two of the coins and replacing them with newly-minted ones)* Voici de belles pièces toutes neuves!

Dacier Merci. Vous êtes très aimable.

Caissier À votre service, Monsieur. *(casually)* Vous êtes de Paris?

Dacier Oui, je suis de Paris.

Caissier Quel temps fait-il à Paris en ce moment?

Dacier Il fait beau.

Caissier Ah bon, comme ici à Genève. *(nostalgically)* Ah, Paris, au printemps, quand il fait beau. C'est magnifique.

Dacier *(smiling)* Oui, c'est vrai. *(changing the subject)* À propos, dites-moi, est-ce que vous connaissez le Supermarché du Centre?

Caissier Oui, je le connais. Vous voulez y aller en taxi?

Dacier Oh non. Il y a un autocar, je suppose?

Caissier Oui, vous pouvez facilement le prendre. Il part tous les quarts d'heure de la place, devant l'entrée. *(he points towards the entrance)* À Genève vous arrivez à l'aérogare, et le supermarché est tout près, en face de l'aérogare!

Dacier Parfait. Merci mille fois.

(The antique shop)

Catherine *(impatiently)* Écoutez, Madame, je n'ai pas beaucoup de temps, je suis pressée. Je vous donne le paquet et vous me donnez les cinquante mille francs.

Chinoise Bien sûr, Mademoiselle, bien sûr . . . montrez-moi le paquet.

Catherine Vous l'avez déjà vu, mais . . . bon, d'accord, le voilà. *(she shows the packet again)* Montrez-moi l'argent. *(the woman takes five bundles of notes from a drawer)* Combien est-ce qu'il y a?

Chinoise Cinquante mille.

Catherine Montrez-moi les billets. *(the woman shakes her head)* Vous ne voulez pas les montrer? Bon, comptez-les! *(the woman runs her fingers through each bundle; this satisfies Catherine)* D'accord, nous faisons l'échange. Donnez-moi l'argent et je vous donne le paquet. *(She holds back the packet in her left hand while stretching over her right hand to take the money)* Bon, donnez-le-moi!

(The Chinese woman copies her gesture but crosses over her wrists. As Catherine goes to take the money, she moves like lightning, drops the money and grabs Catherine's hand forcing her to let go of the packet. She twists her arm and puts the packet on a nearby table. The money is out of reach)

Catherine Lâchez-moi, lâchez-moi et donnez-moi cet argent.

Chinoise *(harshly)* Est-ce que vous voulez parler maintenant?

Catherine *(in a panic)* Non.

Chinoise Où sont les laboratoires?

Catherine Je ne sais pas.

Chinoise Qui fait la préparation?

(Catherine finds strength enough to push the woman back and get nearer the money. As they struggle, the Chinese woman knocks against the table and upsets the packet. The capsule rolls out and she looks at it in horror)

Chinoise Non, non, malheureuse!

(To save the capsule, she is forced to let go of Catherine who grabs the money and flies out of the shop)

SOME EXPRESSIONS

il y a quelqu'un?	*is there anyone there?*
de la part de	*on behalf of, for*
fermer à clé	*to lock*
vous n'êtes pas d'accord?	*don't you agree?*
je vous sers un peu de thé?	*may I give you a little tea?*
comment cela?	*how can I do that?*
vous pouvez m'être très utile	*you can be very useful to me*
regardez comme elle est blanche	*see how white it is*
c'est pour le change?	*you want to change some money?*
le cours du jour est à . . .	*the rate is . . .*
au printemps	*in spring*
tous les quarts d'heure	*every quarter of an hour*
nous faisons l'échange	*we'll exchange them*
ça vous fait	*that will give you*

HOW THE LANGUAGE WORKS

SERVIR *(to serve)*

je sers	vous servez
il/elle sert	nous servons
	ils/elles servent

N.B. This verb follows the pattern of partir *and* sortir *(see episode 2)*

past participle: **servi**

NEGATIVE OF MODAL VERBS . . . *Notice that, if a pronoun is used, this doesn't affect the position of* ne . . . **pas***:*

| Vous **ne** voulez **pas** les montrer? | *Don't you want to show them?* |
| Je **ne** veux **pas** y aller en taxi | *I don't want to go there by taxi* |

DONNEZ-M'EN (un, beaucoup, *etc.*) . . . *'give me some (one, a lot) of it/ of them':*

Est-ce que vous voulez du thé?	*Do you want some tea?*
Oui . . . mais donnez-m'en très peu	*Yes, but give me very little.*
Combien est-ce que je vous donne	*How much sugar shall I give you?*
de sucre? Deux morceaux, trois?	*Two lumps, three?*
Donnez-m'en un seulement	*Give me only one*

Remember again that **en** *cannot be left out in French.*

WEATHER . . . *Note the use of* **faire** *when talking of the weather:*

Quel temps fait-il?	*What's the weather like?*
Il fait beau	*It is fine*
...chaud	*...warm*
...froid	*...cold*
...soleil	*...sunny*
Il fait mauvais temps	*It is bad weather*
Il pleut	*It's raining*
Il neige	*It's snowing*

PUTTING IT TO USE

Est-ce qu'il fait beau aujourd'hui à Paris ?
Non, il fait mauvais temps.

Est-ce qu'il fait chaud à Genève ?
—, — — froid.

Est-ce qu'il fait soleil à Calais ?
—, — — — du brouillard.

Non, il fait froid.
Non, il fait du brouillard.

Combien est-ce que je vous donne de paquets ?
Donnez-m'en un.

Combien est-ce que je vous donne de francs suisses ?
— — — deux cents.

Combien est-ce que je vous envoie de flacons ?
— — — une douzaine.

Combien est-ce que je vous sers de thé ?
— — — un peu.

Donnez-m'en deux cents.
Envoyez-m'en une douzaine.
Servez-m'en un peu.

L'agent a demandé des paquets ?
Non, il n'en a pas demandé.

Vous avez fait des exercices ?
—, — — — —.

Vous avez acheté des livres ?
—, — — — —.

Non, je n'en ai pas fait.
Non, je n'en ai pas acheté.

Vous voulez aller à la gare en taxi ?
Non, je ne veux pas y aller en taxi.

Vous allez rester longtemps à Paris ?
—, — — — — — .

Vous voulez voir le paquet ?
—, — — — — .

Je peux visiter les laboratoires ?
—, — — — — .

Je peux changer de l'argent ?
—, — — — — .

Est-ce que Catherine va acheter la main en ivoire ?
—, — — — —'— .

Est-ce que vous pouvez parler au directeur ?
—, — — — — .

Non, je ne vais pas y rester longtemps.
Non, je ne veux pas le voir.
Non, vous ne pouvez pas les visiter.
Non, vous ne pouvez pas en changer.
Non, elle ne va pas l'acheter.
Non, je ne peux pas lui parler.

Offrez-lui-en très peu.
Achetez-leur-en quelques_uns.

Non, ne lui en demandez pas.
Non, ne leur en parlez pas.

Combien est-ce que je demande de billets à la caissière?	Demandez-lui-en quatre.
Combien est-ce que j'offre d'argent au vendeur?	— — — très peu.
Combien est-ce que j'achète de jouets à mes enfants?	— — — quelques_uns.
Je vous garde des billets pour demain?	Non, ne m'en gardez pas.
Je lui demande des renseignements?	— , — — — — .
Je leur parle de cette histoire?	— , — — — — .

Il fait beau (temps).
Il est en face de l'aérogare.

Non, elle ne les connaît pas.
Non, il veut y aller en_autocar.

Non, il n'en_a pas besoin.

Elle lui a demandé cinquante mille francs.

Elle y en_a mis seulement un.

Quel temps fait-il quand Dacier arrive à Genève?	— — — .
Où est le Supermarché du Centre à Genève?	— — — .
Est-ce que Catherine connaît les laboratoires de son patron?	— , — — — — .
Est-ce que Dacier veut_aller au Supercharché en taxi?	— , — — — —_autocar.
Est-ce que Dacier a besoin de son passeport pour changer des billets de banque?	— , — — — — .
Combien est-ce que Catherine a demandé d'argent à la Chinoise?	— — — .
Combien est-ce que la Chinoise a mis de morceaux de sucre dans la tasse de Catherine?	— — — .

17·PISTE HUIT

(Geneva. Later the same afternoon. The Supermarché du Centre, a supermarket opposite the air terminal. Dacier comes in and looks round to see if anyone is waiting for him. He sees no-one and begins to look around the store)

Dacier Hmm . . . trois francs. Ca ne coûte pas cher en Suisse.

(At that moment Madame de Bisson and Toni appear. Toni is wheeling one of the supermarket baskets and bumps into Dacier on purpose)

Mme de B. Excusez-nous Monsieur.

Dacier Mais . . . de rien.

Mme de B. Par ici . . .

(She beckons Dacier to follow her and takes him to a shelf selling cigarettes. Deliberately she picks up three packets of Dubellay and then looks hard at him. He slowly picks up one more packet of Dubellay)

Mme de B. Pourquoi est-ce que vous choisissez ces cigarettes?

Dacier Je choisis ces cigarettes . . . parce que ce sont mes cigarettes préférées. *(he indicates their size)* Elles sont longues. J'ai raison, n'est-ce pas?

Mme de B. Oui, vous avez raison. Est-ce que vous en voulez encore?

Dacier Oui, j'en veux encore un paquet.

Mme de B. Est-ce qu'on vous a donné le message?

Dacier Oui, on me l'a donné. Le voilà. *(he hands over a note he was given by Lemaître)* C'est urgent.

Mme de B. *(reading the note)* 'Un paquet pour dimanche.' Nous sommes samedi, il veut le paquet pour demain. Eh, oui, en effet c'est urgent. *(quietly, so that Dacier shouldn't hear)* Mais enfin, où est le docteur? Et le paquet? *(she gestures to Toni, telling him to find out what has happened)*

Mme de B. *(to Dacier)* Ainsi vous êtes le nouveau courrier . . .

Dacier C'est exact.

Mme de B. *(looking him up and down)* Quel âge avez-vous?

Dacier Moi . . . euh . . . j'ai vingt-neuf ans.

Mme de B. *(approvingly)* Vous avez de la chance. C'est un bel âge! *(returning to business)* Écoutez, je regrette on n'a pas encore apporté le paquet. Il faut attendre.

Dacier Ça ne fait rien. *(trying to please her)* C'est un plaisir, chère Madame.

Mme de B. *(giving him an appreciative look)* Vous êtes extrêmement sympathique.

Dacier Vous êtes très aimable.

Mme de B. Nous n'allons pas rester ici. Venez. *(she wheels the basket in front of her, taking Dacier with her)* Je vais faire mes courses! *(as if she had never demeaned herself to do this before)* Et vous allez m'aider. *(casually picking up a tin)* Est-ce que c'est bon ça, vous croyez?

Dacier *(grudgingly)* Quand on a faim, oui.

Mme de B. *(derisively)* Vous avez tort, cher Monsieur. C'est infecte! *(she throws the tin down and picks up another on the same shelf)* Et cette boîte, qu'est-ce que c'est?

Dacier Du riz créole. Ça coûte cher, mais c'est très bon.

Mme de B. Vous avez peut-être raison. *(scornfully)* Comment est-ce qu'on sert ça?

Dacier *(ironically)* On ouvre la boîte, on met le riz dans une casserole, on le chauffe et hop, on le sert, euh . . . avec du poulet, par exemple!

Mme de B. Bon, donnez-m'en deux boîtes, et nous allons acheter un poulet! *(Dacier picks up two tins. She throws them into the basket and proceeds to the next shelf)* Hmm! Regardez! Vous avez envie de ça! C'est du foie gras. J'adore le foie gras! *(she sweeps six tins of it into her basket and moves along to another shelf)* Du champagne. Quand je vois ça, j'ai tout de suite terriblement soif. *(four bottles of champagne join the other purchases in her trolley. At that moment Toni comes back)* Mon petit Toni! *(taking him aside so that Dacier shouldn't hear)* Alors, vous avez trouvé le docteur? Vous lui avez téléphoné? *(Toni nods)* Bon, qu'est-ce qu'il a dit? Le paquet, vous le lui avez demandé? *(Toni whispers something into her ear)* Ce soir? *(she turns back to Dacier)* Le paquet n'est pas arrivé. Vous pouvez attendre?

Dacier Oui.

Mme de B. Bien. En ce cas, je finis mes courses! *(she smiles intimately at him)* Oh, pardon, nous finissons nos courses, et puis nous allons à la maison. D'accord, cher Monsieur?

Dacier À votre service, chère Madame.

Mme de B. *(to Toni)* Eh bien, Toni? Laissez-nous, nous finissons nos courses. *(she dismisses him brusquely)* Rentrez à la maison! Dépêchez-vous! *(resentfully Toni leaves them and she takes Dacier's arm)* Venez, mon cher, venez!

(Paris, late afternoon the same day. A small film studio. The set is prepared for a sun-tan oil commercial—the scene: a sun-drenched beach. Lemaître is talking to Catherine who is to model in the film. She is wearing a bathing costume. She is trying to tell him about the antique shop)

Lemaître Écoutez, Catherine. On va finir ce petit film publicitaire et puis on va bavarder. Vous avez quelque chose pour moi?

Catherine Oui, Monsieur Lemaître, mais . . .

Lemaître Plus tard, ma chère Catherine, plus tard. *(he turns to director)* À vous, André.

Catherine *(shivering)* Dépêchez-vous, André! J'ai froid. *(impatiently)* Alors, on commence?

Régisseur Un instant, ma petite! Alors, ce sable, il est prêt? Dépêchez-vous mon vieux. *(a scene hand who has been arranging the sand, finishes his work)* Bien: préparez-vous, s'il vous plaît. Catherine, asseyez-vous dans le fauteuil. *(Catherine sits down on the deckchair, and strikes a pose)* Levez-vous un instant . . . *(she gets up)*

Catherine *(trying out another pose)* Comme ça?

Régisseur Non, ça ne va pas.

Catherine *(making a suggestion)* J'essaie le matelas pneumatique?

Régisseur Oui, couchez-vous sur le matelas. *(she lies on the inflatable mattress)* Le parasol! Ajustez le parasol. *(the scene hand makes the adjustment)* Opérateur! *(the cameraman moves his camera in)* En place tout le monde. Silence, on tourne! *(when the people present do not stop talking)* Taisez-vous, taisez-vous! Allez-y! Moteur! *(the camera is switched on)* Le clap! *(the clapperboy holds his board up)* Partez! *(the action begins)* Stop! Stop! *(the camera stops shooting)* Catherine, votre bras droit . . .

Catherine *(looking at her arm. It is bruised where the Chinese woman gripped it)* Oui, je sais . . .

(Lemaître, who has been watching, steps in anxiously)

Lemaître Qu'est-ce qui se passe? Qu'est-ce que c'est que ça? *(looking at the bruise)* Voyons, Catherine, comment est-ce que vous avez fait ça?

Catherine *(whispering)* La Chinoise, à la 'Chine Ancienne'.

Lemaître Hein? *(to the stage hand)* Laissez-nous, laissez-nous . . .

Catherine J'ai froid.

Lemaître Tenez, mettez ce peignoir. *(he hands her a dressing gown)* Vous avez plus chaud maintenant?

Catherine Oui, ça va mieux.

Lemaître *(anxiously)* Alors?

Catherine Eh bien, c'est la Chinoise. Je lui ai demandé l'argent . . .

Lemaître Et vous lui avez donné le paquet?

Catherine Oui, je le lui ai donné. Enfin . . . voici ce qui est arrivé. *(she tells what happened)* Je lui tends le paquet, elle me tend l'argent. Alors moi, je veux prendre l'argent, mais elle, tout d'un coup . . . *(she grabs her own wrist to show how she was held down. It hurts her to do so)* Oh, j'ai mal, j'ai mal!

Lemaître *(anxiously)* Et l'argent? Elle vous l'a donné finalement?

Catherine C'est-à-dire . . . euh . . . je l'ai pris. Mais avant ça, elle m'a demandé toutes sortes de détails.

Lemaître Et vous les lui avez donnés?

Catherine Non, non, bien sûr que non.

Lemaître *(relieved)* Bien, ma petite Catherine, bien. *(trying to please her)* On va partir maintenant. *(shouting to the other people present)* Allez, on a fini pour aujourd'hui.

Régisseur *(objecting)* Mais, Monsieur Lemaître . . . le travail n'est pas fini!

Lemaître *(reassuringly)* Oui, André, je sais. Je vous vois tout à l'heure . . . *(to Catherine)* Venez! Venez par ici et reposez-vous.

(That evening. A room in Mme de Bisson's home, the Résidence Léman. She and Dacier are sitting having drinks. She is pretending to be very much taken by him. And he is playing up to her)

Mme de B. *(raising her glass)* À la Piste Huit!

Dacier *(raising his)* À vous . . . *(he notices a skiing photo)* Vous faites du ski?

Mme de B. Oui, j'adore le ski. Vous?

Dacier Moi aussi.

Mme de B. Il faut revenir en hiver.

Dacier J'espère revenir avant ça.

Mme de B. Ah oui, il faut revenir.

Dacier Comptez sur moi.

Mme de B. *(calling)* Toni! *(Toni enters)* Servez un whisky à Monsieur. *(he obeys)* Et apportez-moi mon sac. *(he brings her handbag. The doorbell rings. He goes out to answer it, and returns and whispers in her ear. She replies in a whisper)* C'est lui? C'est le paquet?

(She gets up and goes round behind Dacier and removes a small jewelled revolver from her handbag. She thrusts it into Dacier's back)

Dacier Je peux finir mon whisky?

Mme de B. *(grimly)* Non, debout! Allez!

(Dacier gets up. He is frightened that his imposture has been discovered. But he manages to force a smile)

Dacier *(pointing to the revolver)* Vous avez acheté ça au supermarché?

Mme de B. *(with a bitter laugh)* Oui, mon joli, exprès pour vous.

(She keeps him covered while Toni grabs him, and forces him through a door into a small dark room. He hears the key turn in the lock)

SOME EXPRESSIONS

nous sommes samedi	*it's Saturday today*
à vous!	*over to you!*
ça ne va pas	*that's no good*
en place tout le monde	*to your places, everyone*
silence, on tourne	*quiet, we're shooting*
moteur!	*camera!*
le clap	*mark it!*
partez!	*action!*
ça va mieux	*that's better*
c'est-à-dire	*well, that is to say*
vous faites du ski?	*do you ski?*
j'espère revenir	*I hope to come back*
exprès pour vous	*specially for you*

HOW THE LANGUAGE WORKS

REFLEXIVE VERBS . . . *verbs like* se coucher, *'to lie down',* se préparer *'to get ready'. These verbs are an important feature of French. They are always used with an object pronoun of the same person as the subject, e.g.* je me couche, vous vous préparez. *But note that* se *is used with* il/elle/ils/elles *and also in the infinitive (e.g.* se coucher*).*

The pronoun comes in the usual place in relation to the verb, so in the IMPERATIVE (commands and requests) . . . we have:

préparez-vous	(*infinitive* se préparer)	*get ready*
couchez-vous	(*infinitive* se coucher)	*lie down*
asseyez-vous	(*infinitive* s'asseoir)	*sit down*
levez-vous	(*infinitive* se lever)	*get up*
reposez-vous	(*infinitive* se reposer)	*have a rest*
dépêchez-vous	(*infinitive* se dépêcher)	*hurry up*
taisez-vous	(*infinitive* se taire)	*be quiet/shut up*

COÛTER CHER/TROIS FRANCS . . .

ça ne coûte pas cher en Suisse	*it isn't expensive in Switzerland*
ça coûte trois francs	*it costs 3 francs*

AVOIR SOIF . . . *Note some further expressions with* avoir:

j'ai tout de suite

terriblement soif	(avoir soif)	*I'm immediately terribly thirsty*
quand on a faim	(avoir faim)	*when one is hungry*
vous avez tort	(avoir tort)	*you are wrong*
vous avez envie de ça?	(avoir envie de)	*do you fancy (want) that?*

j'ai froid	(avoir froid)	*I am cold*
vous avez plus chaud maintenant?	(avoir chaud)	*are you warmer now?*
j'ai mal	(avoir mal)	*it hurts (me)*
vous avez de la chance	(avoir de la chance)	*you are lucky*

QUEL AGE AVEZ-VOUS? . . . *is the way to ask someone's age:*

quel âge avez-vous?	*how old are you?*
j'ai vingt-neuf ans	*I'm 29*

ON . . . *is an 'indefinite' pronoun whose meaning can only be grasped from the context. There is no single English equivalent. It may correspond to 'one':*

quand on a faim	*when one is hungry*
on ouvre la boîte	*one opens the tin*

It may correspond to 'they' (meaning 'someone') or to a 'passive' construction in English:

on n'a pas encore apporté le paquet	*they haven't brought the packet yet*
	the packet hasn't yet been brought
est-ce qu'on vous a donné le message?	*did they give you the message?*
	were you given the message?

In spoken French **on** *is very commonly used instead of* **nous** *(we):*

on va finir . . . et on va bavarder	*we'll finish and we'll have a little chat*
on a fini pour aujourd'hui	*we've finished for today*

VERBS OF GIVING, SAYING, ASKING . . . *are generally followed by* **'à quelqu'un'** *for the person to whom something is given, said, asked or* **from** *whom something is requested. The English equivalent is not always the same construction:*

vous avez donné le paquet **à la Chinoise?**	*you gave the Chinese woman the packet?*
oui, je le **lui** ai donné	*yes, I gave it to her*
vous avez dit la vérité **à Lemaître?**	*you told Lemaître the truth?*
oui, je la **lui** ai dite	*yes, I told him (it)*
vous avez demandé le paquet **au docteur?**	*you asked the doctor for the packet?*
oui, je le **lui** ai demandé	*yes, I asked him for it*

Remember that when pronouns are used with a past tense, they come before the auxiliary (avoir, être) *and notice that, when there are two, they follow the same order as with the present (see episode 15).*

SERVIR . . . *note the use of* **à**:

servez un whisky à Monsieur	*give the gentleman a whisky*

PUTTING IT TO USE

		Mais oui, asseyez-vous.
Mais oui, arrêtez-vous là.	Est-ce qu'on peut s'asseoir?	— , — — .
Mais oui, levez-vous.	Est-ce qu'on peut s'arrêter là?	— — .
Mais oui, baignez-vous.	Est-ce qu'on peut se lever?	— — .
	Est-ce qu'on peut se baigner?	— — .

		Non, vous n'avez pas raison, vous avez tort.
Non, je n'ai pas froid, j'ai chaud.	J'ai raison, n'est-ce pas?	— , — — , — — .
Non, il n'a pas faim, il a soif.	Vous avez froid, n'est-ce pas?	— , — — , — — soif.
	Il a faim, n'est-ce pas?	

		Oui, je le lui ai donné.
Oui, je la lui ai demandée.	Vous lui avez donné le paquet?	— ; — .
Oui, je les lui ai racontées.	Vous lui avez demandé sa permission?	— , — .
	Vous lui avez raconté les dernières nouvelles?	

		Il me l'a offert l'année dernière.
	Quand est-ce qu'il vous a offert ce cadeau?	
Elle vous l'a envoyé hier.	Quand est-ce qu'elle m'a envoyé le télégramme?	— — hier.
On me l'a racontée tout à l'heure.	Quand est-ce qu'on vous a raconté cette histoire?	— — tout à l'heure.
Ils nous les ont promis aujourd'hui	Quand est-ce qu'ils ont promis les cinquante mille francs?	— — aujourd'hui.
Je vous en ai parlé il y a huit jours.	Quand est-ce que vous m'avez parlé de cette affaire?	— — il y a huit jours.

Vous avez envie de manger des fruits? Non, merci, je n'ai pas envie d'en manger.
Vous avez envie de boire de la bière? Non, merci, je n'ai pas envie d'en boire. — , — , — | — |.
Vous avez envie d'acheter une voiture? Non, merci, je n'ai pas envie d'en acheter une. — , — , — | — | — |.
Vous avez envie d'aller au cinéma? Non, merci, je n'ai pas envie d'y aller. — , — , — | — |.

Quel âge avez-vous? J'ai vingt-cinq ans.
Quel âge a Catherine? Elle a vingt-six ans. — 26 —.
Quel âge ont ces deux enfants? Ils ont neuf et douze ans respectivement. — 9 et 12 — respectivement.

Pour quel jour est-ce que Lemaître veut le paquet? Il le veut pour dimanche. — | — | — |.
Quel âge a Jean Dacier? Il a vingt-neuf ans. — | — | — |.
Combien est-ce que Mme de Bisson a acheté de riz créole? Elle en a acheté deux boîtes. — | — |.
Où est-ce que Catherine a mal? Elle a mal au bras. — | — | — |.
Catherine n'a pas donné le paquet à la Chinoise? Si, elle le lui a donné. — | — | — |.

18 · VIRUS-DANGER !

(The same room in Mme de Bisson's house in Geneva, a moment later. She turns to Toni who has just locked the door on Dacier)

Mme de B. Dites au docteur Genin d'entrer. *(he goes out and returns with Doctor Genin. The latter stops, startled at the sight of Mme de Bisson with a pistol)* Ne vous arrêtez pas là, cher docteur. Venez, venez . . . ne vous inquiétez pas, cher ami. Approchez. *(he moves closer reluctantly)* Je ne veux pas tirer sur vous, pas maintenant. *(he goes to sit down)* Ne vous asseyez pas là *(she gestures to another seat which she can cover more easily)*

Genin Mais enfin, Madame, est-ce que vous allez . . .

Mme de B. Quelle heure est-il, docteur?

Genin Je . . . je ne sais pas.

Mme de B. Regardez l'heure à votre montre. Eh bien?

Genin *(looking at his watch)* Il est neuf heures.

Mme de B. Non, docteur. Il est neuf heures et quart. Pourquoi est-ce que vous êtes en retard? Allons, parlez!

Genin *(looking nervously at her pistol)* Je ne peux pas parler avec un . . . avec un revolver sous le nez!

Mme de B. *(moving behind him, and thrusting the muzzle of her pistol in the back of his neck)* Et comme ça, c'est mieux? Alors? Vous n'avez pas répondu à ma question. Pourquoi ce retard?

Genin Écoutez, Madame . . .

Mme de B. Ne vous levez pas. Restez où vous êtes *(he sits down again)* Alors! Le paquet, est-ce que vous avez donné le paquet à Toni?

Genin Euh . . . non.

Mme de B. Comment?

Genin Non, je ne le lui ai pas donné.

Mme de B. *(moving round to face him but still keeping him covered)* Et pourquoi pas?

Genin Je ne le lui ai pas donné, parce que je ne l'ai pas!

Mme de B. Vous ne l'avez pas! Pourquoi?

Genin Écoutez, Madame, ce revolver . . .

Mme de B. *(lowering the pistol)* Je ne plaisante pas et vous le savez. Je veux le virus maintenant.

Genin Mais voyons, Madame. J'ai maintenant un assistant dans mon laboratoire.

Mme de B. Je sais, je sais! *(she quickly levels the pistol at him again)* Vous n'avez pas parlé du virus à votre assistant!

Genin Mais non, bien sûr que non. Je ne lui en ai pas parlé. Seulement . . . je ne peux pas prendre le virus devant lui.

Mme de B. Je vous l'ai déjà dit . . . C'est votre affaire. Arrangez-vous. Il faut aller au laboratoire le soir ou la nuit, voilà tout. Nous en avons déjà parlé.

Genin *(giving in unhappily)* Il faut réfléchir.

Mme de B. Non, mon cher docteur Genin, il ne faut pas réfléchir, il faut agir. Il faut aller à l'hôpital ce soir. C'est compris?

Genin *(reluctantly)* Oui, mais comment, comment?

(In the small room where he has been shut, Dacier has been listening at the keyhole)

Dacier *(thinking hard)* Genin, Genin, le docteur Genin.

(He has an idea and looks around. There is a telephone in the room and behind it he finds a directory. He holds the directory to the crack of light through the door and turns the pages)

Dacier Hôpital, hôpital . . . *(finding a list of hospitals)* Il y en a des hôpitaux à Genève. Bon, essayons tout de même . . . *(he chooses the first number in the list. It is engaged)* Merde, la ligne est occupée.

(Paris. The same evening. Catherine is drinking a coffee at the bar of a café. She is worried that Dacier has not returned)

Catherine *(to herself)* Jean, Jean . . . où est-il, où est-il? Il est tard. Il n'est pas rentré, il n'a pas téléphoné. Qu'est-ce qui se passe? *(she calls to the barman)* Je voudrais téléphoner s'il vous plaît. Donnez-moi un jeton. *(he gives her a counter for the 'phone)* C'est bien cinquante-cinq centimes, n'est-ce pas? *(he nods and she pays)* Merci. *(she goes to the café telephone booth, looks up a number, inserts the counter and dials. The number answers)* Allô, Swissair? Renseignements, s'il vous plaît. Pour les vols Genève–Paris. Oui, pour ce soir. *(she gets through to the department she wants)* Renseignements? Dites-moi, Monsieur, est-ce que vous avez la liste des passagers de Genève? Oui, le dernier avion Genève–Paris. C'est très important. Le nom du passager? Il s'appelle Dacier, Jean Dacier. Est-ce qu'il a pris cet avion? *(the clerk in the Swissair office consults the list and replies in the negative)* Il ne l'a pas pris. Vous êtes sûr. Et pour Air France, vous ne savez pas? . . . Vous allez voir, merci bien. Non, je ne quitte pas *(she holds on while the clerk consults the Air France list)* Oui. Ah bon, il n'a pas pris le dernier avion Air France non plus. Non, non, merci. Au revoir, Monsieur.

(she rings off still very anxious) Qu'est-ce qui se passe? Où êtes-vous, Jean?

(Mme de Bisson's house. She and Doctor Genin continue talking. Still locked in, Dacier is trying another hospital number)

Dacier *(on 'phone)* Allô! Excusez-moi, Madame, est-ce qu'un certain Docteur Genin, Genin, travaille chez vous à l'hôpital?... Non? Excusez-moi *(he rings off and puts his ear to the keyhole so as not to miss anything)*

(Mme de Bisson gets up and paces the room. She has an idea and turns quickly to the doctor)

Mme de B. Comment est-ce que vous allez à votre travail, à l'hôpital? Vous prenez la voiture?

Genin Ça dépend. En général, je ne prends pas la voiture, je prends l'autobus, de temps en temps un taxi. J'y vais quelquefois à pied.

Mme de B. Bien! Aujourd'hui par exemple, comment est-ce que vous êtes allé à l'hôpital?

Genin J'ai pris l'autobus... mais pourquoi?

Mme de B. Très bien. Ecoutez, ce soir vous allez prendre la voiture. Vous arrivez en voiture. Ce n'est pas votre habitude, alors ça va donner l'impression que c'est très urgent – quelqu'un est très malade ou même mourant. À ce moment-là, on ne vous pose pas de questions.

Genin *(thinking hard)* Oui... non, il y a une autre solution. Je vais prendre la voiture, mais je vais la laisser dans une petite rue derrière l'hôpital. Il y a une entrée de service de ce côté et de là je peux arriver au laboratoire. *(grudgingly)* Du moins, je le crois.

Mme de B. *(changing her attitude)* Ah, vous voyez mon cher. Tout est possible avec un peu de bonne volonté. Ne vous inquiétez pas.

(Dacier smiles to himself. He has finally got through to the right hospital)

Dacier Ah oui? Il travaille à votre hôpital. L'Hôpital St Jean. Bon, très bien... non, non, je vous remercie... *(he notes the name and puts the receiver down. In the next door room, Madame de Bisson hears the click of the 'phone and gives a start. She turns to look at the door behind which Dacier is held prisoner)*

Mme de B. *(quickly dismissing the doctor)* Au revoir, Docteur. Toni! Reconduisez le docteur Genin immédiatement.

(Toni takes the doctor out and Mme de Bisson, her face black as thunder, takes her pistol and unlocks the door behind which Dacier is waiting)

Mme de B. Sortez jeune homme! *(Dacier comes out)* À qui est-ce que vous avez téléphoné?

Dacier *(feigning innocence)* Moi?

Mme de B. Oui, vous! Vous avez téléphoné à quelqu'un *(threateningly)* Je vous préviens, Lemaître m'a bien demandé de vous surveiller. Alors à qui?

Dacier *(inventing an explanation)* Mais Madame, ne vous inquiétez pas! J'ai téléphoné à Swissair. Je vais prendre l'avion demain à midi pour Paris *(his explanation catches her off her guard and Dacier follows it up quickly)* Vous n'avez pas le paquet? Il ne vous l'a pas apporté?

Mme de B. Non, il va l'apporter ce soir ou demain matin.

Dacier Bien. En ce cas, chère Madame, à demain matin. Je vais passer la nuit à l'hôtel . . . *(he strides self-confidently out of the room before she can do anything to stop him)*
Mme de B. *(in a rage)* Toni !

(Later that night. The St Jean hospital at Geneva. A small laboratory. Doctor Genin furtively opens a locked poison cupboard. He takes the capsules from a shelf marked 'Virus—Danger'. He does not notice Dacier come in behind him. Dacier watches him closely, then steals up behind him and grabs his arm)
Dacier Ne bougez pas ! *(the doctor freezes)* Bien. Maintenant donnez-m'en une autre. Prenez une autre capsule et donnez-la-moi. *(the frightened doctor looks at Dacier. He turns back to the cupboard, runs his hand along the row of capsules and selects one)* Allons ! Bien. Mettez-la sur la table *(the doctor obeys)* Maintenant écoutez-moi, docteur Genin.
Genin *(at a loss as to who the intruder is)* Qui êtes-vous? Qu'est-ce que vous voulez?
Dacier Écoutez-moi ! Ces deux capsules, *(he points to the first two capsules the doctor took from the cupboard)* Portez-les à notre amie comme d'habitude. Allez-y demain matin. *(threateningly)* Et pas un mot, hein? Vous ne m'avez pas vu! C'est compris? Suivez mon conseil !
(Dacier takes the capsule from the table, and quickly leaves the laboratory. Genin is too shaken to follow him)

SOME EXPRESSIONS

je ne veux pas tirer sur vous	*I don't want to shoot you*
regardez l'heure à votre montre	*look at the time on your watch*
c'est votre affaire	*that's your business/worry*
voilà tout	*that's all*
il est tard	*it's late*
je ne quitte pas	*I'll hang on (on the 'phone)*
il n'a pas pris l'avion Air France non plus	*he hasn't taken the Air France plane either*
de temps en temps	*from time to time*
du moins, je le crois	*at least, I think so*
je vous remercie	*thank you*
à demain matin	*till tomorrow morning*
passer la nuit	*spend the night*
suivez mon conseil	*take my advice*

HOW THE LANGUAGE WORKS
PRÉVENIR *(to tell (someone something) in advance)*

je préviens	vous prévenez
il/elle prévient	nous prévenons
ils/elles préviennent	
past participle prévenu	

prévenir *behaves like* venir

RECONDUIRE *(to show (someone) out)*

je reconduis	vous reconduisez	reconduire *behaves like* conduire
il/elle reconduit	nous reconduisons	*to lead, to take (someone*
	ils/elles reconduisent	*somewhere), to drive (a car)*

PRENDRE *to take (i.e. to pick up, take hold of), to take (a taxi, etc.)
Note the forms of the present:* nous prenons, ils/elles prennent *(see episode 6).*

TWO PRONOUNS . . . *with the past tense in the negative. Note the position
and order of the pronouns and* ne . . . pas*: No change from what we've learnt
already:*

je **ne le lui** ai **pas** donné   *I haven't given it to him*
je **ne lui en** ai **pas** parlé   *I haven't spoken to him about it*

REFLEXIVE VERBS . . . *in negative commands. Remember the pronouns come
in the usual place in relation to the verb* . . .

ne vous arrêtez pas là   *don't stop there*
ne vous inquiétez pas   *don't worry*
ne vous levez pas   *don't get up*

PARLER DE . . . *(to speak of/about something or someone):*

vous avez parlé du virus à votre   *have you spoken about the virus to
    assistant?   your assistant?*
je ne lui en ai pas parlé   *I haven't spoken to him about it*
but note the pronoun used when referring to people:
je n'ai pas parlé **de lui/d'elle**   *I haven't spoken about him/her*

DEMANDER/DIRE . . . à quelqu'un **de** faire quelque chose: *'to ask/tell someone
to do something':*

dites au docteur Genin d'entrer   *tell doctor Genin to come in*
Lemaître m'a bien demandé de vous   *Lemaitre made a point of asking me to
    surveiller   watch you*
    (m' *here is an indirect object*)

TÉLÉPHONER à quelqu'un . . . *'to 'phone someone':*

à qui est-ce que vous avez téléphoné? *whom did you 'phone?*
j'ai téléphoné à Swissair   *I 'phoned Swissair*

EMPHASIS . . . *in English is conveyed by stressing a particular word. In French
the word order of a phrase often has to be changed so that the word or words
you want to emphasize come in the stressed position at the end of the phrase:*

il est beau, ce veston   *it's a beautiful jacket*
il y en a des hôpitaux à Genève   *there are a lot of hospitals in Geneva*

PUTTING IT TO USE

On peut se lever ?   Non, ne vous levez pas.
On peut se coucher par terre ?   Non, ___ , ___ ___ ___ ___ ___ .
On peut s'asseoir sur ce divan ?   Non, ___ , ___ ___ ___ ___ ___ .
On peut s'installer là ?   Non, ___ , ___ ___ ___ ___ .
On peut se promener sur la pelouse ?   Non, ___ , ___ ___ ___ ___ ___ .
On peut se baigner dans la rivière ?   Non, ___ , ___ ___ ___ ___ ___ .

Answers:
- Non, ne vous couchez pas par terre.
- Non, ne vous asseyez pas sur ce divan.
- Non, ne vous installez pas là.
- Non, ne vous promenez pas sur la pelouse.
- Non, ne vous baignez pas dans la rivière.

Est-ce que Genin a donné le paquet à Toni ?   Non, il ne le lui a pas donné.
Est-ce que Dacier a demandé la permission à la
  baronne ?   Non, ___ , ___ ___ ___ ___ ___ .
Est-ce que Lemaître a passé des commandes à ses
  fournisseurs ?   Non, ___ , ___ ___ ___ ___ .
Est-ce que je vous ai envoyé ce livre ?   Non, ___ , ___ ___ ___ ___ .
Est-ce que vous m'avez recommandé cette personne ?   Non, ___ , ___ ___ ___ ___ .
Est-ce que vous avez parlé de mon problème à votre
  amie ?   Non, ___ , ___ ___ ___ ___ .

Answers:
- Non, il ne la lui a pas demandée.
- Non, il ne leur en a pas passé.
- Non, vous ne me l'avez pas envoyé.
- Non, je ne vous l'ai pas recommandée.
- Non, je ne lui en ai pas parlé.

Quand est-ce qu'on fait ce travail ?   Il faut le faire tout de suite.
Quand est-ce qu'on prend le train ?   ___ ___ ___ ___ ___ ___ .
Quand est-ce qu'on essaie cette voiture ?   ___ ___ ___ ___ ___ ___ .
Quand est-ce qu'on va au laboratoire ?   ___ ___ ___ ___ ___ .
Quand est-ce qu'on téléphone au directeur ?   ___ ___ ___ ___ ___ ___ .

Answers:
- Il faut le prendre tout de suite.
- Il faut l'essayer tout de suite.
- Il faut y aller tout de suite.
- Il faut lui téléphoner tout de suite.

145

Comment est-ce que vous allez à Londres?
Comment est-ce que je vais au centre de la ville?
Comment est-ce que vous allez au travail, vous et Jean?
Comment est-ce qu'on va en Suisse?
Comment est-ce qu'elles vont à l'école?
Comment est-ce que Dacier est allé au supermarché?

Je prends le train.
— — taxi.
— — voiture.
— — avion.
— — autobus.
— — autocar.

Vous prenez le taxi.
Nous prenons la voiture.
On prend l'avion.
Elles prennent l'autobus.
Il a pris l'autocar.

Si Jean vient, qu'est-ce que je lui dis?
Si Catherine vous demande, qu'est-ce que je lui dis?
Si vos amis téléphonent, qu'est-ce que je leur dis?
Si les clients demandent un rendez-vous, qu'est-ce que je leur dis?

Dites-lui de m'attendre.
— — — téléphoner.
— — — rappeler.
— — — écrire.

Dites-lui de me téléphoner.
Dites-leur de me rappeler.
Dites-leur de m'écrire.

À qui est-ce que Catherine a téléphoné?
Où est-ce que le docteur Genin travaille?
Est-ce que Genin a donné un paquet à Toni?
Quand est-ce que Genin va apporter le paquet?
Comment est-ce que Genin va aller à l'hôpital?
À quelle heure est-ce que le docteur Genin est arrivé chez la baronne?

— — — .
— — — .
— , — — — .
— — — — .
— prendre — — .
— — — — .

Elle a téléphoné à Swissair.
Il travaille à l'hôpital Saint-Jean.
Non, il ne lui en a pas donné.
Il va l'apporter ce soir ou demain matin.
Il va prendre sa voiture.
Il y est arrivé à neuf heures et quart.

19·VIRUS-PREUVE!

(Paris. The next morning — Sunday. Dacier has just returned from Geneva and has rung up Catherine. He is waiting for her in the Café Ségur, watching the café terrace and pretending to read a book. He is careful not to be seen from outside. Catherine comes into the café. He puts his finger to his lips and beckons to her)

Dacier *(in a low voice)* Catherine. Merci d'être venue.

Catherine Oh, je suis si contente de vous revoir. Mais pourquoi ce café? *(suddenly she puts her hand to her head and frowns)*

Dacier *(concerned)* Qu'est-ce que vous avez?

Catherine J'ai mal à la tête. Ce n'est rien. *(returning to the subject)* Pourquoi ce café?

Dacier *(referring to the instructions Lemaître gave him)* Comment? Vous ne vous souvenez pas? Lemaître m'a donné rendez-vous ici ou plutôt à la terrasse. Il m'a bien dit: si vous ne pouvez pas revenir samedi soir, vous devez me retrouver le lendemain matin à la terrasse du Ségur.

Catherine Ah, bien sûr. C'est dimanche aujourd'hui: le bureau est fermé. *(she looks out on to the terrace)* Mais écoutez Jean, c'est dangereux. Lemaître va venir. Il va nous voir ensemble.

Dacier Je sais que c'est dangereux. Mais j'ai voulu vous voir tout de suite. J'ai rapporté quelque chose de Genève. Attendez. Je vais vous le montrer. . . . Chut! Il est là! *(before he can show her anything, he sees Lemaître arrive on the terrace)*

Catherine Lemaître?

Dacier Oui. Faites attention!

Catherine *(drawing back from the window)* Qu'est-ce qu'il fait?

Dacier *(watching Lemaître)* Il regarde partout. Il se promène le long des tables. Maintenant il s'arrête. Il a trouvé une table. Il s'assoit. Attention, il regarde par ici. *(he quickly edges back from the window)*

Catherine Jean, qu'est-ce qu'on doit faire?

Dacier Ne vous inquiétez pas, Catherine.

Catherine Qu'est-ce qu'il fait maintenant?

Dacier *(looking out again)* Il commande quelque chose. Maintenant il se lève, il regarde le long de la rue. Il revient. Il s'assoit de nouveau.

Catherine Il vous cherche.

Dacier *(looking up)* J'ai une idée. *(explaining himself)* Vous allez passer devant sa table. Vous vous arrêtez. Vous dites que vous êtes surprise de le voir. Vous vous asseyez à côté de lui. Vous parlez de moi. Et moi, je reste ici.

Catherine *(objecting)* Mais il va être furieux. Il vous attend. Vous allez être en retard.

Dacier Je sais qu'il va être furieux. Mais Catherine, écoutez! Vous savez qu'il me soupçonne!

Catherine *(worried)* Oui, je sais qu'il vous soupçonne un peu. Mais je l'ai déjà rassuré.

Dacier *(explaining the point of his plan)* Oui, mais alors, écoutez. Il va sûrement vous parler de moi; s'il me soupçonne vraiment, si c'est sérieux, il va vous le dire.

Catherine D'accord. *(she gets up to go)*

Dacier Et, Catherine, soyez prudente. . . .

(Catherine nods her head, slips out of the café, then doubles back, walking up to Lemaître on the terrace, as if she had just arrived from the street)

Catherine Bonjour, Monsieur Lemaître.

Lemaître *(surprised)* Catherine. Bonjour!

Catherine Quelle surprise de vous voir!

Lemaître Qu'est-ce que vous faites là?

Catherine Je me promène. Vous vous reposez au soleil?

Lemaître Mais non, ma belle. J'attends votre ami . . . l'acteur . . . Dacier.

Catherine *(sitting down and pretending to be surprised)* Il n'est pas encore rentré de Genève?

Lemaître Non! Mais je lui ai dit de me rencontrer ici ce matin. Seulement, il est déjà en retard.

Catherine *(as if she were not interested)* Ah bon!

(A waiter comes up to take her order)

Lemaître *(to Catherine)* Qu'est-ce que vous prenez?

Catherine Un express, s'il vous plaît.

Lemaître *(to the waiter)* Un express et un autre café crème. *(he looks at Catherine's arm)* Vous avez toujours mal au bras?

Catherine J'ai toujours un peu mal, mais ça va mieux merci.

Lemaître *(suddenly sharp)* Dites-moi Catherine. Ce Dacier, il est sérieux?

Catherine Mais bien sûr, il est sérieux.

Lemaître *(impatiently)* Mais alors, qu'est-ce qu'il fait? Il se promène à Genève? Il se croit en vacances? ·

Catherine Mais je sais qu'il est sérieux!

Lemaître Oui, et moi, je sais que le paquet n'est pas encore là, et que lui, il est très en retard. *(the waiter brings the coffees. Lemaître looks hard at Catherine)* Je commence à le soupçonner, ce fameux petit acteur. . . .

(At that moment, Dacier comes up to them from behind, carrying his book. He pretends he has just arrived)

Dacier Bonjour Monsieur. Tiens, bonjour Catherine.

Catherine Bonjour.

Lemaître *(to Dacier)* Ah, vous voilà enfin. *(sarcastically)* Alors, vous avez pris des vacances sur le lac Léman?

Dacier L'avion a eu du retard.

Lemaître *(in a business-like manner)* Et le paquet?

Dacier Elle me l'a donné ce matin.

Lemaître Où est-il?

Dacier Le voilà. *(he produces a packet of Dubellay cigarettes)*

Lemaître Alors, donnez-le-moi!

Dacier *(holding on to the packet)* Et mon argent. Ma commission, hein?

Lemaître *(ironically)* La confiance règne. Bon, je vais vous le donner, votre argent. *(he hands over the money he promised Dacier)*

Dacier *(giving Lemaître the packet and turning to leave)* Bon, je vous quitte. Vous venez, Catherine?

Lemaître *(holding him back)* Un instant, mon bel Hamlet. Asseyez-vous! *(Dacier sits down)* Je sais que vous êtes honnête. Du moins, Catherine me l'a dit. Mais je préfère vérifier le contenu. *(he opens the Dubellay packet and checks that the capsules are there)* C'est bien.

Dacier Est-ce que vous avez encore besoin de moi? Je veux dire . . . euh . . . pour une autre fois . . .

Lemaître Aha! Le premier voyage est à peine terminé et vous en demandez déjà un deuxième! Vous allez en exiger un troisième, un quatrième, un cinquième!

Dacier Non, mais . . .

Lemaître Est-ce que vous m'avez donné votre adresse?

Dacier Non.

Lemaître Eh bien, vous allez me la donner. Ainsi, je peux vous appeler directement.

Dacier *(hedging)* Eh bien, vous savez, pour l'instant, je suis sans travail. J'habite chez des copains. Un jour je suis ici, l'autre jour je suis là. *(pointing to*

Catherine) Mais Catherine est toujours au courant. Si vous avez besoin de mon adresse, vous pouvez la lui demander.

Lemaître Bon. *(he calls the waiter)* Garçon! Combien est-ce que je vous dois? *(he gets up)* Venez Catherine!

Catherine *(wanting to stay with Dacier)* Mais . . .

Lemaître Levez-vous ma belle! Vous allez venir avec moi. *(she gets up meekly)* Je ne vais pas vous la laisser, mon cher.

Dacier *(shrugging his shoulders)* Bon. Tant pis!

(The waiter comes to the table. Lemaître turns to him)

Lemaître Je vous dois combien? *(the waiter points to the check he left with the drinks)* Ah oui, je vois. *(looking at the check)* Service non compris. Voilà. *(pays and leaves extra for the tip)* Venez, Catherine . . .

(As Catherine follows Lemaître, Dacier thinks quickly of a way of making a rendez-vous with her. He casually opens his book at the flyleaf and points to the address on the bookseller's stamp)

Dacier *(whispering)* Cet après-midi. À deux heures.

(Catherine nods silently behind Lemaître's back. He turns impatiently and Dacier hastily covers up)

Dacier Au revoir, Catherine. Au revoir Monsieur et merci bien! *(brandishing the money Lemaître gave him)*

(That afternoon. The bookshop whose address was in the cover of Dacier's book. Dacier comes in and a woman assistant approaches him)

Libraire Vous désirez, Monsieur?

Dacier Euh . . . je ne sais pas . . . Je ne suis pas très sûr. *(he looks around to see if Catherine is there)*

Libraire C'est pour offrir?

Dacier *(distractedly)* Comment?

Libraire C'est pour un cadeau?

Dacier Non.

Libraire *(insistently)* Est-ce que vous aimez les romans policiers? *(she shows him a detective novel)* C'est une excellente aventure policière.

Dacier Non merci.

Libraire Vous cherchez peut-être un roman . . . plus classique?

Dacier *(impatiently)* Laissez-moi regarder, s'il vous plaît.

Libraire Mais oui, Monsieur. À votre aise, Monsieur. *(Dacier turns to the books, he stops by a shelf of scientific books. The assistant follows undeterred)* Ah, je vois Monsieur s'intéresse aux sciences.

Dacier *(abruptly)* Un petit peu. *(he takes down a book on bio-chemistry, looks through it and finds a chapter on viruses. He reads the chapter heading)* 'Les Virus, les Bacilles, et les Microbes.' *(deciding to buy the book, he turns to the assistant)* Est-ce que ce livre est un ouvrage sérieux?

Libraire Oh, oui, Monsieur, très; je sais que c'est très bien, très intéressant et très sérieux.

Dacier Bien, donnez-le-moi. *(he hands her a 50-franc note)*

Libraire Merci, Monsieur.

(The assistant takes the money and goes away to wrap up the book. At that moment, Catherine comes in)

Catherine Jean!

Dacier *(smiling)* Catherine! *(earnestly)* Pourquoi est-ce que Lemaître vous a gardé. Qu'est-ce qu'il vous a dit?

Catherine Rien d'important. Seulement un petit problème d'affaires. Il a voulu m'en parler.

Dacier Il me soupçonne, n'est-ce pas?

Catherine Oui, mais je l'ai rassuré.

Dacier Catherine.

Catherine Oui.

Dacier J'ai une nouvelle sensationnelle, une surprise formidable.

Catherine Quoi? Qu'est-ce que c'est?

Dacier Regardez. *(he produces the capsule)*

Catherine *(stupefied)* Mais c'est le virus! Le virus de Genève!

Dacier Oui, exactement. *(decisively)* Et maintenant nous allons voir ces messieurs de la police et nous allons le leur donner.

Catherine *(admiringly)* Vous êtes formidable!

(The shop assistant returns with the book and Dacier's change)

Libraire Voilà Monsieur. Et merci beaucoup.

Dacier *(taking Catherine's arm)* Tout est clair maintenant, et nous pouvons aller à la police. Nous allons leur donner le virus, nous allons leur dire où est le laboratoire, la Société Soleil, tout, quoi. *(looking into her eyes)* Mais avant de voir la police, c'est vous que je veux voir. *(he gives her arm a squeeze and kisses her)*

SOME EXPRESSIONS

merci d'être venue	*thank you for coming*
qu'est-ce que vous avez?	*what's wrong? what's the matter?*
à la terrasse	*on the terrace*
le lendemain matin	*the next morning*
passer devant	*(to) go past*
l'avion a eu du retard	*the aeroplane was late*
à peine	*hardly*
au courant	*up to date, in the picture*
tant pis!	*so much the worse!*
service non compris	*service not included*
c'est pour offrir?	*is it for a present?*
à votre aise	*just as you like*
je vois, Monsieur s'intéresse aux sciences	*I see you are interested in science, Sir*
un petit peu	*a little*
avant de voir	*before seeing*
c'est vous que je veux voir	*it's you I want to see*

HOW THE LANGUAGE WORKS
DEVOIR

je dois	vous devez	past participle: dû
il/elle doit	nous devons	(N.B. due in the feminine)
ils/elles doivent		

Devoir *can be used as a 'modal' verb (one that combines with the infinitive). Its meaning then is 'to have to' ('I must', 'I have to', etc.):*

vous devez me rencontrer	*you must meet me*
qu'est-ce qu'on doit faire?	*what must we do?*

But it can also simply mean 'to owe':

combien est-ce que je vous dois?	*how much is that please?*
je vous dois combien?	*how much do I owe you?*

This is one of the commonest ways of asking to pay in a cafe.

In a restaurant, after a meal, it is more usual to say 'l'addition, s'il vous plaît' *(lit.: the bill please).*

S'ASSEOIR *(to sit down)*

je m'assois	vous vous_asseyez	
il/elle s'assoit	nous nous_asseyons	past tense: il s'est assis *etc.*
ils/elles s'assoient		

Note how the present of reflexive verbs is formed and remember the use of se/s' *with il/elle/ils/elles and the infinitive:*

il se promène	*he is walking*
il s'arrête	*he is stopping*
il se lève	*he is getting up*

Note too:

il se croit en vacances?	*does he think he is on holiday?*
	(lit.: 'he thinks himself on holiday?')

TWO PRONOUNS . . . *with 'modal' verbs. Remember they go before the infinitive and follow the order shown for the present of the verb (see episode 15):*

je vais **vous le** montrer	*I will show it to you*
vous pouvez **la lui** demander	*you can ask her for it*
vous_allez **m'en**_exiger un troisième	*you will demand a third one (from me)*

SAVOIR QUE *'to know (that)* . . . :

je sais qu'il va être furieux	*I know (that) he'll be furious*
vous savez qu'il me soupçonne	*you know (that) he suspects me*

Note: que *('that') cannot be left out in French.*

SI *(if)* . . . :

s'il me soupçonne, si c'est sérieux	*if he suspects me, if it's serious*

AVOIR MAL (A . . .) *note this expression, and the use of* à . . . :

j'ai mal	*it hurts*

vous avez toujours mal au bras?	does your arm still hurt?
j'ai mal à la tête	I have a headache
...aux dents	I have a toothache
...au pied	I have a sore foot
...au coeur	I feel sick

CONTENT DE, SURPRIS DE . . . :

je suis si contente de vous revoir	I am so happy to see you again
vous êtes surprise de le voir	you're surprised to see him

ORDINAL NUMBERS . . . *are really adjectives, but only* premier(s)/première(s) *('first') changes in the feminine—c.f.* dernier(s)/dernière(s) *('last'). The others are made by pronouncing the last consonant of a number as when it is followed by a vowel and adding* ième, *e.g.:*

trois	'three'	pronounced	**troi**
troisième	'third'	pronounced	**troi-Z-ièm**
six	'six'	pronounced	**sis**
sixième	'sixth'	pronounced	**si-Z-ièm**

Note: neuvième *'ninth': the spelling reflects the change in pronunciation.*
If the original number ends in e, *this is lost in the spelling of the ordinal. This does not affect pronunciation:*

quatre *'four'* quatrième *'fourth'*
Note the addition of u *to:*
cinq *'five'* cinquième *'fifth'*
This does not affect pronunciation.

ADJECTIVES . . . *ending in* el *form their feminine as follows:*
sensationnel(s)/sensationnelle(s)

PUTTING IT TO USE

	Vous vous promenez?	Oui, je me promène.
	Vous vous reposez?	—, — — —.
Oui, je me repose	Vous vous souvenez?	—, — — —.
Oui, je me souviens.	Vous ne vous_arrêtez pas un_instant?	Si, je m'arrête un_instant.
	Vous ne vous_asseyez pas un moment?	—, — — — —.
Si, je m'assois un moment.	Vous ne vous reposez pas une minute?	—, — — — —.
Si, je me repose une minute.		

	À quelle heure est-ce qu'il se lève?	Il se lève à six_heures.
Il se couche à onze heures.	À quelle heure est-ce qu'il se couche?	— — — — 11 —.
Elle s'arrête de travailler à cinq_heures.	À quelle heure est-ce qu'elle s'arrête de travailler?	— — — — 5 —.
Elle se prépare à sortir à sept_heures.	À quelle heure est-ce qu'elle se prépare à sortir?	— — — 7 —.

	Montrez le dossier à Monsieur Lemaître!	Entendu, je vais le lui montrer.
Entendu, je vais le lui expliquer.	Expliquez le problème à notre cliente!	—, — — — —.
Entendu, je vais la leur envoyer.	Envoyez cette lettre à tous nos clients!	—, — — — —.
Entendu, je vais lui en donner.	Donnez des preuves au commissaire!	—, — — — —.

	Vous pouvez me donner ce renseignement?	Oui, je peux vous le donner tout de suite.
Oui, je peux vous les dire tout de suite.	Vous pouvez me dire les adresses?	—, — — — — — —.
Oui, je peux vous le montrer tout de suite.	Vous pouvez me montrer votre appartement.	— — — — — — .

À qui est-ce que je dois demander la permission?

Vous devez la demander au chef de service.

À qui est-ce que je dois donner mon nom?

À qui est-ce que nous devons parler de ce problème?

À qui est-ce qu'elles doivent montrer leur passeport?

— — — commissaire.

— — — directeur.

— — — douaniers.

Vous devez le donner au commissaire.

Vous devez en parler au directeur.

Elles doivent le montrer aux douaniers.

Vous avez déjà visité le Portugal?

Vous avez déjà fini votre travail?

Il est déjà allé aux États-Unis?

Non, je ne l'ai pas encore visité.

— ; — , — .

— ; — , — .

Non, je ne l'ai pas encore fini.

Non, il n'y est pas encore allé.

Lundi est le premier jour de la semaine.

Mardi est — .

Jeudi — .

Mai — mois — année.

Juin — — .

Mardi est le deuxième jour de la semaine.

Jeudi est le quatrième jour de la semaine.

Mai est le cinquième mois de l'année.

Juin est le sixième mois de l'année.

Où est-ce que Catherine a mal?

Qu'est-ce que Lemaître et Catherine ont pris au café?

Où est-ce que Dacier dit qu'il habite?

À qui est-ce que Lemaître peut toujours demander l'adresse de Dacier?

Elle — et — .

— .

— .

— .

Elle a mal à la tête et au bras.

Ils ont pris un express et deux cafés crème.

Il dit qu'il habite chez des copains.

Il peut toujours la demander à Catherine.

155

20 · L'INSPECTEUR N'EST PAS CONTENT

(That evening. The Quai des Orfèvres. Dacier and Catherine are waiting in an office. A detective sergeant comes in with an assistant. He searches for a letter on his desk. The assistant turns to go)

Inspecteur *(calling to the assistant)* Vous avez l'enveloppe? La voilà! *(he hands it to the assistant and turns to Dacier and Catherine)* Asseyez-vous, s'il vous plaît. *(they sit down, he goes to the door)* Je suis à vous dans une seconde. Excusez-moi.

Dacier Je vous en prie, Monsieur l'Inspecteur. *(they are left alone)*

Catherine *(excited)* Oh, Jean, c'est merveilleux! Nous allons tout expliquer à l'Inspecteur et après ça . . . eh bien, après ça nous sommes libres!

Dacier Une fois cette affaire terminée, nous prenons des vacances, d'accord?

Catherine *(smiling in agreement, then frowning slightly)* Je me demande ce que l'Inspecteur va penser de notre histoire . . .

(The detective sergeant returns)

Inspecteur Voilà, je suis à vous. *(he sits at his desk)* Je vous écoute.

Dacier Eh bien, Monsieur l'Inspecteur, je ne sais pas si vous allez croire cette histoire, mais . . .

Inspecteur Je l'espère.

Dacier C'est une histoire extraordinaire et . . . assez sinistre.

Inspecteur Dites toujours.

Dacier Mademoiselle travaille pour une certaine Société Soleil.

Catherine C'est une maison de fabrication d'huile de bronzage ici à Paris.

Inspecteur Qu'est-ce que vous faites dans cette société?

Catherine Je suis modèle. Je travaille dans les services de publicité. Je prends part à toutes les campagnes publicitaires et cetera . . .

Inspecteur Bien, et alors?

Catherine *(tentatively)* Je me demande si vous allez croire mon histoire, mais la voici. Les laboratoires Soleil fabriquent une huile de bronzage.

Dacier *(breaking in)* Et maintenant, nous savons qu'ils fabriquent aussi autre chose, une préparation très secrète. Et même, je crois que cette préparation est peut-être dangereuse.

Inspecteur *(sceptically)* Ah? Et qu'est-ce que c'est selon vous? Une bombe atomique?

Dacier *(annoyed at the joke)* Vous avez tort, Monsieur l'Inspecteur, nous sommes très sérieux. Je sais que les activités du laboratoire sont illégales. Ca c'est sûr.

Inspecteur *(sharply)* Et pourquoi, s'il vous plaît?

Dacier Parce que c'est évident! Écoutez, chaque semaine, Monsieur Lemaître . . .

Catherine *(interrupting)* Oui, Henri Lemaître! C'est mon patron, le directeur-général de la Société.

Dacier Eh bien, chaque semaine, plusieurs fois par semaine, il commande de mystérieux paquets en Suisse, à Genève, exactement. Ces paquets passent la frontière illégalement; ils arrivent à Paris; ils vont immédiatement au laboratoire; là ils subissent euh . . . une préparation et puis, une fois la préparation terminée, Lemaître vend ce produit à . . . à . . .

Inspecteur À qui?

Dacier Ah ça, je ne peux pas vous le dire exactement. À des agents secrets, à des agents étrangers. *(the detective sergeant looks sceptical again)*

Catherine Cinquante mille francs!

Dacier Cinquante mille francs pour une petite capsule comme ça. *(he carefully removes the capsule from his pocket and puts it down in front of the sergeant. The latter looks at it without much interest)*

Inspecteur Et qu'est-ce qu'il y a là dedans? De l'opium? De la cocaïne?

Dacier Non, c'est un virus.

Inspecteur *(nonplussed)* Un virus? Cinquante mille francs! Monsieur je ne comprends rien à votre histoire.

Catherine Ce virus vient d'un hôpital suisse.

Inspecteur Et vous savez où il est, cet hôpital?˙

Dacier Oui, j'y suis allé moi-même! Il est à Genève!

Catherine *(proudly)* Et maintenant nous connaissons non seulement l'hôpital, mais toute l'organisation

Dacier Nous les connaissons tous et nous savons où ils habitent. Il y a le docteur Genin, et puis il y a la fameuse baronne . . .

Inspecteur La baronne?

Dacier Elle s'appelle Fernande. Nous ne connaissons pas son nom de famille. Elle a un complice, Toni.

(The detective sergeant is looking more and more incredulous)

(Geneva. The Résidence Léman, Madame de Bisson is on the phone. Toni stands by her side; next to him, lying on the floor, the prostrate body of Dr Genin. She is very agitated)

Mme de B. Allô, allô, allô, c'est vous, Henri? *(Lemaître answers)* Fernande à l'appareil. Écoutez-moi bien Henri! Je vous parle très sérieusement. La Piste Huit est finie. Tout est fini! . . . Oui, fini! Je me demande ce que vous faites, Henri. Vous êtes fou, non? Pourquoi est-ce que vous m'avez envoyé ce type, ce Dacier? C'est un espion . . . Oui, un espion. Est-ce que vous savez où il est en ce moment? . . . Vous ne savez pas où il habite? . . . Pourtant il faut l'arrêter, il faut faire quelque chose! . . . Mais oui, j'en suis sûre. Le docteur est avec nous. Il nous a tout raconté . . . comment? *(as Lemaître asks what happened)* Ah ça, je ne peux pas vous le dire au téléphone. Écoutez Henri, je vous en prie, soyez prudent. Je ne sais pas quand vous allez recevoir la visite de la police, mais vous allez la recevoir, c'est certain . . . Oui, je comprends. Alors, vous me rappelez tout à l'heure? Vous ne voulez pas me le dire maintenant . . . Non, non vous avez raison . . . Oui, j'attends votre appel ici. Au revoir. Bonne chance. *(she rings off, lights a cigarette nervously and walks about the room)* Toni! Préparez les bagages.

(Toni goes off to obey. Madame de Bisson takes some papers out of a drawer and makes sure her revolver is loaded. She gives the body on the floor a prod with her toe)

Mme de B. Allez, vous, debout! *(Genin tries to get up)*

(The office in the Quai des Orfèvres. Dacier and Catherine have been telling the detective sergeant their theory that Lemaître murdered the scar-faced man in the hotel)

Inspecteur Et vous croyez que ce . . . ce Lemaître est l'assassin de l'Hôtel des Boulevards? . . .

Catherine Oui.

Inspecteur *(incredulously)* Mais voyons! Il n'y a pas de preuve! Il n'y a rien!

Dacier Voulez-vous d'autres détails, Monsieur l'Inspecteur? Nous pouvons vous les donner.

Inspecteur *(suddenly business-like)* Vous savez où sont les laboratoires Soleil à Paris?

Dacier Oui. L'entrée est dans une petite rue, derrière les bureaux de la Société.

Inspecteur Qui est-ce qui travaille dans ce labo?

Dacier Deux préparateurs.

Inspecteur Quand est-ce qu'ils finissent leur travail?

Catherine Je ne sais pas quand ils finissent. Je crois qu'ils s'en vont généralement vers sept heures du soir. Mais je sais que Lemaître se couche très tard et qu'il travaille parfois la nuit.

Inspecteur Il s'en vont à sept heures, vous dites?

Catherine Oui, je crois que oui.

Inspecteur En tout cas, c'est dimanche aujourd'hui. Je suppose qu'ils ne sont pas là. *(he presses a bell on his desk. The assistant comes in, and he hands him* *the capsule)* Larguier, prenez cette capsule, portez-la à nos laboratoires et demandez une analyse. C'est tout pour le moment. *(calling after him as he leaves the room)* Je m'en vais. Dites-le au patron! *(the assistant nods and leaves. The sergeant looks at his watch)* Bon, il est huit heures. Je suppose qu'il n'y a personne en ce moment aux laboratoires de la Société Soleil. Vous allez m'y accompagner. *(he takes his coat and conducts Dacier and Catherine to the door)*

(The street outside the Soleil laboratory. The detective-sergeant, Dacier and Catherine have just arrived in a police car. Dacier points to the building)
Dacier Voilà, c'est ici. *(the detective-sergeant looks around and finds a door. He tries it. It is unlocked. He and Dacier go in)*
Catherine *(calling after them)* Il y a quelqu'un?
(After a few moments, Dacier comes out. He is puzzled and dejected)
Dacier Il n'y a personne. Il n'y a rien. Le laboratoire est vide.
(The detective-sergeant comes out again. He is annoyed and irritated that he paid attention to their story)
Inspecteur Je me demande pourquoi je vous ai cru!
Dacier *(insisting)* Mais . . . mais c'est ici, je vous dis!
Inspecteur *(shrugging his shoulders)* Moi, Monsieur, je ne vois rien!
Catherine Mais enfin, Monsieur l'Inspecteur, notre histoire est vraie!
Dacier Je vous dis que c'est ici, je le sais. Je suis venu un soir. Je suis entré par la fenêtre. J'ai même brisé la vitre pour y entrer. Regardez!
(Dacier points to the window, but it shows no sign of having been broken)
Catherine *(in despair)* Jean!
Dacier *(doggedly)* Ils sont partis, voilà tout. C'est la preuve que nous avons raison.
(There is a buzz from the police car radio. The driver leans in and listens on the receiver)
Inspecteur *(stepping forward)* C'est pour moi? Passez-le-moi. *(he takes the receiver from the driver)* Allô, l'Inspecteur Gaillard . . . oui. *(he gives an ironical laugh and turns to Catherine and Dacier)* C'est le laboratoire. Vous savez ce qu'il y a dans votre capsule? *(they shake their heads apprehensively)* Il n'y a rien! C'est de la glycérine! Tout simplement de la glycérine! *(he turns his back on them, gets into the car and calls to the driver)* Chauffeur! À la Préfecture!
(The car drives off leaving Catherine and Dacier standing dejectedly on the pavement)

SOME EXPRESSIONS

je suis à vous dans une seconde	*I'll be with you in a second*
une fois cette affaire terminée	*once this business is over*
je suis à vous	*I'm all yours*
je l'espère	*I hope so*
dites toujours	*go ahead, carry on*
je prends part à	*I take part in*
autre chose	*something else*
chaque semaine	*every week*
plusieurs fois par semaine	*several times a week*
là-dedans	*in it*
je ne comprends rien à votre histoire	*I don't understand your story at all*
j'en suis sûre	*I'm sure of it*
bonne chance	*good luck*

HOW THE LANGUAGE WORKS

SUBIR *(to undergo)* . . . *behaves like* réfléchir, finir, *etc. (see episode 15).*

CROIRE *(to believe)*

je crois	vous croyez
il/elle croit	nous croyons
ils/elles croient	

past participle: cru

S'EN ALLER *(to go away)*

je m'en vais	vous vous en allez
il/elle s'en va	nous nous en allons
	ils/elles s'en vont

past tense: je m'en suis allé *etc.*
imperative: allez-vous-en!

SE DEMANDER *(to wonder)*

je me demande	vous vous demandez
il/elle se demande	nous nous demandons
ils/elles se demandent	

past tense:
je me suis demandé *etc.*

MODAL VERBS IN THE NEGATIVE . . . *with two pronouns. Remember the order for the pronouns, their position and that of* ne . . . pas*:*

je **ne** peux **pas vous le** dire maintenant	*I can't tell (it) you now*
vous **ne** voulez **pas me le** dire au téléphone	*you don't want to tell (it) me on the telephone*

160

LINKING WORDS . . . quand *('when'),* si *('if'),* ce que *('what'),* pourquoi *('why'),* où *('where')* and que *('that'—see episode 19):*

je crois **que** cette préparation est peut-être dangereuse	*I believe (that) this preparation is perhaps dangerous*
je suppose **qu'**il n'y a personne	*I suppose (that) there is no-one there*
je vous dis **que** c'est ici!	*I tell you, it's here!*

(Remember que *cannot be left out.)*

je me demande **ce que** l'Inspecteur va penser de notre histoire	*I wonder what the sergeant will think of our story*
je me demande **si** vous allez croire mon histoire	*I wonder if you will believe my story*
je me demande **pourquoi** je vous ai cru	*I wonder why I believed you*
je ne sais pas **quand** ils finissent	*I don't know when they finish*
vous savez **où** il est?	*do you know where it is?*
but note:	
vous savez **où** sont les laboratoires?	*do you know where the laboratories are?*

After où *when the verb used is* être, *the normal order (subject . . . verb) is reversed if the subject is a noun.*

NE . . . PERSONNE *('nobody') . . . behaves like* ne . . . pas *and* ne . . . rien:

il n'y a personne aux laboratoires   *There is no-one in the laboratories*

Note the different word order with ne . . . pas, ne . . . rien, *and* ne . . . personne *in the past:*

je **ne** l'ai **pas** vu	*I didn't see him*
je **n'**ai **rien** vu	*I saw nothing*
but je **n'**ai vu **personne**	*I saw no-one*

PENSER DE . . . *('to think of' i.e. 'have an opinion of'). Compare with* penser à *(episode 15):*

je me demande ce que l'inspecteur va penser de notre histoire	*I wonder what the sergeant will think of our story*

Note again: different pronouns for people and things:

qu'est-ce que vous pensez **de lui/ d'elle?**	*what do you think of him/ of her?*
qu'est-ce que vous **en** pensez?	*what do you think of it?*

TOUT *(everything) . . note the position:*

il nous a tout raconté   *he told us everything*

QUI EST-CE QUI? . . . *is an alternative to* qui?:

qui est-ce qui⎫ travaille dans ce labo? *who works in this lab.?*
       qui ⎭

PUTTING IT TO USE

Je me lève à six_heures.

Nous nous arrêtons de travailler à cinq_heures.

Nous nous réveillons à sept_heures.

Ils se lèvent à sept_heures.

Quand_est-ce que vous vous couchez?	Je me couche à onze heures.
Quand_est-ce que vous vous levez?	— — 6 — .
Quand_est-ce que vous vous_arrêtez de travailler?	Nous — — — — 5 — .
Quand_est-ce que vous vous réveillez?	Nous — — — 7 — .
Quand_est-ce que les_enfants se lèvent?	— — — — 7 — .

Il s'en va chez lui.

Elle s'en va chez_elle.

Nous nous_en_allons chez nous

Je m'en vais chez moi.

Qu'est-ce que vous faites quand vous_avez fini votre travail?	Je m'en vais chez moi.
Qu'est-ce qu'il fait quand_il a fini son travail?	— — — — lui.
Qu'est-ce qu'elle fait quand_elle a fini son travail?	— — — — .
Qu'est-ce que nous faisons quand nous_avons fini notre travail?	Nous — — — — .
Qu'est-ce que vous faites quand vous_avez terminé votre exercice.	— — — — .

Je ne sais pas où ils sont.

Je ne sais pas quand il y est allé.

Je ne sais pas ce qu'on y fabrique

Je ne sais pas pourquoi elle lui a téléphoné.

Où est-ce que Lemaître commande ses paquets?	Je ne sais pas où il les commande.
Où sont les laboratoires de Lemaître?	— — — — .
Quand_est-ce que Jean est_allé en Suisse?	— — — — .
Qu'est-ce qu'on fabrique dans ce laboratoire?	— — — — .
Pourquoi est-ce que la baronne a téléphoné à Lemaître?	— — — — .
Comment est-ce que les capsules passent la frontière?	— — — — .

Corrigé

Vous pouvez me donner la réponse? — Non, je regrette, je ne peux pas vous la donner.

Vous pouvez me dire l'heure? — Non, je regrette, je ne peux pas vous la dire.

Est-ce que je peux mettre mon auto dans la cour? — Non, je regrette, vous ne pouvez pas l'y mettre.

Est-ce que je peux parler de cette affaire à mes_amis? — Non, je regrette, vous ne pouvez pas leur en parler.

Est-ce qu'ils peuvent me prêter de l'argent? — Non, je regrette, ils ne peuvent pas vous en prêter.

Est-ce que je peux vous_emprunter votre voiture? — Non, je regrette, vous ne pouvez pas me l'emprunter.

— ; — ; — .
— ; — ; — .
— ; — ; — .
— ; — ; — .
— ; — ; — .

Qu'est-ce que Dacier et Catherine vont faire une fois l'affaire terminée? — Ils vont prendre des vacances.

D'où est-ce qu'ils viennent, ces mystérieux paquets? — Ils viennent de Suisse/Genève.

A quelle heure est-ce que les préparateurs quittent le laboratoire? — Ils le quittent à sept_heures.

Pourquoi est-ce qu'il n'y a probablement personne au laboratoire aujourd'hui? — Il n'y a probablement personne parce que c'est dimanche.

Est-ce que l'inspecteur voit quelque chose au laboratoire? — Non, il ne (n'y) voit rien.

21 · NATIONALE SIX

(The next morning. Dacier's flat. Catherine arrives looking anxious and tired)

Dacier *(leading her into the room)* Qu'est-ce qu'il y a, Catherine? Vous avez l'air fatigué.

Catherine Oui, je me suis couchée tard hier soir et je me suis levée de bonne heure ce matin. Et puis, j'ai très mal dormi. Je suis inquiète, Jean!

Dacier Qu'est-ce qu'il y a?

Catherine Je me demande pourquoi Lemaître est parti, pourquoi le laboratoire est vide.

Dacier C'est évident. Le docteur Genin a parlé et Fernande l'a averti. *(he plugs in his electric razor and starts to shave)* Vous permettez, Catherine. Je ne me suis pas encore rasé. *(furious with himself)* Ce que j'ai été bête, bête!

Catherine Vous voulez parler de la capsule?

Dacier Oui, la capsule. J'ai pensé: Bon, ça y est. Maintenant, j'ai le virus. *(disgusted)* De la glycérine! *(with a determined air)* Catherine, maintenant c'est à nous de chercher Lemaître, il nous faut le retrouver nous-mêmes. Quant à la police . . .

Catherine Oui, l'Inspecteur ne nous a pas crus, il ne va rien faire!

Dacier *(once more disgusted)* De la glycérine!

(The Quai des Orfèvres. Inspector Gaillard's office. He is clearing his desk of papers. He picks up the paper on which he noted Dacier and Catherine's story. He snorts)

Inspecteur Hmm! de la glycérine *(the phone rings. He answers it)* Gaillard à l'appareil . . . Ah, bonjour, Monsieur le Commissaire. Oui, Monsieur le Commissaire. Comment? Un rapport d'Interpol. Ah non, je ne l'ai pas vu . . . Oui, Monsieur le Commaissaire, je le cherche . . . *(he looks for the report and finds it)* Voilà, je l'ai trouvé. Mais il est en anglais. On m'a envoyé une version anglaise . . . oui, euh . . . bien sûr je lis l'anglais . . . du moins . . . bien sûr, Monsieur le Commissaire . . . oui, je vais le lire tout de suite . . . avant ce soir? . . . avant de venir vous voir. Bien, Monsieur le Commissaire. Au revoir, Monsieur le Commissaire *(he puts down the phone; his temper is worse)* Bah, celui-là! Et puis, ces imbéciles m'envoient une version anglaise. Voyons . . . *(he takes the report and starts to translate it)* Hmm! Oui . . . oui. 'Switzerland', oui, ça veut dire la Suisse. 'Geneva' . . . Genève. 'A series of thefts'. Qu'est-ce que ça veut dire en français? *(he presses the key of the intercom and speaks to his assistant)* Larguier! Oui, c'est moi, espèce d'idiot! Dites-moi, qu'est-ce que ça veut dire en français 'there has been a series of thefts' *(sharply)* Mais non, idiot, je ne lis pas un roman anglais, je lis un rapport. Comment? 'Il y a eu une série de vols' Oui, ça va. Merci *(he returns to the report, suddenly he sits up)* Qu'est-ce que c'est que ça, 'virus', un dangereux virus? Genève! un dangereux virus! Merde! *(he searches feverishly for the notes on his conversation with Dacier)*

(Dacier's flat)

Dacier Non, la police ne va rien faire. Il nous faut retrouver Lemaître nous-mêmes. Est-ce qu'il va souvent en Suisse?

Catherine Il y va une fois, deux fois par an, je crois.

Dacier Il est en rapport étroit avec Fernande?

Catherine Je crois que oui. *(trying to remember)* Oui, je crois qu'il lui téléphone plusieurs fois par semaine.

Dacier Bon. Autrement dit, ils sont amis. Et ils sont probablement ensemble en ce moment!

Catherine *(doubtfully)* Jean, nous ne pouvons pas les retrouver. Lemaître est plus fort que nous.

Dacier D'accord, il est intelligent et elle, la belle Fernande, elle est aussi rusée que lui. *(decisively)* Mais il nous faut les retrouver.

Catherine Mais où sont-ils?

Dacier *(switching off his razor and feeling his chin)* Il faut vraiment inventer un système meilleur que ça! *(he looks up at her)* Comment?

Catherine Où sont-ils?

Dacier Sûrement pas à Genève. Pour y aller il faut passer la frontière. Lemaître n'est pas si bête que ça. Donc, il est probablement en France, quelque part en France . . .

Catherine *(reflectively)* Je me demande si peut-être . . . il est descendu sur la Côte d'Azur.

Dacier Ah bon, pourquoi?

Catherine Eh bien, vous savez que nous faisons des films publicitaires pour l'Huile Soleil.

Dacier Oui.

Catherine L'année dernière nous sommes allés tourner dans le Midi, sur la Côte d'Azur. Nous avons filmé dans une très belle maison avec jardin, piscine, plage privée, enfin tout, quoi! Je ne sais pas à qui est cette maison, mais je sais que Lemaître y est comme chez lui!

Dacier Alors, il s'y est peut-être installé avec Fernande. Où est-elle, cette maison?

Catherine Je crois qu'elle est à Saint Jean Cap Ferrat.

Dacier Vous n'êtes pas sûre? Combien de fois est-ce que vous y êtes allée?

Catherine Une fois seulement, pour ce film.

Dacier *(going to cupboard and fetching a pile of maps)* J'ai toutes les cartes de France ici. Venez vous asseoir là. *(she sits beside him)* Bien . . . *(he selects maps, opens one, then rejects it)* Non, ce n'est pas cette carte-ci, c'est l'autre *(pointing to the other map)* Voilà St. Jean. La maison est à St. Jean même?

Catherine Non, je ne crois pas. C'est à un ou deux kilomètres de la ville. Nous avons pris une petite route.

Dacier *(indicating a road)* Celle-ci, de ce côté de St Jean.

Catherine Non, une autre de l'autre côté, vers le cap *(points to the map)* Celle-là, je crois.

Dacier Bon. *(he folds up the map as if his mind was made up)* Nous allons descendre sur la Côte, et nous allons essayer de trouver cette maison. Ça vous plaît?

Catherine Enormément.

Dacier Bon, c'est décidé! *(he gets up and opens a cupboard)* Mais avant de partir, il me faut préparer ma valise.

Catherine Quoi, on part tout de suite?

Dacier Pourquoi pas?

Catherine Je vais avoir besoin de mes affaires aussi. Venez avec moi les chercher à la maison.

Dacier *(teasing her)* Ah ça, c'est autre chose! Les femmes et leurs préparatifs avant de partir en voyage. *(they both laugh)*

Catherine *(dreamy eyed)* Hmm! La Côte d'Azur. On prend le train?

Dacier Non, la voiture! C'est plus amusant.

(The detective-sergeant's office. He is checking over the Interpol report with the information he got from Dacier)

Inspecteur Un dangereux virus volé dans un hôpital de Genève . . . l'hôpital s'appelle l'hôpital St Jean . . . Possibilité de trafic illégal. *(furious with himself)* Merde! C'est bien ma chance. Il me faut retrouver ces deux jeunes gens et vite! *(he looks at his notes)* Dacier . . . numéro de téléphone, BABylone onze quatorze *(he lifts up the phone and speaks to the switchboard)* Mademoiselle, passez-moi une ligne extérieure, s'il vous plaît. *(she does so and he dials; there is no reply from Dacier's flat)*

Gaillard Ça ne répond pas. *(even more furious)* Merde, merde, merde! Comment? *(as the telephonist interrupts)* Non, je n'ai pas eu ma communication! *(he slams down the phone)* Où est-il, ce Dacier?

(A filling station on the Route Nationale 6, the road running south, just outside Paris. Dacier and Catherine, on their way to the Riviera, arrive in his car. Dacier gets out and speaks to the woman attendant)

Dacier De l'huile, s'il vous plaît.

Pompiste D'accord, Monsieur. Combien en voulez-vous?

Dacier Un demi-litre . . . de la multigrade. Et puis donnez-moi de l'essence. Vingt litres. *(changing his mind)* Non, faites le plein.

Pompiste De l'ordinaire?

Dacier Non, je préfère l'autre, la super.

Pompiste Bien, Monsieur. *(looking at the car tyres)* Et la pression des pneus, ça va? Ils en ont besoin, je crois.

Dacier Ah oui. *(giving the tyre pressures)* C'est un kilo trois devant, un kilo huit derrière.

Pompiste *(starting to do the various jobs)* Vous allez loin?

Dacier Nous descendons sur la Côte.

Pompiste Ah, vous avez de la chance! *(gloomily)* Nous ici, nous ne pouvons pas souvent prendre des vacances. *(explaining)* Vous voyez, il y a seulement mon mari et moi. Il y a un mécanicien qui vient de temps en temps. Mais c'est tout. Alors pas de vacances. *(gloomily)* Quel métier!

Catherine Ce n'est pas drôle, Madame.

Pompiste *(resigned)* Ah non, mais qu'est-ce que vous voulez, il faut gagner sa vie . . . *(she suddenly stares at Catherine)* Je ne vous ai pas déjà vue quelque part, Mademoiselle?

Catherine Non, je ne crois pas.

Pompiste Mais si, je connais votre visage. Ah oui, c'est ça, je me souviens. Tenez. *(she pulls out a leaflet from her overalls)* Regardez, ce n'est pas vous?

(Catherine takes the leaflet. She sees her own photograph. It is a brochure for 'Soleil' sun tan oil)

Catherine Si, en effet, c'est moi, je suis le modèle.

Pompiste Vous voyez bien!

Dacier *(suddenly interested)* Qui est-ce qui vous a donné cette brochure?

Pompiste Un monsieur qui est passé hier soir. Enfin . . . il ne me l'a pas donnée, il l'a oubliée.

Dacier Un monsieur comment?

Pompiste Mais . . . un monsieur de quarante à quarante-cinq ans . . . assez bien, élégant . . .

Dacier *(urgently)* Son nom? Vous ne connaissez pas son nom?

Pompiste Non . . . si, attendez. Il a téléphoné d'ici, du bureau; il a dit son nom au téléphone. Dubellay, je pense. Oui, c'est ça: Dubellay.

Dacier *(to Catherine)* Lemaître!

Catherine *(with a gasp)* Jean!

Pompiste *(finishing the work)* Voilà, Monsieur. Ça fait trente-deux francs en tout! *(he hands her money)* Merci bien.

Dacier *(returning to the subject of Lemaître)* Et ce monsieur? Où est-ce qu'il est allé? Qu'est-ce qui s'est passé, Madame?

Pompiste *(with a wry laugh)* Ah celui-là, il a eu de la chance. Il est tombé en panne à deux cents mètres d'ici. Plus de freins! Alors le mécanicien vient, il commence à réparer la voiture et puis voilà qu'il trouve un pneu crevé. Quelle histoire! On a travaillé toute la soirée. *(annoyed)* Quant à ce monsieur, quel drôle de type, pas un mot de remerciement. Tout ce qu'il a dit toute la soirée, c'est 'dépêchez-vous, dépêchez-vous, je suis pressé.'

Catherine Et il est parti?

Dacier Où est-ce qu'il est allé?

Pompiste *(shrugging her shoulders)* Je ne sais pas au juste, mais il est parti par la Nationale Six. Il est probablement descendu sur la Côte comme vous, Monsieur.

Dacier *(to Catherine, excitedly)* Catherine, nous sommes sur le bon chemin. *(he swiftly gets in the car)* En route. Suivons la piste!

Pompiste Au revoir, Monsieur-dame, merci bien et bonne route.

(They drive off, heading for the South)

SOME EXPRESSIONS

vous avez l'air fatigué	*you look tired*
de bonne heure	*early*
ce que j'ai été bête, bête	*oh, I've been stupid, stupid*
vous voulez parler de la capsule?	*you mean the capsule?*
c'est à nous de chercher Lemaître	*it's up to us to look for Lemaître*
quant à la police	*as for the police*
qu'est-ce que ça veut dire?	*what does that mean?*
en rapport étroit avec	*in close contact with*
autrement dit	*in other words*
Lemaître y est comme chez lui	*Lemaître's quite at home there*
de ce côté de	*on this side of*
ça c'est autre chose	*that's different*
une ligne extérieure	*an outside line*
ça ne répond pas	*no answer*
je n'ai pas eu ma communication	*I didn't get through*
faites le plein	*fill it up*
gagner sa vie	*(to) earn one's living*
. . . francs en tout	*. . . francs altogether*
il est tombé en panne	*he had a breakdown*
à deux cent mètres d'ici	*two hundred metres from here*
plus de freins!	*no brakes any more!*
et puis voilà qu'il trouve	*and then he finds*
un pneu crevé	*a flat tyre*
quel drôle de type	*what a queer fish (an odd fellow)*
tout ce qu'il a dit	*all he said*
je ne sais pas au juste	*I don't know exactly*
sur le bon chemin	*on the right road*
suivons	*let's follow*
bonne route	*good driving/a good journey*

HOW THE LANGUAGE WORKS

LIRE *(to read)*

je lis	vous lisez
il/elle lit	nous lisons
	ils/elles lisent

past participle: **lu**

REFLEXIVE VERBS ... *in the past tense take* être *followed by the past participle:*

il s'est couché   *he went to bed*

As in the case of verbs with avoir *(episode 14) the past participle agrees with the object pronoun preceding the verb—as long as this is a* **direct** *object. Look at the following examples:*

elle a couché sa fille	*she put her daughter to bed*
elle l'a couchée	*she put her to bed*
elle s'est couchée	*she went to bed*

Dacier (to Catherine):	Vous **vous** êtes couchée tôt?	*you went to bed early?*
Catherine:	Je **me** suis couchée	*I went to bed*
	à dix heures	*at 10 o'clock*
Anne et Jeanne:	Nous **nous** sommes couchées ...	*we went to bed...*
Jules et Pierre:	Nous **nous** sommes couchés ...	*we went to bed...*
Jacques et sa femme:	Nous **nous** sommes couchés ...	*we went to bed...*

Remember that agreement fortunately does not usually affect the pronunciation of the spoken language.

However, the preceding pronoun of a reflexive verb is often an **indirect** *object, and in this case the past participle does not agree: there is no change, e.g.*

se demander *'to wonder' (literally 'to ask* **to** *oneself')*

j'ai demandé à Catherine si elle vient ce soir	*I have asked Catherine if she's coming this evening*
je lui ai demandé si elle vient ce soir	*I have asked her if she's coming this evening*
elle s'est demandé ...	*she wondered ...*
ils se sont demandé ...	*they wondered ...*

IL FAUT ... *can be used with a preceding indirect object pronoun (e.g.* **me, lui, nous, vous, leur***) either with a noun or an infinitive following:*

il me faut de la super	*I need super (grade petrol)*
il lui faut préparer sa valise	*he must pack*

VENIR ... *can function as a 'modal' verb (a verb used with an infinitive):*

venez les chercher à la maison	*come and fetch them at my place*
venez vous asseoir ici	*come and sit down*

AVANT *(before)* ... *is used with a noun or time expression:*

avant ce soir   *before this evening*

AVANT DE *(before) . . . is used with the infinitive of a verb:*

avant de partir	*before leaving*
avant de venir vous voir	*before coming to see you*

FOIS . . .

combien de fois est-ce que vous y êtes allée?	*how many times did you go there?*
il y va une fois, deux fois par an	*he goes there once, twice a year*
il lui téléphone plusieurs fois par semaine	*he telephones her several times a week*

COMPARISON OF ADJECTIVES . . . *note how the comparative forms are made:*

Lemaître est **plus** fort **que** nous	*Lemaître is stronger than us*
elle est **aussi** rusée **que** lui	*she is as cunning as him*
Lemaître n'est pas **si** bête **que** ça	*Lemaître is not so stupid as that*

but note: bon *'good'*, meilleur *'better':*

un système **meilleur** que ça	*a better system than that*

WITH THE PAST AND FUTURE OF THE VERB . . . bien, déjà, encore, mal, probablement, peut-être, rien, souvent, tout, vraiment *normally precede the past participle or infinitive (see episodes 15 and 20):*

je ne me suis pas encore rasé	*I haven't shaved yet*
j'ai très mal dormi	*I slept very badly*
il faut vraiment inventer . . .	*they must really invent . . .*
il s'y est peut-être installé	*perhaps he's moved in there*
nous ne pouvons pas souvent prendre des vacances	*we can't often take a holiday*

IL Y A EU . . . *remember the past participle form of* avoir – eu:

il y a eu une série de vols	*there was a series of thefts*

PUTTING IT TO USE

Quand_est-ce que vous vous êtes couché(e) hier soir?	Je me suis couché(e) de bonne heure.
Quand_est-ce que vous vous êtes levé(e) ce matin?	— — — très tard.
Où est-ce que vous vous êtes promené(e)s?	— — — sur la terrasse.
Où est-ce que vous vous êtes assis(es)?	— — — à la terrasse d'un café.
Comment est-ce qu'il s'est rasé?	— — avec un rasoir électrique.
Comment est-ce qu'elles se sont_habillées?	— — en robe de soirée.

Je me suis levé(e) très tard.

Nous nous sommes promené(e)s sur la terrasse.

Nous nous sommes assis(es) à la terrasse d'un café.

Il s'est rasé avec un rasoir électrique.

Elles se sont_habillées en robe de soirée.

Est-ce que vous téléphonez souvent à votre mère?	Oui, je lui téléphone une fois par jour.
Est-ce que vous prenez souvent le train?	Oui, — — — deux — — jour.
Est-ce que vous allez souvent à Londres?	Oui, —, — — — trois — — semaine.
Est-ce que vous mangez souvent du poisson?	—, nous_— — plusieurs — — mois.

Oui, je le prends deux fois par jour.

Oui, j'y vais trois fois par semaine.

Oui, nous_en mangeons plusieurs fois par mois.

Quand_est-ce que vous venez nous voir?	Nous venons vous voir dimanche prochain.
Quand_est-ce que vous venez prendre l'apéritif?	— — — ce soir.
Quand_est-ce qu'ils viennent visiter la maison?	— — — demain.

Nous venons le prendre ce soir.

Ils viennent la visiter demain.

Qu'est-ce que vous voyez?   Je ne vois rien

Qu'est-ce que vous faites?   — — — .

Qu'est-ce que vous dites?   — — — .

Qu'est-ce que vous savez?   — — — .

Qu'est-ce que vous lisez en ce moment?   — — — .

Qui est-ce que vous_appelez?   Je n'appelle personne.

Qui est-ce que vous connaissez?   — — — .

À qui est-ce que vous_écrivez?   — — — .

À qui est-ce que vous parlez?   — — — .

Je ne fais rien

Je ne dis rien.

Je ne sais rien.

Je ne lis rien en ce moment.

Je ne connais personne.

Je n'écris à personne.

Je ne parle à personne.

Henri est grand, mais Catherine est plus grande que lui.

Fernande est belle, — Catherine — — — .

Votre père est vieux, — votre mère — — vieille — — .

Vous_êtes gentil, — Catherine — — — .

Toni est mystérieux, — Fernande — — — .

L'Inspecteur est bon, — Dacier — — — .

mais Catherine est plus belle qu'elle.

mais votre mère est plus vieille que lui.

mais Catherine est plus gentille que vous.

mais Fernande est plus mystérieuse que lui.

mais Dacier est meilleur que lui.

Est-ce que Lemaître téléphone souvent à la baronne?   — , — — — .

Où est-ce que Catherine est_allée l'année dernière?   — — — — .

Qu'est-ce qu'elle y est_allée faire?   — — — .

Comment est-ce que Jean veut descendre sur la Côte d'Azur?   — — — — .

Oui, il lui téléphone plusieurs fois par semaine.

Elle est_allée dans le Midi/sur la Côte d'Azur.

Elle y est_allée tourner un film publicitaire.

Il veut y descendre en voiture.

22·PISTE SAINT-MARC

(St Jean Cap Ferrat, two days later. A café terrace by the port. Catherine and Dacier are sitting enjoying the sun. They are on much more intimate terms)

Catherine Ah . . . Qu'est-ce qu'il fait beau! Je ne sais vraiment pas pourquoi je vis à Paris. Je voudrais vivre toute l'année ici. Et toi?

Dacier Moi? *(shrugging his shoulders)* Qu'est-ce que tu veux?

Catherine *(looking at the people on holiday there)* Dis, Jean, nous allons nous promener sur la plage, tu veux? *(he nods)* Et puis nous allons nous baigner!

Dacier D'accord, on va se baigner, mais tu oublies pourquoi nous sommes venus ici.

Catherine *(sighing)* Lemaître, Fernande, le virus . . . oui, je sais, il nous faut trouver Lemaître! *(returning to her happy mood)* Tu sais quoi? J'ai envie de vivre ici toujours! Avec toi.

Dacier *(taking her hand)* C'est une promesse?

Catherine *(smiling)* Non, c'est une idée, comme ça.

Dacier *(lifting his glass)* Je bois à tes idées! *(he empties it)* Finis ton verre. Bois ta bière!

Catherine *(protesting)* Ah, écoute, moi je ne bois pas aussi vite que toi. Je n'ai pas l'habitude.

Dacier *(jokingly)* Ah oui! Je bois plus que toi. Ça ne fait rien, bois plus lentement.

Catherine *(drinking slowly)* Merci. Comme ça, c'est mieux.

Dacier *(changing the subject)* Dis-moi, cette villa où nous sommes allés cet après-midi, tu es sûre que c'est la villa où tu as filmé il y a un an?

Catherine Oui, je crois bien que c'est celle-là, mais je ne suis pas absolument sûre.

Dacier Pourtant il faut savoir . . . pour la surveiller, pour découvrir Lemaître. *(thinking hard)* Écoute, j'ai une idée. *(he points down the street)* Tu vois cette agence immobilière?

Catherine Oui.

Dacier Nous allons y aller et nous allons nous informer

Catherine Comment est-ce qu'on va faire?

Dacier *(explaining his plan)* Nous allons dire à l'agence que nous voulons louer une villa; et puis comme ça, discrètement, nous allons demander le nom du propriétaire de la villa . . . euh . . .

Catherine *(remembering the name)* . . . de la 'Villa St Marc', la villa où j'ai filmé?

Dacier Exactement, la villa St Marc au cap. Tu viens? *(he gets up. Catherine smiles to herself)* Qu'est-ce que tu as?

Catherine Ah rien. Je n'ai rien. *(she laughs)* Tu es un parfait détective. En fait, tu suis la piste aussi bien que le Commissaire Maigret!

Dacier Une chose est certaine, je la suis mieux que ce fameux Inspecteur . . . euh . . . Gaillard de Paris!

(The Quai des Orfèvres. Gaillard's office. He has the Interpol report in front of him. He looks puzzled and undecided. Eventually, he picks up the telephone)

Inspecteur *(to the switchboard)* Allô? Donnez-moi les bureaux d'Interpol à Genève, s'il vous plaît. Vous me rappelez? Bon, d'accord, j'attends . . . *(he hangs on till the call comes through)* Allô? . . . Allô, Interpol? Ici, l'Inspecteur Gaillard de Paris . . . Alors, écoutez, j'ai lu tout le rapport sur la fuite des virus . . . Est-ce que j'ai quelque chose de concret ici à Paris? Non, rien. Il n'y a rien pour le moment. *(hesitating)* Enfin rien de définitif! . . . Des contrôles à toutes les frontières? Non, je n'ai rien fait jusqu'à présent . . . Oui, j'attends. *(explaining himself)* J'attends de parler à un certain Dacier. Je lui téléphone tout le temps, mais il n'est pas là. Oui, il m'a donné des renseignements. Il dit que le virus est venu illégalement à Paris. Il a parlé d'une certaine Baronne. Elle habite Genève. *(looking up the note he made of her name and address)* Voyons . . . à la Résidence Léman. Elle s'appelle Fernande . . . Fernande de Bisson, vous dites! *(surprised)* Vous la connaissez? Il y a aussi un type à Paris. *(looking at his note)* Lemaître, Henri Lemaître . . . Mais oui, il est parti, il n'est plus à Paris . . . Une organisation internationale? Dangereuse? Vous croyez? Oui, je vous envoie tous les détails aussi vite que possible. De votre côté, n'hésitez pas, téléphonez-moi, donnez-moi toutes indications utiles . . . oui tous vos renseignements, tout ce qu'il y a, quoi? . . . Qu'est-ce que vous dites? . . . Le médecin au service du laboratoire de l'hôpital? . . . Vous l'avez trouvé mort dans sa voiture? Assassiné . . . Il s'appelle Genin, vous dites, le Docteur Genin! Mais Dacier a parlé de lui aussi . . . Mais oui, allez-y, allez voir la Baronne! . . . Vous me rappelez. Entendu . . . Au revoir et bonne chance. *(he rings off, dumbfounded)* Ainsi donc, le docteur Genin est mort? Ce sacré Dacier, il a tout compris, bon sang!

(St Jean Cap Ferrat. The estate agent's office Dacier and Catherine saw from the café terrace. They enter and go up to a girl assistant)

Assistante Bonjour Monsieur, bonjour, euh . . . Mademoiselle.

Dacier Bonjour.

Assistante Qu'est-ce que je peux faire pour vous, Monsieur? Vous voulez peut-être parler à Monsieur Cortelli?

Dacier Monsieur Cortelli?

Assistante C'est mon patron. Ah bien, je vois . . . C'est la première fois que vous venez. Vous n'êtes jamais venu avant.

Dacier Non.

Assistente Monsieur Cortelli est malheureusement sorti. Il montre une villa à des clients. Il n'est jamais trop longtemps absent . . . mais je peux certainement vous être utile. Qu'est-ce que vous cherchez? Une villa à louer? À vendre?

Dacier *(pretending to have come on business)* Non, à louer. Pour un mois environ.

Assistante Très bien, Monsieur. Est-ce que vous connaissez bien St Jean?

Dacier C'est-à-dire . . . comme tout le monde . . . j'y suis déjà venu plusieurs fois, je n'y ai jamais séjourné.

Assistante *(showing photographs of villas to rent)* Vous voyez, vous avez tout un choix de très jolies villas.

Dacier C'est tout ce qu'il y a?

Assistante Oh Monsieur, il y a tout ce que vous voulez.

Dacier *(pretending to ask Catherine's opinion)* Qu'est-ce que tu en penses, chérie?

Catherine *(carrying on the pretence)* Ce sont de très jolies maisons . . .

Dacier Mais est-ce que vous avez quelque chose *(he points to the spot on the map where the Villa St Marc is situated)* au cap même et en bordure de mer?

Assistante Ah non, Monsieur. Je crois que je n'ai rien. Mais laissez-moi réfléchir. *(she thinks and turns to a filing cabinet)*

Catherine *(whispering to Dacier)* Bravo, Maigret!

Assistante *(returning)* Ah non, Monsieur, non, je n'ai rien.

Catherine Oh, c'est dommage!

Dacier Oui, parce que nous avons vu une villa magnifique.

Catherine Elle nous plaît beaucoup.

Dacier Et elle a l'air vide.

Assistante Ah? Où ça?

Catherine La villa St Marc.

Assistante La villa St Marc? Oh, mais ça Mademoiselle, c'est une villa magnifique. Une villa . . . princière.

Dacier Elle n'est pas à louer par hasard?

Assistante Oh non, certainement pas. Cette villa appartient à une dame très riche et je sais qu'elle ne loue pas.

Dacier Ah? Tiens? Qui est-ce?

Assistante *(not answering his question)* Et puis je sais qu'elle est arrivée hier ou avant-hier, cette dame. *(Dacier gives Catherine a look)* Oui, oui, c'est bien ça; elle est à St Jean, je l'ai vue. Alors, je vous dis, ce n'est pas la peine d'essayer. C'est une dame très riche, très chic, une très grande dame. *(she is as proud as if she knew her personally)* Elle fréquente beaucoup tous les casinos de la Côte, en particulier le casino de Monte-Carlo. *(Dacier gives Catherine another look)* Alors, vous comprenez, ce n'est pas la peine d'essayer. *(Dacier and Catherine try to interrupt in vain)* Mais bien entendu, j'ai ici tout un choix de très belles villas. *(she shows more photos)* Voyez, Monsieur, voyez, Mademoiselle . . . celle-ci par exemple est parfaite; bien située, pas chère avec une vue splendide sur la mer et . . .

Catherine *(pretending to be disappointed)* Oh, la villa St Marc. Oh chéri, que c'est triste!

Dacier *(playing up to her)* Écoute, mon amour, nous allons tout de même essayer. Je vais aller parler à cette dame.

Catherine Tu es chou!

Dacier *(to assistant)* C'est Madame comment? Vous ne savez pas?

Assistante *(unwillingly)* C'est une dame suisse. Une baronne. La Baronne de Bisson. *(Catherine and Dacier look at each other. The assistant misinterprets their reaction)* Comment? Vous la connaissez? *(she is surprised at their apparent connections)*

Catherine *(getting her own back)* Oui, très bien.

Dacier Viens, chérie. *(taking Catherine's arm)* Allons voir Fernande.

Catherine Au revoir, Mademoiselle.

(They turn to go. At the door Dacier sharply draws in his breath and pushes Catherine behind him)

Dacier *(in a whisper)* Lemaître! *(he watches Lemaître move out of sight, gives Catherine a smile of triumph, then ushers her out)* Ça va. Viens.

SOME EXPRESSIONS

qu'est-ce qu'il fait beau!	*what lovely weather!*
je n'ai pas l'habitude	*I'm not used to it*
comment est-ce qu'on va faire?	*how shall we do that?*
qu'est-ce que tu as?	*what's the matter with you?*
jusqu'à présent	*up to now*
de votre côté	*for your part, on your side*
en bordure de	*on the edge of*
elle a l'air vide	*it looks empty*

HOW THE LANGUAGE WORKS

TU . . . *'you' is used instead of* **vous** *when addressing one person, but* **only** *if you are on familiar terms: for instance among members of the same family or very close friends. You should avoid it unless specifically invited to use it.*

THE TU FORM OF THE VERB . . . *is generally pronounced the same as the form used with* **je**, *and spelt the same except in the case of* -**er** *verbs, which add* -**s***:*

je cherche *(pronounced* cherch*)*
tu cherches *(pronounced* cherch*)*

The only exceptions are:

avoir	être	aller
j'ai	je suis	je vais
tu as	tu es	tu vas

REQUESTS AND COMMANDS . . . *addressed to people when* **tu** *is used, have a special imperative form. But this is generally identical with the* **tu** *form of the present:*

finis ton verre   *finish your glass*

-**er** *verbs drop the* -**s** *of the* **tu** *form for the imperative. This of course does not affect pronunciation:*

cherche une table   *look for a table*

But note these special imperative forms:

avoir	être	aller	s'asseoir
aie	sois	va	assieds-toi

n'aie pas peur	*don't be afraid*
sois gentil	*be kind*
va à la maison	*go home*
assieds-toi là	*sit down there*

OTHER TU FORMS . . . *the object pronoun* **te/t'***:*

il va te rencontrer	*he will meet you*
je t'envoie une carte	*I'll send you a card*
tu veux te baigner!	*you want to bathe!*

. . . *the 'disjunctive' pronoun (the form used after prepositions, on its own or for emphasis)* **toi***:*

je voudrais vivre toute l'année ici.	*I'd like to live here all year round.*
Et toi?	*What about you?*
avec toi	*with you*

. . . *the possessive adjective* **ton, ta, tes***:*

finis ton verre	*finish your glass*
c'est ta mère?	*is that your mother?*
c'est ton amie?	*is that your girlfriend?*
je bois à tes idées	*I drink to your ideas*

BOIRE *(to drink)*

je bois	vous buvez
tu bois	nous buvons
il/elle boit	
ils/elles boivent	

past participle: **bu**

VIVRE *(to live)*

je vis	vous vivez
tu vis	nous vivons
il/elle vit	ils/elles vivent

past participle: **vécu**

note vive! *long live!*

REFLEXIVE VERBS ... *used in the infinitive with 'modal' verbs. Note how the pronoun preceding the infinitive changes according to the person speaking:*

je (ne) vais (pas) **me** baigner
tu (ne) vas (pas) **te** baigner
il/elle (ne) va (pas) **se** baigner
nous (n') allons (pas) **nous** baigner
vous (n') allez (pas) **vous** baigner
ils/elles (ne) vont (pas) **se** baigner

NE ... JAMAIS *(never) ... behaves like* ne ... pas, ne ... rien, ne ... personne:

il n'est jamais trop longtemps absent	*he's never gone for too long*
je n'y ai jamais séjourné	*I've never stayed here*
vous n'êtes jamais venu avant	*you've never been here before*

COMPARISON OF ADVERBS

bois **plus** lentement	*drink more slowly*
je bois **aussi** vite **que** toi	*I drink as quickly as you*
je ne bois pas aussi vite **que** toi	*I don't drink as quickly as you*

but note bien *'well',* mieux *'better':*

tu suis la piste aussi bien que le Commissaire Maigret	*you follow the trail as well as Inspector Maigret*
je la suis mieux que ce fameux Inspecteur Gaillard	*I follow it better than that Sergeant Gaillard*

TOUT/TOUS/TOUTE/TOUTES ... *'all', 'the whole':*

j'ai lu tout le rapport	*I've read the whole report*
je lui téléphone tout le temps	*I'm telephoning him all the time*
tous vos renseignements	*all your information*
je voudrais vivre toute l'année ici	*I'd like to live here all the year round*
des contrôles à toutes les frontières	*check-points at all frontiers*

note: tout le monde	*everyone*
tout un choix	*quite a choice*
nous allons tout de même essayer	*we'll try all the same*
j'ai tout le temps	*I've plenty of time*
il a tout compris	*he understood everything*
il y a tout ce que vous voulez	*there's everything you want*

DE . . . *replaces* du, de la, de l', des, *when an adjective comes between* du, de la, *etc. and a noun:*

ce sont des maisons	*they are houses*

but:

ce sont **de** très jolies maisons	*they are very pretty houses*

This rule, however, is not always strictly observed and does not hold good when the adjective and noun together form a **single** *unit: e.g.*

un pain	*a loaf*
un petit pain	*a roll*
des petits pains	*rolls*
des jeunes gens	*youths*

	Je suis seul?	Non, tu n'es pas seul.
Non, tu n'est pas chez Jean/lui.	Je suis chez Jean?	Non, — — — —.
	J'ai fini?	Non, tu n'as pas fini.
Non, tu n'as pas gagné.	J'ai gagné?	Non, — — — —.
	Tu m'as parlé?	Oui, je t'ai parlé.
Oui, je te l'ai acheté.	Tu me l'as acheté?	Oui, — — — .
Oui, je t'en_ai parlé.	Tu m'en_as parlé?	Oui, — — — .
	C'est mon crayon?	Oui, c'est ton crayon.
Oui, c'est ta part.	C'est ma part?	Oui, — — — .
Oui, ce sont tes clés.	Ce sont mes clés?	Oui, — — — .

Je vais me baigner dans la rivière.	Où est-ce que vous_allez vous promener?	Je vais me promener sur la plage.
Il va se renseigner au syndicat d'initiative.	Où est-ce que tu vas te baigner?	— — dans la rivière.
Nous_allons nous coucher de bonne heure.	Où est-ce qu'il va se renseigner?	— — — au syndicat d'initiative.
Ils vont se reposer ce soir.	Quand_est-ce que vous_allez vous coucher?	Nous_ — — — de bonne heure.
	Quand_est-ce que qu'ils vont se reposer?	— — — ce soir.

	Vous courez plus vite que Jean.	Non, je ne cours pas aussi vite que lui.
Non, je ne bois pas aussi vite que vous.	Vous buvez plus vite que moi.	—, — — — — .
Non, il ne la suit pas aussi bien que lui.	Est-ce que Jean suit la piste mieux que Maigret?	—, — — — — .
Non, je ne mange pas autant que vous.	Est-ce que vous mangez plus que moi?	—, — — — autant — — .

Qu'est-ce que vous avez fait?   Je n'ai rien fait.
Qu'est-ce que vous avez mangé.
Qu'est-ce qu'il a bu?
Qu'est-ce qu'elles y ont compris?
— — — .
— — — .
— — — — .

Vous êtes déjà allé(e) à Paris?   Non, je n'y suis jamais allé(e).
Vous êtes déjà monté(e) à la Tour Eiffel?
Jean a déjà visité le Musée du Louvre?
Tu as déjà bu de la vodka?
—, — — — .
—, — — — .
—, — — — .

Vous avez lu le rapport?   Oui, j'ai lu tout le rapport.
Vous avez bu la bière?
Vous avez eu les renseignements?
Vous avez reçu les lettres?
—, — — — .
—, — — — .
—, — — — .

Pourquoi est-ce que Jean et Catherine sont venus
au Cap Ferrat?   Ils — — — — — .

Comment s'appelle la villa de la baronne?   — — — — — .

Qu'est-ce que Catherine et Jean disent qu'ils
cherchent à l'agence immobilière?   — — — — .

Est-ce que l'inspecteur a fait quelque chose pour
le contrôle des frontières?   —, — — — — .

Je n'ai rien mangé.
Il n'a rien bu.
Elles n'y ont rien compris.

Non, je n'y suis jamais monté(e).
Non, il ne l'a jamais visité.
Non, je n'en ai jamais bu.

Oui, j'ai bu toute la bière.
J'ai eu tous les renseignements.
Oui, j'ai reçu toutes les lettres.

Ils (y) sont venus pour trouver Lemaître.
Elle s'appelle la villa Saint-Marc.

Ils disent qu'ils cherchent une villa à louer.

Non, il n'a rien fait.

181

23 · FAITES VOS JEUX

(A road by the Villa Saint Marc, the same evening. Dacier and Catherine are watching the villa from his car. Dacier has a pair of binoculars)

Dacier Dis donc, elle est magnifique, cette villa Saint Marc.

Catherine Attends de voir l'intérieur, c'est somptueux.

Dacier Oui, comme l'a dit notre amie de l'agence immobilière, *(quoting)* 'Ça Mademoiselle, c'est une villa . . . princière!!' *(they laugh. Suddenly Dacier gives a start)* Chut!

Catherine Quoi! Il y a quelqu'un?

Dacier *(relaxing and lowering the binoculars)* Non, je me suis trompé. J'ai cru voir quelqu'un à une fenêtre, mais je n'ai vu personne.

Catherine Est-ce que Fernande et Lemaître sont toujours là, tu crois?

Dacier Je le suppose. *(checking with his binoculars)* En tout cas, leur voiture est toujours devant la villa. *(impatiently)* Enfin, quand est-ce qu'ils vont sortir de cette maison?

Catherine Depuis quand est-ce que nous sommes là?

Dacier *(looking at his watch)* Depuis longtemps. Nous sommes arrivés il y a une demi-heure ou trois quarts d'heure.

Catherine Tu ne veux plus attendre?

Dacier Si, nous allons toujours attendre. *(relaxing again)* Nous avons le temps.

Catherine *(hearing a noise)* Écoute!

Dacier *(focusing on the house)* C'est eux! C'est leur voiture. Ils partent. *(the* *sound of a fast car dies away)*

Catherine Tu crois qu'ils sont vraiment partis?

Dacier Mais oui. Tu as bien entendu la voiture il y a un instant.

Catherine Oui, mais . . . *(doubtfully)* Tu crois que nous avons le temps d'entrer dans la maison?

Dacier *(reassuring her)* Ils vont dîner, puis elle va aller au Casino. Nous avons tout le temps. Viens maintenant.

(They get out of the car, go through the bushes and approach the villa. Finding a window open they go in and find themselves in an unlit hall)

Catherine *(frightened)* Jean, si nous tombons sur quelqu'un?

Dacier *(comforting her)* Mais non, Catherine, nous n'allons tomber sur personne! Il n'y a personne ici!

Catherine *(still anxious)* Toni ou un domestique . . .

Dacier Mais non. *(pointing to her and himself)* Il y a toi et moi, c'est tout. N'aie pas peur. *(they go around the hall, he opens a door and peers round it)* Là! Voilà le salon, tu vois? Il n'y a personne. Bon, maintenant, écoute! *(giving her instructions)* Nous allons visiter toute la maison. Il faut absolument trouver le virus ou le fameux paquet, la préparation. *(Catherine nods, still frightened)* Vite, au travail. *(giving her a smile)* Et après ça, vive les vacances sur la Côte d'Azur!

(The casino at Monte Carlo. The roulette tables. Mme de Bisson is sitting at a table, Lemaître is standing slightly behind her)

Croupier Allons, Messieurs, faites vos jeux. Faites vos jeux. *(the players put chips on the table)* Rien ne va plus. *(a quick move from Mme de Bisson who puts a pile on number five. The wheel spins. The ball comes to rest in number five)* Le cinq! Rouge, impair, manque!

(The chips are raked away except from the five, the red and the manque)

Mme de B. Le cinq est pour moi, s'il vous plaît *(she turns to Lemaître. He glowers at her but she is radiant)* Vous voyez, qu'est-ce que je vous ai dit? Je gagne! *(the pile of chips is pushed towards her)*

Croupier Allons, Messieurs, faites vos jeux!

(She has left her stake on number five. She takes some chips, goes to put some elsewhere but Lemaître puts his hand on her shoulder)

Lemaître Venez!

Mme de B. Mais je gagne!

Lemaître Vous gagnez beaucoup trop. *(in a low voice, anxiously)* Vous allez attirer l'attention de quelqu'un. Venez!

(She gets up gathering her chips and follows him)

Lemaître *(quietly but threateningly)* Écoutez, Fernande, depuis quand est-ce que nous sommes ici?

Mme de B. Depuis deux jours. Pourquoi?

Lemaître Nous sommes arrivés il y a deux jours. *(disgustedly)* Et depuis lors nous passons notre temps au Casino et dans les restaurants chics de la Côte!

Mme de B. *(defiantly)* Oh, il faut vivre quoi!

Lemaître Peut-être, mais moi, je ne veux plus vivre dans la crainte de la police.

Je veux vivre en liberté et avec de l'argent. Je ne veux plus rester ici! *(he reminds her of their plan)* Vous oubliez que nous passons en Afrique du Nord demain ou après-demain.

Mme de B. Et puis?

Lemaître *(beside himself)* Et puis? Eh bien, d'abord, il faut vendre ça. *(he quickly shows her the last capsule of virus which he is carrying in an inside pocket)*

Mme de B. Mais voyons, Henri, je vous ai dit que nous allons trouver un agent.

Lemaître À Paris, pour moi c'est facile, mais ici . . .

Mme de B. Vous n'êtes plus à Paris. Faites-moi confiance. N'y pensez plus. Promis?

Lemaître *(looking around, distastefully)* Et puis je n'aime pas tout ce monde.

Mme de B. Henri!

Croupier Le cinq! Rouge, impair, manque!

Mme de B. *(excited)* Le cinq! Henri, c'est moi, c'est encore moi. Regardez! *(She grabs him by the arm, takes him to the table. A vast pile of chips are pushed towards her)*

Croupier Allons, Messieurs, faites vos jeux!

Mme de B. *(delighted)* J'ai la chance avec moi ce soir. Je suis sûre que je vais gagner. *(she turns to Lemaître)* Quel numéro? Henri!

Croupier Faites vos jeux!

Lemaître *(shrugging his shoulders)* Bon, euh . . . le dix-huit.

Mme de B. Non, le trente-trois. *(to the croupier)* Du cinq au trente-trois, s'il vous plaît. *(the croupier moves her chips from the five to the thirty-three. She adds more to them)*

Croupier Rien ne va plus! *(the ball spins round. It lands on thirty-three. A gasp from the people at the table)* Le trente-trois, noir, pair, passe! *(he pushes a pile of chips towards Madame de Bisson delirious with excitement)*

(The Villa Saint Marc. Catherine is keeping guard at a window. Dacier has found a door at the back of the hall. He opens it, shines an electric torch inside and is suddenly excited)

Dacier *(calling)* Catherine!

Catherine Oui?

Dacier Viens! Viens voir! *(she joins him)* Regarde! *(his torch illuminates the life-size publicity cut-out of Catherine from the Soleil Laboratory)* Tu vois, Lemaître a certainement transporté les affaires du laboratoire ici. Alors écoute: maintenant reste avec moi et cherche avec moi. Il faut trouver cette capsule.

(The Casino at Monte Carlo. Madame de Bisson, sitting at the same table, has only a few chips in front of her. All her stakes are divided between numbers five and thirty-three)

Croupier Faites vos jeux! *(she puts on the last few chips)* Rien ne va plus! *(She throws a banknote on number fourteen. Lemaître is furious. The wheel turns, the ball spins. It lands on . . . number twenty-eight)*

Croupier Le vingt-huit, noir, pair, passe! *(Mme de Bisson's face drops. She looks in her handbag—it is empty. She holds out her hand to Lemaître)*

Mme de B. *(asking for money)* Henri, soyez gentil . . .

Lemaître Non! *(he grabs her hand and makes her get up)* C'est assez. À la maison maintenant et tout de suite!

(The Villa Saint Marc. Dacier and Catherine are still searching. There is a sound of a fast car approaching. The headlights shine through the windows. The car stops outside the door. Catherine runs to Dacier terrified)

Catherine Jean! Jean! Ils sont là!

SOME EXPRESSIONS

dis donc!	*I say!*
attends de voir	*wait until you see*
comme l'a dit notre amie	*as our friend said*
je me suis trompé	*I made a mistake*
j'ai cru voir	*I thought I saw*
je le suppose	*I suppose so*
en tout cas	*anyway, in any case*
si nous tombons sur quelqu'un	*if we come across someone*
au travail!	*to work!*
faites vos jeux	*place your bets*
rien ne va plus	*no more (bets)*
dans la crainte de	*in fear of*
faites-moi confiance	*rely on me*
tout ce monde	*all these people*
j'ai la chance avec moi	*luck is with me*

HOW THE LANGUAGE WORKS

NE ... PLUS *(no longer) ... behaves like* ne .. pas, ne ... rien, ne ... personne, ne ... jamais.

je ne veux plus rester ici	*I don't want to stay here any longer*
vous n'êtes plus à Paris	*you are no longer in Paris*
n'y pensez plus	*don't think of it any more*
rien ne va plus	*no more bets (or in episode 24 'nothing is all right any more')*

ENTRER DANS, SORTIR DE ... *note the prepositions required:*

le temps d'entrer **dans** la maison	*time to go into the house*
quand est-ce qu'ils vont sortir **de** cette maison?	*when are they going to leave that house?*

AVOIR LE TEMPS DE ... *to have time to:*

tu crois que nous avons le temps d'entrer dans la maison?	*do you think we have time to go into the house?*

EUX, ELLES ... *'they, them' are used like* lui, elle *(their equivalent in the singular) for emphasis, after a preposition or on their own:*

c'est lui	*it's him*	c'est eux	*it's them*
c'est elle	*it's her*	c'est elles	*it's them*

LEUR(S) ... *'their':*

c'est leur chien	*it's their dog*
c'est leur voiture	*it's their car*
ce sont leurs amis	*it's their friends*
ce sont leurs amies	*it's their girlfriends*

Note that leur *has no special feminine form in the singular and adds* -s *only for plural, masculine and feminine.*

DEPUIS *(lit. 'since') ... notice how in the following constructions French uses the present tense where English uses the past:*

depuis quand est-ce que nous **sommes** ici?	*how long have we been here?*
nous **sommes** ici depuis deux jours	*we have been here for two days*
nous **sommes** là depuis longtemps	*we have been here a long time*

PUTTING IT TO USE

Vous avez vu quelqu'un au casino?	Non, je n'ai vu personne.
Tu as rencontré quelqu'un en ville?	—, — — — — .
Elle a invité quelqu'un à dîner?	—, — — — — .
Ils ont arrêté quelqu'un?	—, — — — — .

Non, je n'ai rencontré personne.
Non, elle n'a invité personne.
Non, ils n'ont arrêté personne.

Vous n'habitez plus à Paris?	Si, j'y habite toujours.
Tu ne vas plus à l'école?	—, — — — .
Jean n'aime plus Catherine?	—, — — — .
Vous êtes toujours au Cap Saint-Jean?	Non, je n'y suis plus.
Ils veulent toujours aller à Paris?	—, — — — — .
Elle pense toujours à Jean?	—, — — — — .

Si, j'y vais toujours.
Si, il l'aime toujours.

Non, ils ne veulent plus y aller.
Non, elle ne pense plus à lui.

Où est-ce que je m'installe?	Tu t'installes au bureau.
Où est-ce que je m'arrête?	— — devant l'église.
Je m'inquiète.	Ne t'inquiète pas!
Je m'arrête.	— — — .
Je me dépêche?	Oui, dépêche-toi!
Je me couche?	—, — — !
Je m'habille?	—, — — !
Tu viens avec moi?	Oui, je viens avec toi.
Tu viens chez moi?	—, — — — .

Tu t'arrêtes devant l'église.

Ne t'arrête pas!

Oui, couche-toi!
Oui, habille-toi!

Oui, je viens chez toi.

Quand_est-ce que vous êtes_arrivé(e) ?   Je suis_arrivé(e) il y a huit jours.
Quand_est-ce que tu lui as_écrit?   — — — — quinze jours.
Quand_est-ce que Jean a téléphoné?   — — — un_instant.
Quand_est-ce qu'ils sont partis?   — — — longtemps.
Quand_est-ce qu'elles_ont quitté la salle? — — — — une demi-heure.

Je lui ai_écrit il y a quinze jours.
Il a téléphoné il y a un_instant.
Ils sont partis il y a longtemps.
Elles l'ont quittée il y a une demi-heure.

Depuis quand est-ce que vous m'attendez? Je vous_attends depuis une demi-heure.
Depuis quand est-ce que tu travailles dans ce bureau? — — — trois_ans.
Depuis quand est-ce que cette dame téléphone? — — — vingt minutes.
Depuis quand est-ce qu'ils ne vivent plus à Paris? — — — — longtemps.

J'y travaille depuis trois_ans.
Elle téléphone depuis vingt minutes.
Ils ne vivent plus à Paris depuis longtemps.

Depuis quand est-ce que Dacier et Catherine attendent devant la villa? Ils_ — — — .
Quand_est-ce que Lemaître et la baronne sont_arrivés au Cap Saint-Jean? — — — .
Qu'est-ce qu'ils_ont fait pendant ces deux jours? — — — — .
Où est-ce qu'ils vont_aller demain ou après-demain? — — — .
Qu'est-ce qu'ils doivent faire avant de partir pour l'Afrique du Nord? — — — .

Ils_attendent depuis une demi-heure ou trois-quarts d'heure.
Ils y sont_arrivés il y a deux jours.
Ils_ont passé leur temps au Casino et dans les restaurants chic de la Côte.
Ils vont_aller en_Afrique du Nord.
Ils doivent vendre la dernière capsule.

24 · RIEN NE VA PLUS

(The Villa Saint Marc, a moment later. Dacier switches off his torch)

Catherine Ils sont là, Fernande et Lemaître. Jean, qu'est-ce que nous allons faire?

Dacier *(looking at the front entrance)* Sortir par là, impossible. *(he tries to see what's happening outside)* Qu'est-ce qu'ils font? Ils sont toujours dans la voiture. *(he sees a staircase)* Écoute, il n'y a plus qu'une solution: rester dans la maison; viens, nous allons monter et . . . attendre une occasion. *(they go up one flight and crouch in the darkness on the stairs. The headlights of the car are still on)*

Catherine *(in a whisper)* Pourquoi est-ce qu'ils ne sortent pas de la voiture? C'est incroyable!

Dacier *(baffled)* Ah ça! C'est trop bête. Je ne pensais pas que nous avions le temps de sortir. Excuse-moi.

Catherine Tu ne pouvais pas savoir.

Dacier Tu n'as pas trop peur?

Catherine *(not too sure)* Non . . . *(at that moment the headlights go out)* Les phares! Ils ont éteint les phares de la voiture.

Dacier *(whispering)* Écoute. Ils vont bientôt entrer. *(he outlines his plan)* Nous, nous restons ici, sans bouger. Ils vont probablement aller au salon. Et à la première occasion, nous sortons. *(he holds her tight)* Reste bien avec moi.

Catherine *(warning him)* Chut!

(A key turns in the lock. Mme de Bisson and Lemaître come in. They are both in a furious temper. She goes into the drawing-room and switches on the lights. He stays at the door of the room—but still in the hall)

Mme de B. *(ironically)* Vive la liberté!

Lemaître *(disgusted with her)* Je ne savais pas que vous étiez si imprudente et si folle!

Mme de B. *(scornfully)* Et moi je ne savais pas que vous étiez si peureux. Je voulais rester au Casino, voilà tout. J'allais gagner.

Lemaître *(with a bitter laugh)* Vous avez perdu, oui!

Mme de B. Oui, mais j'allais gagner.

Lemaître Vous ne pouviez pas gagner. Vous avez tout perdu. Il faut regarder les choses en face.

Mme de B. *(with a pitying look)* Oh, ce que vous êtes triste!

Lemaître *(defiant)* Nous ne sommes pas venus ici pour nous amuser, pour passer deux semaines de vacances sur la côte, que diable! *(grimly)* Nous avons chacun un cadavre derrière nous. *(she looks at him shocked)* Vous avez tué Genin. . . .

Mme de B. Mais . . .

Lemaître *(brutally)* J'ai dit tué, assassiné. Vous l'avez assassiné à Genève! *(with a touch of embarrassment)* et moi . . . à Paris . . . ce Dédé Corti. *(suddenly remembering)* Ah, cette petite garce de Catherine et son . . . son . . . jules!

Mme de B. *(almost hysterical)* Son jules! Quel langage, mon cher!

Lemaître *(concerned)* Oui, eh bien, ils sont après nous . . . Et peut-être bien aussi la police. *(with a determined look)* Et moi j'ai l'intention de ne pas tomber entre les mains de la police, de ne pas passer le reste de ma vie en prison . . . ou pire! *(he turns on her)* Je ne voulais pas aller au Casino! Au Casino de Monte Carlo! Devant tout le monde! Quelle bêtise!

Mme de B. *(defiant)* Pourquoi pas! Je pouvais trouver quelqu'un.

Lemaître Trouver quelqu'un?

Mme de B. Oui, quelqu'un qui pouvait nous aider, quelqu'un qui pouvait vendre la capsule pour nous.

Lemaître Au Casino! *(he gives her a withering look)*

Mme de B. *(scornfully)* Vous ne connaissez pas la vie, mon cher; vous ne connaissez pas le monde.

(Lemaître turns away and goes into the hall. Mme de Bisson turns round. She notices a drawer left open)

Mme de B. Henri!

Lemaître *(calling to her)* Quoi? Qu'est-ce qui se passe?

Mme de B. Quelqu'un est entré dans la maison. Venez voir!

(Lemaître rushes to the door of the drawing room. As he passes the stairs, Dacier, realizing the game is up, leaps desperately on to him. They fall to the ground fighting. Catherine runs past them and into the drawing room. As she enters she is faced by Madame de Bisson, her revolver in her hand, the French windows open behind her)

Mme de B. *(to Catherine)* Tiens, c'est vous! La Piste Sept. Ne bougez pas!

Un mouvement de plus et je . . .

(Catherine makes a move to disarm her. She fires. Catherine is hit in the forearm. Madame de Bisson disappears through the window. In the hall, Dacier, still struggling with Lemaître gets in a good blow. Lemaître falls, hits his chest against a table, gives a gasp and slumps motionless on the floor. Dacier hears the car start up. He rushes to Catherine's help)

Dacier Catherine! *(looking at her arm)*

Catherine Ce n'est rien. Tu vois, ce n'est rien. *(she looks at the windows)* Elle est sortie par là.

Dacier Oui, je sais. Elle a pris la voiture. Elle est partie.

Catherine Et Lemaître?

Dacier *(with a smile)* Il s'est évanoui comme une jeune fille! *(he looks at her arm again)* Laisse-moi voir ta blessure. Ça fait mal?

Catherine Non, pas trop. *(looking at it)* Ça saigne. Mais ce n'est qu'une égratignure.

Dacier Attends. Nous allons nouer mon mouchoir. *(he takes his handkerchief and ties it round the wound)* Ça va?

Catherine Ça va.

Dacier Bon. Maintenant sortons, et vite. Avant que Lemaître ou Fernande . . . *(suddenly)* Une seconde. Laisse-moi d'abord voir Lemaître.

(They go out into the hall. Dacier takes a close look at Lemaître. He is appalled)

Dacier Catherine! Il est mort.

Catherine *(shocked)* Tu es sûr? *(he nods)* Mais . . . mais comment est-ce que tu as fait?

Dacier Je ne sais pas. *(he explains what happened)* Je lui ai donné un coup; il est tombé et voilà!

Catherine *(incredulously)* Mais ce n'est pas possible!

Dacier *(anxious)* Il est mort, je te dis.

Catherine Oh Jean!

Dacier *(making up his mind)* Je vais téléphoner à la police.

Catherine *(holding him back)* Mais tu es fou! Non, Jean, non!

Dacier *(resigned)* Qu'est-ce que tu veux!

Catherine La Police ne va pas te croire. Qu'est-ce que tu vas dire à la Police?

Dacier Que j'ai tué Lemaître.

Catherine *(in a panic)* Et pourquoi? Pour quelle raison? L'Inspecteur Gaillard, à Paris, il n'a pas cru notre histoire. Non, Jean, non! Nous n'avons pas la capsule, nous n'avons pas le virus, nous n'avons rien. Pas de preuve contre Lemaître, rien; *(even more frightened)* et en plus nous sommes entrés sans permission, par une fenêtre. Comment est-ce que tu vas expliquer tout ça?

Dacier *(finding a justification)* Fernande a tiré sur toi; tu es blessée.

Catherine *(rejecting it)* Mais j'étais chez elle, dans son salon; elle m'a vue, elle a eu peur, et elle a tiré. C'est normal. Ce n'est pas une raison pour tuer Lemaître! Pour la police nous sommes coupables!

Dacier C'est tout de même incroyable!

Catherine Non, au contraire, Jean. C'est tout à fait croyable pour la police.

Dacier *(persisting)* Mais je ne voulais pas tuer Lemaître!

Catherine Explique donc ça à la police!

Dacier *(at a loss for a solution)* Laisse-moi réfléchir. *(he notices her arm)* Et ton bras?

Catherine Ça fait un peu mal, mais ce n'est rien.

Dacier *(noticing blood oozing from the bandage)* Mais tu saignes! Regarde le sang! Nous allons chercher un médecin. *(he looks for something else to bandage her arm with)* Tu as un autre mouchoir?

Catherine Oui, j'en ai un. *(remembering)* Oh non, il est dans la voiture.

(Dacier looks around. He notices a handkerchief in Lemaître's breast pocket. As he bends to pick it up, he catches a glimpse of the skin of Lemaître's neck and a fragment of thin glass. He is horrified by what he sees)

Dacier Catherine!

Catherine Quoi?

Dacier *(as if in a daze)* Il avait les capsules sur lui, il les avait dans sa poche. *(Catherine tries to look at Lemaître. He holds her back from the body)* Non, ne le regarde pas; c'est horrible.

Catherine Quoi? Qu'est-ce qu'il y a?

(A glimmer of the real truth dawns on him)

Dacier Je sais comment il est mort. Le virus, Catherine, le virus! Il tue . . . il est mortel. C'est ça qui a tué Lemaître!

SOME EXPRESSIONS

il faut regarder les choses en face	*you've got to look at things straight*
ce que vous êtes triste	*how miserable you are*
que diable!	*for heaven's sake!*
un mouvement de plus	*one more move*
ça fait mal?	*does it hurt?*
avant que . . .	*before . . .*
en plus	*what's more*
au contraire	*on the contrary*

HOW THE LANGUAGE WORKS
THE IMPERFECT . . .

CHERCHER

ending			*ending*
pronounced	je cherchais	nous cherchions	*pronounced*
(è)	tu cherchais	vous cherchiez	*(yon) (yé)*
	il/elle cherchait		
	ils/elles cherchaient		

To form the 'imperfect' knock off the ending **ons** *of the* **nous** *form of the present; this gives you the 'stem' on to which the 'imperfect' endings can be added, and they are the same for all verbs.*

Only one verb forms its imperfect differently, though the endings remain the same: **être**: *j'étais, il/elle était etc.*

THE USE OF THE IMPERFECT . . . *very broadly speaking, is to describe a scene in the past or talk about what was going on as a background to one or more particular events:*

ce tiroir **était** fermé, quand nous sommes partis	*this drawer was closed (scene) when we left (event)*
j'**étais** chez_elle, elle m'a vue, elle a eu peur, et elle a tiré	*I was in her house (scene), she saw me, took fright and fired (events)*

This often includes thoughts, states of affairs and wishes:

je ne **pensais** pas que nous_**avions** le temps de sortir	*I didn't think we had time to get out*
tu ne **pouvais** pas savoir	*you couldn't know that*
je **voulais** rester au casino	*I wanted to stay at the casino*

Note especially the use of the imperfect of **aller** *with the infinitive:*

j'**allais** gagner	*I was going to win*

NE . . . QUE *(only)* . . . *behaves like* ne . . . pas, ne . . . rien, *etc.:*

ce n'est qu'une égratignure	*it's only a scratch*

NE . . . PLUS QUE . . . *two or more negative words like* plus, que, rien, personne *etc. can often be combined:*

il n'y a plus de solution	*there is no longer any solution*
il n'y a qu'une solution	*there is only one solution*
il n'y a plus qu'une solution	*there is only one solution left*
il ne voit plus personne/rien	*he no longer sees anyone/anything*
il ne voit jamais personne/rien	*he never sees anyone/anything*
il ne voit plus jamais personne/rien	*he never sees anyone/anything any more*

NE PAS . . . *is used to make an infinitive negative, and this is the only case where the two words are used next to each other.*

j'ai l'intention de ne pas tomber entre les mains de la police	*I intend not to fall into the hands of the police*

PASSER . . . *is used to express passing time:*

. . . ne pas passer le reste de ma vie en prison	*. . . not to pass the rest of my life in jail*
pour passer deux semaines sur la Côte	*to spend two weeks on the Riviera*

PAR LÀ/PAR ICI . . . *'that way', 'this way':*

elle est sortie par là	*she went out that way*
venez par ici	*come this way*

T TO USE

étais avec mon_amie/elle.

Vous_étiez chez vous hier à six_heures?	Oui, j'étais chez moi.
Vous_étiez avec votre amie hier à neuf_heures?	— , — — — — .
Vous_aviez rendez-vous hier soir à dix_heures?	— ; — — — — .
Vous vouliez me voir hier matin?	— ; — — — — .

Oui, j'avais rendez-vous.
Oui, je voulais vous voir.

Vous_étiez au Casino quand la police est venue?	Oui, j'étais au Casino
Vous_étiez sorti(e) quand j'ai téléphoné à huit_heures?	— ; — — — .
Lemaître était mort quand Dacier l'a examiné?	— , — — — :
Ils_étaient prêts quand vous_êtes_arrive(e)?	— , — — — .

Oui, j'étais sorti(e).
Oui, il était mort.
Oui, ils_étaient prêts.

Est-ce qu'il pleuvait quand vous_êtes sorti(e)?	Non, il ne pleuvait pas.
Est-ce qu'il faisait beau quand_il est revenu?	— , — — — .
Est-ce que Dacier avait peur quand_il était dans la villa?	— , — — — .

Non, il ne faisait pas beau.

Non, il n'avait pas peur.

Vous saviez que Lemaître était mort?	Oui, je savais qu'il était mort.
Tu savais que tu avais le temps de sortir?	— , — — — — — .
Vous pensiez que nous_étions toujours en vacances?	— , nous — — — — — .

Oui, je savais que j'avais le temps de sortir.

Oui, nous pensions que vous_étiez toujours

Catherine s'en va demain.
Dacier est parti hier.
Lemaître est_arrivé ce matin.
Nous_étions au restaurant.

Ah? je croyais qu'elle s'en_allait aujourd'hui.
— ? — — — — demain.
— ? — — — — ce soir.
— ? — — — — au Casino.

Ah? je croyais qu'il partait demain.
Ah? je croyais qu'il arrivait ce soir.
Ah? je croyais que vous_étiez au Casino.

Vous_avez beaucoup de pièces de un franc?
Vous_avez beaucoup d'enfants?
Vous_avez acheté beaucoup de livres?
Vous_êtes souvent allé(e) à Genève?

Non, je n'en_ai qu'une.
—, — — — — deux.
—, — — — — trois.
—, — — — — .

Non, je n'en ai que deux.
Non, je n'en_ai acheté que trois.
Non, je n'y suis_allé qu'une fois.

Pourquoi est-ce que la baronne est_allée au Casino?
Est-ce que Catherine était grièvement blessée?
Qu'est-ce que Jean a mis autour du bras de Catherine?
Pourquoi est-ce que Jean ne peut pas téléphoner à la Police?
Est-ce que c'est Dacier qui a tué Lemaître?
Comment est-ce que la baronne sait que quelqu'un est_entré dans la villa?

Elle — — — — — à la roulette
—, — — — — égratignure.
— — — — — .
— — — — — coupable.
Non, — — — — — —
— — — — — .

Elle y est_allée pour jouer à la roulette.
Non, ce n'était qu'une égratignure.
Il y a mis un mouchoir.
Parce que pour la Police, il est coupable.
Non, ce n'est pas Dacier, c'est le virus.
Parce qu'elle a vu un tiroir ouvert.

25 · FIN DE PISTE

(The hall of the Villa St Marc)

Catherine Jean, mais alors . . . mais alors . . . nous avons la preuve que . . .

Dacier . . . que je n'ai pas tué Lemaître. C'était le virus! Mais écoute, Catherine, mieux encore, nous avons la preuve que nous cherchions: la preuve que ce virus est mortel, la preuve que la Société Soleil était une dangereuse organisation.

Catherine Oui, Monsieur le Commissaire! Oh Jean, tu es formidable!

Dacier Maintenant nous pouvons appeler la police. Et il faut aller voir un médecin pour ton bras.

Catherine Oh, tu sais . . .

Dacier Ça saigne encore?

Catherine Non . . . enfin pas trop

Dacier Tout de même.

Catherine Ce n'est rien, je t'assure.

(They are completely relaxed when suddenly the headlights of a car appear outside the windows. Dacier and Catherine freeze)

Catherine C'est Fernande! Elle est revenue.

Dacier Oui, c'est certainement Fernande . . . Elle est revenue chercher la capsule. Bon. Euh . . . *(looking round then taking her by her shoulders)* Vite par ici, vite!

Catherine Non, cachons-nous là.

(She leads him to an alcove and they stand together absolutely still. The headlights go out and there is the sound of someone approaching and entering the house through the French windows. A shadow looms and suddenly Inspecteur Gaillard

appears followed by an armed policeman. A second armed policeman bursts in through the hall window. They stop dead as they see Lemaître's body, then Gaillard steps forward towards it and bends down. Before he can touch it, Dacier leaps from his hiding place)

Dacier Ne le touchez pas!

(The policemen jump and quickly cover him with their guns)

Dacier Mais ne le touchez pas, je vous dis.

Gaillard Monsieur Dacier . . . Mademoiselle . . .

Dacier Qu'est-ce que vous faites ici? Comment est-ce que vous avez trouvé la maison?

Gaillard *(professionally)* La police fait son travail, cher Monsieur. *(pointing at the body)* C'est Lemaître?

Dacier C'est lui.

Gaillard Est-ce qu'il y a quelqu'un d'autre dans la maison?

Catherine Non.

Gaillard Et la baronne?

Catherine Fernande? Elle s'est sauvée, il y a dix minutes. Elle a pris la voiture et elle est partie à toute vitesse.

Dacier Regardez son bras.

Gaillard Vous êtes blessée?

Catherine Oui, Fernande a tiré sur moi.

Gaillard *(indicating Lemaître)* Et lui?

Dacier Nous nous sommes battus, je lui ai donné un coup de poing là, au menton. Il est tombé et . . .

Catherine Oui, Monsieur l'Inspecteur, mais il n'est pas mort de ça.

Dacier Il avait une capsule sur lui, le fameux virus.

Gaillard Aha!

Dacier Il est tombé contre cette table, la capsule s'est brisée et . . .

Catherine Et il est mort du virus, presque immédiatement. Ce n'est pas Jean qui l'a tué, Monsieur l'Inspecteur, c'est le virus.

Dacier D'ailleurs vous pouvez le voir vous-même. Regardez le corps. Regardez son cou, sa main.

Catherine Vous voyez? C'est la preuve de ce que nous disions.

(Gaillard has been looking at them rather paternally during this explanation)

Gaillard Oui, je sais . . . je sais. *(smiling)* Je ne suis pas venu pour vous arrêter, mais pour vous féliciter. Je sais par Interpol que nous avons sans doute affaire à une dangereuse organisation internationale.

Catherine Mais nous le savions!

Dacier Nous vous l'avons dit à Paris.

Gaillard Je sais, vous avez été plus perspicaces que moi . . .

Dacier Dites-nous, ce virus, qu'est-ce que c'est exactement et à qui est-ce que Lemaître le vendait? . . .

Gaillard *(who does not know the whole story yet, changes the subject)* Oh! Mais cette blessure saigne. Occupons-nous de ça tout de suite.

Catherine Ce n'est rien.

Gaillard *(to one of the policemen)* Conduisez Mademoiselle et Monsieur à la voiture *(to Jean and Catherine who are about to protest)* Si, si, il faut voir un médecin le plus vite possible.

Dacier Mais . . .

Gaillard *(trying to show authority)* Monsieur, je m'occupe de cette affaire, c'est moi qui donne les ordres. *(to second policeman)* Téléphonez immédiatement au commissariat. Demandez le médecin légiste, quelqu'un du laboratoire et un photographe. *(as Catherine and Jean are about to leave the hall accompanied by first policeman)* À demain. Allez dormir, vous en avez besoin.

(The next day. A small restaurant by the harbour. Dinner time. Catherine, Jean and Gaillard are sitting on the terrace at a table all set for dinner. They each have an aperitif in front of them but their glasses are far from full)

Gaillard *(to the waitress)* Mademoiselle, remettez-nous ça, s'il vous plaît. *(indicating their glasses)*

Serveuse Oui, Monsieur. Alors, la même chose, Monsieur?

Gaillard S'il vous plaît.

Serveuse Alors, Monsieur, on aime bien notre petit rosé de Provence.

Gaillard Oui et puis quand j'aime quelque chose, j'en veux encore. Pas vous? Ha, ha! *(ogling her)* Pour moi, il n'y en a jamais assez.

Serveuse Je vois, Monsieur aime la bonne vie. *(she turns to go inside)*

Gaillard Dites-moi. Qu'est-ce que vous avez à manger? Qu'est-ce que vous avez de bon?

Serveuse Mais Monsieur, tout ce que j'ai est bon. Je vais vous apporter le menu. Je vais vous faire voir.

Gaillard Oui, Mademoiselle, faites voir. *(he follows her with his eyes as she fetches a huge tray of sea-food)*

Serveuse Voyez, Monsieur: homards, langoustes, langoustines, huîtres, moules.

Gaillard Bon, bon. Alors, qu'est-ce qu'on prend?

Catherine Ah, moi, je vais prendre une langouste. Non, je préfère un homard.

Dacier Pour moi des huîtres, ou bien des moules . . . Oh, je ne sais pas.

Gaillard Allez, allez, apportez tout.

Serveuse Bien, Monsieur. Un plateau de fruits de mer. *(she goes to fetch the order)*

Gaillard Ah, charmante, tout à fait charmante, hein? Vous ne trouvez pas?

(Dacier and Catherine try diplomatically to share Gaillard's enthusiasm for the waitress)

Dacier Oui elle est très bien.

Catherine Extrêmement sympathique.

Serveuse *(coming back with the order)* Les fruits de mer! Bon appétit!

Gaillard *(with satisfaction)* Et maintenant, Mademoiselle, cher Monsieur, je peux vous dire, je peux vous révéler tous les détails de cette sinistre affaire. J'ai reçu un coup de téléphone de Genève, des bureaux d'Interpol et . . .

Dacier Est-ce que vous avez découvert la nature du virus?

Gaillard *(holding his hand up)* Un instant, s'il vous plaît, un instant. On volait ce virus à Genève, cher Monsieur, on le transportait à Paris, *(Dacier and Catherine look at each other, suffering patiently)* on le transformait dans les laboratoires de la Société Soleil en un dangereux et mortel produit. On vendait ce produit, contenu dans de petites capsules, pour des sommes énormes. . . .

Dacier Oui, je sais, pour cinquante mille francs.

Gaillard *(annoyed at being interrupted)* On le vendait, disais-je, à une organisa-tion internationale secrète. Ce produit, Mademoiselle, était destiné . . . *(he pauses for effect)* à la guerre bactériologique. La guerre bac-tério-logique!

Dacier *(thoughtfully)* C'est bien ce que je pensais.

Gaillard Vous vous rendez compte? Cette affaire a des répercussions politiques et militaires, dans le monde entier. Et grâce à vous, chers amis, nous avons . . . nous avons mis le doigt dessus, nous avons mis la main *(his hand in an expansive gesture meets with the waitress as she comes back with the drinks and menu)* sur . . . *(distractedly, turning to a smile as he says)* sur ces criminels abominables! *(to the waitress)* Excusez-moi, Mademoiselle.

Serveuse *(with a giggle)* À votre service, Monsieur.

Gaillard *(raising his glass)* Je bois à votre santé, et . . . à votre bonheur.

         *   *   *

(They have finished their meal. The waitress is clearing the table)

Serveuse Alors ça vous a plu, Messieurs-dames?

Catherine Le homard était délicieux!

Dacier Et les huîtres étaient exquises!

Gaillard Ah, mais voyons. On n'a pas fini. Café et liqueurs, non?

Serveuse Qu'est-ce que vous désirez? Trois cognacs?

Catherine Oui, je veux bien.

Gaillard Bon, trois cafés et trois cognacs, s'il vous plaît.

Dacier *(calling over a newspaper vendor)* Psst! Un journal, s'il vous plaît. *(the newspaper vendor gives him a paper)* Gardez la monnaie . . . *(unfolding the paper)* Mon Dieu, Catherine! Regarde ça! *(he indicates a photograph of a car smash)*

Catherine Monsieur l'inspecteur, regardez!

Gaillard Hein, la baronne de Bisson!

Dacier *(reading)* 'La Baronne de Bisson tuée dans un terrible accident.'

Catherine Pouh . . . Regarde-moi cette voiture!

Gaillard Hé bien! En somme, moi je n'ai plus à m'occuper d'elle. *(turning to waitress)* Hein? Qu'en dites-vous, ma jolie? Dites-moi, est-ce qu'on peut loger ici, oui?

Serveuse Oui, Monsieur. *(Dacier and Catherine look at each other)*

Dacier *(tentatively)* Monsieur l'Inspecteur . . . euh . . . je pense que nous allons partir . . . Monsieur l'Inspecteur . . . *(he is too busy flirting with the waitress. Dacier and Catherine have already got up. He puts his arm round her waist and they move away as Gaillard remains totally absorbed by the waitress)*

Dacier Et voilà! Fin de piste! Et le commencement d'autre chose. Est-ce que je n'ai pas bien fait de 'suivre la piste' . . . Catherine?

SOME EXPRESSIONS

mieux encore	*better still*
cachons-nous	*let's hide*
quelqu'un d'autre	*someone (anyone) else*
elle s'est sauvée	*she made a dash for it*
un coup de poing	*a punch*
il n'est pas mort de ça	*that's not what killed him*
je sais par Interpol	*I know from (through) Interpol*
nous avons affaire à	*we're dealing with*
occupons-nous de ça	*let's do something about that*
bon appétit	*have a good meal*
dans le monde entier	*throughout the world*
nous avons mis le doigt dessus	*we've put our finger on it*
nous avons mis la main sur	*we've got our hands on . . .*
ça vous a plu?	*did you like it?*
regarde-moi cette voiture	*just look at that car*
en somme, moi, je n'ai plus	*at any rate, I don't have to worry*
à m'occuper d'elle	*about her any more*

HOW THE LANGUAGE WORKS

THE IMPERFECT . . . *is also used for something going on habitually in the past, corresponding roughly to the English 'used to' (or sometimes 'would'):*

on volait ce virus à Genève	*they would steal this virus from Geneva*
on le transportait à Paris	*they would take it to Paris*
et puis on le vendait . . .	*and then they used to sell it . . .*

FAIRE . . . *can be used as a 'modal' verb (with an infinitive), meaning 'to make someone do something' or 'to have something done'. But note the special meanings of the following expressions:*

savoir	*to know*	faire savoir	*to inform*
remarquer	*to notice*	faire remarquer	*to remark, point out*
tomber	*to fall*	faire tomber	*to knock down/drop*
venir	*to come*	faire venir	*to send for*
entrer	*to come in*	faire entrer	*to show in*
sortir	*to go out*	faire sortir	*to show out*

Notice how these expressions are used:

je l'ai fait venir	*I sent for him*
je l'ai fait manger	*I made him eat*

SE RENDRE COMPTE . . . *'to realize':*

vous ne vous rendez pas compte	*you don't realize*

PUTTING IT TO USE

The following questions are all about the story. The number refers to the relevant episode.

1. Qui est-ce qui avait le paquet à Orly?
2. À qui est-ce que Dacier a d'abord parlé pour retrouver Catherine?
3. Qu'est-ce que Dacier a acheté à 'La Mode de Paris' et pour qui?
4. Comment est-ce que Dacier savait l'adresse de Catherine?
5. Pourquoi est-ce que Lemaître est allé à l'Hôtel des Boulevards?
6. Pourquoi est-ce que Dacier et Catherine ne peuvent pas avertir la Police?
7. Combien est-ce que Lemaître a d'abord demandé à l'agent pour le paquet?
8. Où est-ce que Lemaître et l'agent se sont donné rendez-vous?
9. Pour quel avion est-ce que Lemaître demande une place pour Catherine?
10. Comment est-ce que Lemaître peut surveiller le travail aux laboratoires de la Société Soleil?
11. Pourquoi est-ce que le docteur Genin ne peut pas apporter un autre paquet dans trois jours?
12. Qu'est-ce que la douanière a trouvé dans le sac à main de Catherine?

C'est 'la Piste Six'/Dédé Corti qui avait le paquet.

Il a d'abord parlé à la concierge pour la retrouver.

Il a acheté un foulard de soie pour Catherine.

Parce qu'il l'a demandée à la vendeuse/parce que la vendeuse la lui a donnée.

Il y est allé pour retrouver le paquet et pour assassiner Dédé Corti.

Parce que Catherine a fait de la contrebande.

Il lui a d'abord demandé soixante mille francs.

Ils se sont donné rendez-vous au cinéma Le Rex.

Il en demande une pour le prochain avion pour Genève.

Il peut le surveiller par un circuit intérieur de télévision.

Il ne peut pas en apporter un autre parce que maintenant il a un assistant dans sa laboratoire.

Elle y a trouvé un flacon de parfum, un porte-billets, un poudrier, du rouge à lèvres et trois paquets de cigarettes.

13. Qu'est-ce Dacier et Catherine ont trouvé dans le paquet de Dubellay?

14. Comment est-ce que Dacier s'est habillé pour se déguiser en acteur?

15. Quel est le mot de passe de Dacier?

16. Qu'est-ce que la Chinoise a montré à Catherine?

17. Où est-ce que la baronne et Dacier sont allés quand ils ont fini les courses?

18. Pourquoi est-ce que Dacier a téléphoné à tous les hôpitaux de Genève?

19. Comment est-ce que Dacier a pu donner rendez-vous à Catherine pour l'après-midi?

20. Qu'est-ce qu'il y avait dans la capsule que Dacier a donnée à la Police?

21. Comment est-ce que la pompiste connaît Catherine?

22. Depuis quand est-ce que la baronne et Lemaître sont à Saint Jean Cap Ferrat?

23. Comment est-ce que Dacier et Catherine sont entrés dans la villa de la baronne?

24. Avec quoi est-ce que la baronne a tiré sur Catherine?

25. À qui est-ce que Lemaître vendait les capsules?
    À quoi est-ce que le virus était destiné?
    Qu'est-ce qui est arrivé à la baronne de Bisson?

Ils y ont trouvé des capsules.

Il a mis un vieux veston.
Le mot de passe de Dacier, c'est Piste Huit.
Elle lui a montré une vieille main en ivoire.

Quand ils ont fini les courses, ils sont allés à la maison de la baronne.
Il leur a téléphoné pour savoir où travaillait le docteur Genin.
Il lui a montré l'adresse d'une librairie sur son livre.

Il n'y avait que de la glycérine.
Parce qu'elle l'a déjà vue sur la brochure de l'huile Soleil.

Ils y sont depuis deux jours.

Ils y sont entrés par une fenêtre.
Elle a tiré sur elle avec un revolver.
Il les vendait à une organisation internationale secrète.
Il était destiné à la guerre bactériologique.
Elle est morte dans un terrible accident de voiture.

GRAMMAR SYNOPSIS

VERBS . . . this table shows how regular -er verbs behave as well as certain 'pattern' verbs from the dialogues. In the glossary, next to each verb (except regular -er verbs) you will find its 'pattern' verb given in brackets e.g. sortir (partir). By reference to the 'pattern' verb in this table, you will be able to find how the verb you've looked up behaves.

This table gives the infinitive, the present tense, the past participle and a note of special forms when necessary. The imperfect tense is always formed from the nous form of the present by leaving off the ending -ons and adding the endings (je) -ais, (tu) -ais, (il/elle) -ait, (nous) -ions, (vous) -iez (ils/elles) -aient. The only exception to this rule is être (see note below).

	INFINITIVE	1 je/j'	2 tu	3 il/elle	PRESENT TENSE 4 ils/elles	5 nous	6 vous	PAST PARTI-CIPLE	NOTES
I. Four completely irregular verbs which are the most frequently used in the language	avoir	ai	as	a	ont	avons	avez	eu	*imperative* aie/ayez
	être	suis	es	est	sont	sommes	êtes	été	*imperative* sois/soyez *imperfect* étais/étiez
	aller	vais	vas	va	vont	allons	allez	allé	*imperative* va/allez
	faire	fais	fais	fait	font	faisons	faites	fait	
II. Verbs where the forms in columns 1–4 are pronounced alike. (a) regular -er verbs	chercher	cherche	cherches	cherche	cherchent	cherchons	cherchez	cherché	
(b) -er verbs with slight irregularities in the present only	acheter	achète	achètes	achète	achètent	achetons	achetez	acheté	*changes in spelling reflect*
	appeler	appelle	appelles	appelle	appellent	appelons	appelez	appelé	*change of*
	espérer	espère	espères	espère	espèrent	espérons	espérez	espéré	*pronunciation*
	envoyer	envoie	envoies	envoie	envoient	envoyons	envoyez	envoyé	
	arranger	arrange	arranges	arrange	arrangent	arrangeons	arrangez	arrangé	*spelling changes*
	annoncer	annonce	annonces	annonce	annoncent	annonçons	annoncez	annoncé	*to keep g and c soft before o*

III. Verbs where the forms in columns 4, 5 and 6 contain a consonant sound which is not present in columns 1, 2 and 3

	INFINITIVE	PRESENT TENSE						PAST PARTICIPLE	NOTES
		1 je/j'	2 tu	3 il/elle	4 ils/elles	5 nous	6 vous		
(c) other verbs	ouvrir	ouvre	ouvres	ouvre	ouvrent	ouvrons	ouvrez	ouvert	
	rire	ris	ris	rit	rient	rions	riez	ri	
	courir	cours	cours	court	courent	courons	courez	couru	
	croire	crois	crois	croit	croient	croyons	croyez	cru	
	voir	vois	vois	voit	voient	voyons	voyez	vu	
	(s')asseoir	assois	assois	assoit	assoient	asseyons	asseyez	assis	vive! long live!
(a) the consonant is heard in the infinitive	partir	pars	pars	part	partent	partons	partez	parti	
	dormir	dors	dors	dort	dorment	dormons	dormez	dormi	
	servir	sers	sers	sert	servent	servons	servez	servi	
	suivre	suis	suis	suit	suivent	suivons	suivez	suivi	
	mettre	mets	mets	met	mettent	mettons	mettez	mis	
	battre	bats	bats	bat	battent	battons	battez	battu	
	vivre	vis	vis	vit	vivent	vivons	vivez	vécu	
	attendre	attends	attends	attend	attendent	attendons	attendez	attendu	
	savoir	sais	sais	sait	savent	savons	savez	su	
(b) the consonant is not present in the infinitive.	finir	finis	finis	finit	finissent	finissons	finissez	fini	
	éteindre	éteins	éteins	éteint	éteignent	éteignons	éteignez	éteint	
	conduire	conduis	conduis	conduit	conduisent	conduisons	conduisez	conduit	
	connaître	connais	connais	connaît	connaissent	connaissons	connaissez	connu	
	dire	dis	dis	dit	disent	disons	dites	dit	
	écrire	écris	écris	écrit	écrivent	écrivons	écrivez	écrit	
	lire	lis	lis	lit	lisent	lisons	lisez	lu	
	plaire	plais	plais	plaît	plaisent	plaisons	plaisez	plu	

| | INFINITIVE | PRESENT TENSE | | | | | | PAST PARTICIPLE | NOTES |
		1 je	2 tu	3 il/elle	4 ils/elles	5 nous	6 vous		
IV Verbs where the form in column 4 is pronounced differently from all the other forms.	**vouloir**	veux	veux	veut	veulent	voulons	voulez	voulu	
	pouvoir	peux	peux	peut	peuvent	pouvons	pouvez	pu	
	devoir	dois	dois	doit	doivent	devons	devez	dû	*Fem. past participle* **due**
	recevoir	reçoit	reçois	reçoit	reçoivent	recevons	recevez	reçu	
	boire	bois	bois	boit	boivent	buvons	buvez	bu	
	tenir	tiens	tiens	tient	tiennent	tenons	tenez	tenu	
	prendre	prends	prends	prend	prennent	prenons	prenez	pris	

POSITION OF THE OBJECT PRONOUN

I. AFTER AN AFFIRMATIVE IMPERATIVE

DIRECT OBJECT

Servez	-moi -nous -(vous) -le -la -les -en

INDIRECT OBJECT

Téléphonez etc.	-moi -nous -lui -leur -y

TWO OBJECTS

	DIRECT	INDIRECT
Envoyez etc.	-le- -la- -les- -(l')-	moi nous lui lui y

	INDIRECT	DIRECT
Servez etc.	-m' -nous -vous -lui- -leur-	en

N.B. The same order of pronouns as in the boxes under II is used when they come before avoir or être in the past tense or before an infinitive used with a 'modal' verb.

II. BEFORE A VERB OTHER THAN AN AFFIRMATIVE IMPERATIVE

DIRECT

Jean etc.	(ne) (n')	me te nous vous se le la les en	sert etc.	(pas)

INDIRECT

Jean etc.	(ne) (n')	me te nous vous lui leur y	téléphone	(pas)

TWO OBJECTS

Jean etc.	(ne)	me te nous vous se	le la les	donne etc.	(pas)

Jean etc.	(ne)	m' t' nous vous se	en	félicite	(pas)

Jean etc.	(ne)	le la les	lui leur y	sert etc.	(pas)

Jean etc.	(n')	m' t' nous vous	y	trouve etc.	(pas)

THE DISJUNCTIVE PRONOUNS ... are used:

1. (a) Emphatically (b) by themselves
2. After c'est
3. After a preposition

c'est	moi
avec	toi
chez	lui/elle
de	nous
sans	vous
pour	eux/elles
	soi

THE RELATIVE PRONOUN

	qui	est venu
L'homme	que qu'	j'ai vu il a vu
	chez qui	je vais

subject: **qui**

object: **que or qu'**

after prepositions: **qui** *for persons only*

THE INTERROGATIVE PRONOUN

	Subject	Object	After a preposition
Persons	Qui est là? Qui est-ce qui vient?	Qui est-ce que vous voyez?	À qui est le stylo? À qui est-ce que vous parlez?
Things	Qu'est-ce qui est tombé?	Qu'est-ce que vous voyez?	À quoi est-ce que vous pensez?

ARTICLES AND POSSESSIVE AND DEMONSTRATIVE ADJECTIVES

	SINGULAR				PLURAL (Masculine and Feminine)	
	BEFORE A CONSONANT		BEFORE A VOWEL		BEFORE A CONSONANT	BEFORE A VOWEL
	Masculine	Feminine	Masculine	Feminine		
ARTICLES	un le du	une la de la	un l' de l'	une l' de l'	des les des	des les des
	de		d'		de	d'
POSSESSIVES	mon ton son notre votre leur	ma ta sa notre votre leur	mon ton son	mon ton son	mes tes ses nos vos leurs	mes tes ses nos vos leurs
DEMONSTRATIVES	ce	cette	cet	cette	ces	ces

N.B. ‿ indicates liaison before a vowel (note s is pronounced as z)

THE FEMININE OF ADJECTIVES

MASCULINE FORM		CHANGES IN THE FEMININE	
		Spelling	Pronunciation
1. Adjectives ending in -e and: bien, pas mal, chic	e.g. simple	no change	no change
2. Adjectives ending in a sounded vowel or in -l		add -e	no change
	e.g. joli, enchanté	jolie, enchantée	
(note -el becomes -elle)	e.g. seul, normal	seule, normale	
	e.g. essentiel	essentielle	
or in sounded -r	e.g. sûr, noir, dur	sûre, noire, dure	
(note -er pronounced èr becomes -ère)	e.g. cher	chère	
3. Other Adjectives: General rule – add -e and sound the final consonant			
(a) without any further change	e.g. petit, anglais, froid	petite, anglaise, froide	sound t, z, d
(b) with spelling changes	e.g. gros, bas, épais	grosse, basse, épaisse	sound s
	mystérieux, and all adjectives in -eux (except vieux)	mystérieuse	sound s as z
	gentil	gentille	sound ll as y
	long	longue	sound g
	blanc	blanche	sound ch as sh
	complet, secret	complète, secrète	sound t
(c) with further pronunciation changes	e.g. plein	pleine	pronounced plè-n(e)
	and adjectives in -ain		
	fin	fine	pronounced fi-n(e)
	brun	brune	pronounced bru-n(e)
	exact (pron. ègza)	exacte	pronounced ègzak-t(e)
(d) with spelling and pronunciation changes	e.g. beau, nouveau	belle, nouvelle	
	bon	bonne	pronounced bo-n(e)
	premier (pron. premyé)	première	pronounced premyè-r(e)
	and dernier, entier	dernière, entière	
	sec	sèche	pronounced sè-sh(e)
	vieux	vieille	pronounced vyè-y(e)

Note that the masculine and feminine forms of class 3 adjectives are often pronounced in the same way when they come before a noun beginning with a vowel. Compare: mon petit ami, ma petite amie. The exception is grand, in which the d of the masculine is pronounced as t in liaison: compare: grand ami (gran-T-ami), grande amie (gran-D-amie). Note also the special spelling of the following masculine adjectives in the singular before a vowel:

beau – un bel homme (compare: une belle femme)
vieux – un vieil homme (compare: une vieille femme)
nouveau – un nouvel habit (compare: une nouvelle robe)

GLOSSARY

ABBREVIATIONS: m.: *masculine;* f.: *feminine;* pl.: *plural;* adj.: *adjective;* cin. tech.: *cinema technical term;* inf.: *infinitive.*
h: *words beginning with* **h** *printed in extra heavy type behave as if they began with a consonant: i.e. they are never preceded by liaison or elision, e.g.:* le **h**asard, le(s) **h**omard(s).

VERBS: *If the past tense of a verb is formed with* être, *this is indicated (except in the case of 'reflexive' verbs). All verbs other than regular* -er *verbs are listed with a reference to their 'pattern' verb in the grammar table on page 203, so that you can easily find how a verb behaves. 'Pattern' verbs themselves carry a reference to the same table.*

ADJECTIVES: *Adjectives are listed with their feminine form except when this is formed simply by adding* -e *and with their plural except when this is formed simply by adding* -s *or* -es.

NOUNS: *Nouns are listed with their plural form except when this is formed simply by adding* -s.

A

a *see* avoir
à *in, at, to, belonging to*
abandonner *to abandon*
abominable *abominable*
absent *away, absent*
absolument *absolutely*
accident (m.) *accident*
accompagner *to accompany, go with*
accorder *to grant*
accuser *to accuse*
achat (m.) *purchase*
  service des achats *buying department*
acheter *to buy (see p. 203)*
acteur (m.) *actor*
activité (f.) *activity*
admirable *admirable*
adorable *adorable*
adorer *to adore*
adresse (f.) *address*
adresser *to address*
  s'adresser à *to go and speak to (someone)*
aérogare (f.) *air terminal*
aéroport (m.) *airport*
affaire (f.) *matter, affair*
  avoir affaire à *to deal with*
  affaires (f.pl.) *business, things (personal effects)*
affiche (f.) *poster*
Afrique (f.) *Africa*
  Afrique du Nord *North Africa*
âge (m.) *age*
agence (f.) *agency*
  agence immobilière *estate agents*
  agence de voyages *travel agency*

agent (m.) *agent, policeman*
agir *to act* (finir)
agréer *to accept*
  veuillez agréer . . . *please accept . . . (formula for closing letter)*
ah! *oh!, ah!*
ai *see* avoir
aider *to help*
aiguille (f.) *needle*
aimable *kind*
  vous êtes très aimable *it's very kind of you*
aimer *to like, love*
  j'aimerais bien *I'd very much like (to)*
ainsi *(and) so, in this way*
air (m.) *air*
  avoir l'air *to look, appear*
aise (f.) *ease*
  à votre aise! *just as you like*
ajuster *to adjust*
alcool (m.) *alcohol*
Allemagne (f.) *Germany*
aller (être) *to go (see p. 203)*
  allons!/allez! *come on!/go on!*
  allez-y! *go on!, carry on!*
  comment allez-vous? *how are you?*
  allez donc! *get away with you!*
  s'en aller *to go away*
  aller bien à *to suit*
  ça va? *everything all right?*
  ça va *it's all right. I'm all right*
allez *see* aller
allô! *hello! (on telephone)*
allons *see* aller
allumer *to light, switch on the light*

209

allumette (f.) *match)*
alors *so, then*
Amérique (f.) *America*
ami (m.) *friend*
amie (f.) *(girl) friend*
amour (m.) *love*
amusant *amusing*
analyse (f.) *analysis*
ancien, -enne *old, ancient, former*
anglais *English*
  en anglais *in English*
Angleterre (f.) *England*
animal, -aux (m.) *animal*
année (f.) *year*
annoncer *to announce (see p. 203)*
annuaire (m.) *telephone directory*
anonyme *anonymous*
  société anonyme *limited company*
antiquité (f.) *antiquity*
  antiquités (f.pl.) *antiques*
apéritif (m.) *aperitif*
appareil (m.) *instrument*
  . . . à l'appareil . . . *speaking (on telephone)*
appartement (m.) *flat*
appartenir à *to belong to* (tenir)
appel (m.) *call*
appeler *to call (see p. 203)*
  s'appeler *to be called*
  comment vous appelez-vous? *what's your name?*
appétit (m.) *appetite*
  bon appétit! *have a good meal!*
apporter *to bring*
apprendre *to learn* (prendre)
approcher *to approach*
appuyer *to lean* (envoyer)
  appuyer sur *to press (a button etc.)*
après *after*
après-midi (m.) *afternoon*
argent (m.) *money*
  argent de poche *pocket-money*
arranger *to arrange (see p. 203)*
  s'arranger *to make arrangements, to find a way*
arrêter *to stop, to arrest*
  s'arrêter *to stop*
arrivée (f.) *arrival*
arriver (être) *to arrive, to have come*
article (m.) *article*

as *see* avoir
ascenseur (m.) *lift*
assassin (m.) *murderer*
assassiner *to murder*
s'asseoir *to sit down (see p. 204)*
assez *quite, enough, fairly*
  assez de *enough*
assiette (f.) *plate*
assistant (m.) *assistant*
assistante (f.) *assistant*
assurer *to assure*
atomique *atomic*
attendre *to wait for (see p. 204)*
attente (f.) *wait*
attention! *attention!, careful!*
  faites attention! *be careful!*
attirer *to attract*
au *to the, at the, in the*
augmenter *to increase*
aujourd'hui *today*
aussi *also*
  aussi . . . que *as . . . as*
aussitôt *as soon as*
autant . . . que *as much . . . as*
auto (f.) *motor-car*
autobus (m.) *bus*
autocar (m.) *motor-coach*
autorité (f.) *authority*
autre *other*
  un autre *another, someone else*
  autre chose *something else*
autrement *otherwise*
  autrement dit *in other words*
aux *to the (plural)*
avant *before*
  avant de + inf. *before . . . ing*
avant-hier *the day before yesterday*
avec *with*
aventure (f.) *adventure*
avertir *to warn, inform* (finir)
avez *see* avoir
aviation (f.) *aviation*
  pilote d'aviation *airline pilot*
avion (m.) *aeroplane*
  en avion *by plane*
avoir *to have (see p. 203)*
  en avoir pour (longtemps) *to be (a long time)*
avons *see* avoir
avril (m.) *April*

B

bacille (f.) *bacillus*
bactériologique *bacteriological*
  guerre bactériologique *germ warfare*
bagages (m.pl.) *luggage*
bah! *tut!, bah!*
se baigner *to bathe*
balcon (m.) *balcony*
banque (f.) *bank*
bar (m.) *bar*
  bar-tabac *bar with a tobacco and stamps licence*
barman (m.) *barman*
baronne (f.) *baroness*
bas (m.) *stocking*
bas, -sse *low*
  en bas *downstairs*
se battre *to fight (see p. 204)*
bavarder *to chat*
beau, beaux *fine, handsome, beautiful*
  il fait beau *it is fine (weather)*

beaucoup *(very) much*
  beaucoup de *a lot of, many, much*
bel, belle, belles *fine, handsome, beautiful*
Belgique (f.) *Belgium*
besoin (m.) *need*
  avoir besoin de *to need*
bête *silly, stupid*
bêtise (f.) *foolishness*
bien *(very) well, very (much), good, nice, (often used for emphasis)*
  eh bien! *well!*
bientôt *soon*
bière (f.) *beer*
  bière blonde *lager type beer*
  bière brune *dark beer*
bifteck (m.) *steak*
billet (m.) *ticket, banknote*
bis *'a' (in house-numbers)*
bizarre *strange*
blanc, blanche *white*

blesser *to wound*
blessure (f.) *wound*
boire *to drink (see p. 205)*
boisson (m.) *drink*
boîte (f.) *box, tin*
bombe (f.) *bomb*
bon, bonne *good*
bonbon (m.) *sweet*
bonheur (m.) *happiness*
bonjour *good day, good morning, good
        afternoon*
bonne nuit *sleep well, goodnight*
bonsoir *good evening, goodnight*
Bordeaux (vin de) (m.) *claret*
bordure (f.) *edge*
   en bordure de mer *on the edge of the sea*
bouche (f.) *mouth*
bouger *to move* (arranger)
boulevard (m.) *boulevard*
bout (m.) *end*
   bout filtre *filter tip*
   bout de papier *slip of paper*

bouteille (f.) *bottle*
boutique (f.) *small shop*
bouton (m.) *button*
branche (f.) *branch*
bras (m.) *arm*
bravo *bravo*
bridé *narrow, slanted*
   les yeux bridés *narrow-eyed*
briquet (m.) *(cigarette) lighter*
briser *to break*
   se briser *to get broken*
brochure (f.) *brochure*
bronzage (m.) *sun-tan*
brouillard (m.) *fog*
   il fait du brouillard *it's foggy*
brun *brown*
buffet (m.) *sideboard, buffet*
bureau (m.) *office, desk*

c

ça *that*
   ah, ça ! *don't ask me !*
   ça alors ! *well, I'll be . . . !*
   ça y est *that's it, there we are*
   c'est bien ça *that's quite right*
cabaret (m.) *cabaret*
cabine (f.) *cabin, booth*
   cabine téléphonique *telephone box*
cacher *to hide*
   se cacher *to hide (oneself)*
cachet (m.) *rubber-stamp*
cadavre (m.) *corpse*
cadeau (m.) *present*
café (m.) *coffee, café*
caisse (f.) *cash-desk*
caissier (m.) *cashier*
caissière (f.) *cashier*
campagne (f.) *country, country-sde, campaign*
   à la campagne *in the country*
Canada (m.) *Canada*
cap (m.) *cape*
capsule (f.) *capsule*
carte (f.) *card, menu, map*
   carte postale *postcard*
carton (m.) *box, cardboard*
cartouche (f.) *carton (of cigarettes)*
cas (m.) *case*
   en ce cas   }
   dans ce cas } *in that case*
   en tout cas *in any case, anyway*
casino (m.) *casino*
casserole (f.) *saucepan*
cathédrale (f.) *cathedral*
ce *it, this, that*
   ce qui *that which, what*
ce (. . . là) *this, that*
ceci *this*
cela *that*
   c'est cela *that's right*
celui, celle (. . . là) *the one, (that one)*
cent *100*
centime (m.) *centime*
central, bureau central (m.) *telephone exchange*
centre (m.) *centre*
certain *certain*
certainement *certainly, no doubt*
ces (. . . là) *these, those*

cet, cette (. . . là) *this, that*
chaise (f.) *chair*
chambre (f.) *(bed) room, (hotel) room*
champagne (m.) *champagne*
champignon (m.) *mushroom*
chance (f.) *luck, chance*
   elle a de la chance *she's lucky*
   pas de chance *bad luck*
   c'est bien ma chance ! *just my luck !*
change (m.) *(money) exchange*
changer *to change* (arranger)
   se changer *to change one's clothes*
chanson (f.) *song*
chanter *to sing*
chapeau (m.) *hat*
chaque *each, every*
charmant *charming*
charme (m.) *charm, flattery*
   faire du charme *to turn on the charm*
châteaubriant (m.) *châteaubriant steak*
chaud *hot, warm*
   avoir chaud *to be hot, warm*
chauffer *to heat*
chauffeur (m.) *driver*
chef (m.) *head, chief, chef*
chemin (m.) *way, path, road*
   sur le bon chemin *on the right track*
   chemin de fer *railway*
chemise (f.) *shirt, blouse*
chemisier (m.) *blouse*
chèque (m.) *cheque*
   chèque de voyage *travellers' cheque*
cher, -ère *dear, expensive*
   pas cher *cheap*
chercher *to look for*
chéri (m.), chérie (f.) *darling*
cheveux (m.pl.) *hair*
chez . . . *to/at someone's home/place*
chic *chic*
chien (m.) *dog*
chiffre (m.) *figure (digit)*
Chine (f.) *China*
chinois *Chinese*
Chinoise (f.) *Chinese woman*
chinoiserie (f.) *Chinese curio*
chocolat (m.) *chocolate*
   glace au chocolat *chocolate ice*

choisir *to choose* (finir)
choix (m.) *choice*
chose (f.) *thing*
chou (m.) *cabbage*
  tu es chou *you're sweet*
chut! *ssh!*
cigarette (f.) *cigarette*
cinéma (m.) *cinema*
cinq *5*
cinquante *50*
cinquième *fifth*
circuit (m.) *circuit*
clair *clear*
clap (m.) *clapper-board*
  le clap! *mark it! (tech. cin.)*
classe (f.) *class*
classeur (m.) *filing-cabinet*
classique *classical*
clé (f.) *key*
  fermer à clé *to lock*
client (m.) *customer*
cliente (f.) *customer*
cocaïne (f.) *cocaine*
coeur (m.) *heart*
  avoir mal au coeur *to feel sick*
coffre-fort (m.) *safe*
cognac (m.) *brandy*
coin (m.) *corner*
colis (m.) *parcel*
combien (de) *how much, how many*
combiné (m.) *(telephone) receiver*
commande (f.) *order*
commander *to order*
comme *as, like, as well as*
  qu'est-ce que vous voulez comme . . . ?
    what kind of . . . do you want?
commencement (m.) *beginning*
commencer *to begin* (annoncer)
  pour commencer *to begin with*
comment? *what? pardon?*
comment *how*
  comment cela? *how do you mean?*
  comment est . . . ? *what is . . . like?*
  comment est-ce que *how*
commercial, -aux *commercial*
commissaire (m.) *(police) inspector*
commissariat (m.) *police station*
commission (f.) *message, task*
  faire la commission *to pass on the message*
communication (f.) *communication, call*
  je n'ai pas eu ma communication *I didn't get*
    through (on telephone)
complet, -ète *complete, full*
complètement *quite, completely*
complice (m. or f.) *accomplice*
compliment (m.) *compliment*
  mes compliments! *congratulations!*
composer *to compose*
  composer le numéro *to dial the number*
comprendre *to understand* (prendre)
compris *included, understood*
compromettre *to compromise* (mettre)
  compromis *involved*
compte (m.) *account*
  se rendre compte (de) *to realise*
compter *to count*
  compter sur *to rely on*
comptoir (m.) *counter*
concerner *to concern*
  en ce qui concerne *as far as . . . is/are*
  concerned

concert (m.) *concert*
concierge (m. or f.) *caretaker, hall-porter*
concret, -ète *concrete*
conduire *to lead, take someone somewhere,*
  drive a car (see p. 204)
conférence (f.) *conference, lecture*
confiance (f.) *confidence*
  faites-moi confiance *you can trust me*
confirmation (f.) *confirmation*
connaissance (f.) *acquaintance*
  faire la connaissance de *to meet, get to know,*
  be introduced to
connaître *to know (a person or place) (see*
  p. 204)
conseil (m.) *advice*
conséquent (m.)
  par conséquent *consequently*
constamment *constantly*
content *glad, pleased*
contenu (m.) *contents*
continuer *to go on, continue*
contraire (m.) *contrary, opposite*
  au contraire *on the contrary*
contre *against*
contrebande (f.) *smuggling*
  faire de la contrebande *to smuggle*
contrôle (m.) *inspection, check*
contrôleur (m.) *ticket inspector*
copain (m.) *friend, chum*
copie (f.) *copy*
coq (m.) *cock, cockerel*
  coq au vin *chicken cooked in wine*
corps (m.) *body*
correspondance (f.) *correspondence*
Corse (f.) *Corsica*
costaud *tough*
côte (f.) *coast*
  Côte d'Azur *Riviera*
côte (f.) *chop, rib*
côté (m.) *side*
  à côté de *beside*
  de ce côté (de) *on this side (of)*
  de votre côté *for your part*
cou (m.) *neck*
coucher *to put to bed*
  se coucher *to go to bed, lie down*
couchette (f.) *couchette*
coup (m.) *blow*
  coup de poing *punch*
  coup de téléphone *telephone call*
  tout d'un coup *suddenly*
coupable *guilty*
couper *to cut, cut off*
cour (f.) *(court) yard*
courant *current, inst. (in letters)*
  être au courant (de . . .) *to know (about*
  something)
courir *to run (see p. 204)*
courrier (m.) *courier, post*
cours (m.) *rate (of exchange)*
course (f.) *errand*
  courses (f.pl.) *shopping*
  faire des courses *to go shopping*
coûtume (f.) *custom*
coûter *to cost*
couvert (m.) *place (setting at table)*
couvrir *to cover* (ouvrir)
crainte (f.) *fear*
crayon (m.) *pencil*
crème (f.) *cream*
créole *creole*

crever *to burst* acheter)
 pneu crevé *flat tyre*
crime (m.) *crime*
criminel (m.) *criminal*
croire *to believe, think (see p. 204)*
 il se croit en vacances *he thinks he's on holiday*

croissant (m.) *croissant*
croupier (m.) *croupier*
croyable *credible*
crudités (f.pl.) *hors d'oeuvre of raw vegetables*
curieux, -euse *curious, inquisitive*

D

d' *see* de
d'abord *(at) first*
d'accord *agreed, all right, O.K.*
d'ailleurs *besides, anyway*
dame (f.) *lady*
danger (m.) *danger*
dangereux, -euse *dangerous*
dans *in*
de, d' *of, from; to; some, any*
de la, de l' *some, any; of/from the*
debout *standing; stand up!*
décider *to decide*
déclaration (f.) *statement*
déclarer *to declare*
découvrir *to discover* (ouvrir)
décrocher *to unhook*
définitif, -ive *final*
déjà *already*
déjeuner (m.) *lunch*
 petit déjeuner *breakfast*
délicieux, -euse *delicious, delightful*
demain *tomorrow*
demande (f.) *request, enquiry, application*
 demande de renseignements *enquiry*
demander *to ask for*
 se demander *to wonder*
demi *half*
 demi-bouteille (f.) *half a bottle*
 deux heures et demie *half past two*
 demi-heure (f.) *half an hour*
 demi-litre (m.) *half a litre*
dent (f.) *tooth*
départ (m.) *departure*
se dépêcher *to hurry*
dépendre *to depend* (prendre)
depuis *since, for*
déranger *to disturb* (arranger)
dernier, -ière *last, latest*
derrière *behind*
des *of/from the; some, any*
descendre (être) *to go, come down* (attendre)
désirer *to want*
désolé *(very) sorry*
dessus *on, over*
 mettre le doigt dessus *put one's finger on*
destination (f.) *destination*
destiné *destined, intended (for)*
détail (m.) *detail*
détective (m.) *detective*
détester *to hate, detest*
dette (f.) *debt*
deux *2*
deuxième *second*
devant *in front (of)*
devoir *to owe, to have to (see p. 205)*

dialogue (m.) *dialogue, script*
diable (m.) *devil*
 que diable! *for heaven's sake.*
dicter *to dictate*
difficile *difficult*
dimanche (m.) *Sunday*
dîner *to dine*
dîner (m.) *dinner (evening meal)*
dire *to say, tell (see p. 204)*
 c'est-à-dire *that's to say*
 dis donc! *I say!*
 disons *let's say*
 ça me dit quelque chose *that rings a bell*
directement *directly*
directeur (m.) *director, manager*
 directeur-général *managing director*
directeur des ventes *sales manager*
discrètement *discreetly*
disposition (f.) *disposal*
 à votre (entière) disposition *(entirely) at your service*
distingué *distinguished*
divan (m.) *couch*
dix *10*
dix-sept *17*
dix-huit *18*
dix-neuf *19*
doigt (m.) *finger*
 mettre le doigt dessus *put one's finger on*
dôme (m.) *dome*
domestique (m.) *servant*
domicile (m.) *place of residence, home (-address)*
dommage (m.) *pity*
 c'est dommage *that's a pity*
donc *(well) then, so*
donner *to give*
dormir *to sleep (see p. 204)*
dosage (m.) *mixture*
dossier (m.) *file*
douane (f.) *customs*
douanier (m.) *customs officer*
douanière (f.) *customs officer*
doucement *quietly, gently*
doute (m.) *doubt*
douzaine (f.) *dozen*
douze *twelve*
droit (m.) *right*
droit, *straight, right*
 tout droit *straight ahead*
 la droite *the right (hand side)*
 à droite *(to the) right*
drôle *funny, odd*
 quel drôle de type *what an odd fellow*
du, de l' *of/from the; some, any*

E

eau (f.) *water*
 eau nature *ordinary water*
 eau de seltz *soda water*
échange (m.) *exchange*
échantillon (m.) *sample*

écharpe (f.) *scarf*
école (f.) *school*
écouter *to listen to*
 j'écoute *hello, yes? (on telephone)*
écrire *to write (see p. 204)*

effectivemen. *indeed in fact*
effet (m.) *effect*
  en effet *indeed, in fact*
effilé *tapering*
égal, égaux *equal*
  ça m'est égal *I don't mind, it's all the same to me*
église (f.) *church*
égratignure (f.) *scratch*
électrique *electric*
élégant *elegant.*
elle *she, it; her*
elles *they; them*
employé (m.) *clerk, attendant*
employée (f.) *clerk, attendant*
emprunter *to borrow*
en *in, at, to; as; of it, some, any*
enchanté *delighted*
encore *again, still, more*
  encore une fois *once more*
  encore un/une . . . *another*
enfant (m. or f.) *child*
enfin *at last, finally*
ennuyer *to annoy, worry, bore* (envoyer)
  ça vous ennuie? *do you mind?*
ennuyeux, -euse *annoying*
énorme *huge*
énormément *immensely*
ensemble *together*
ensuite *next*
entendre *to hear* (attendre)
  entendu! *right you are!*
entier, -ière *whole*
  dans le monde entier *throughout the world*
entre *between*
entrée (f.) *entrance*
  entrée de service *service entrance*
entrepôt (m.) *store, depot*
entrer (dans) *to enter, go/come/get in (to)*
  faire entrer *to show in*
enveloppe (f.) *envelope*
envie (f.) *desire*
  avoir envie de *to want to*
environ *about, approximately*
envisager *to envisage, foresee*
envoyer *to send (see p. 203)*
épaule (f.) *shoulder*
éprouvette (f.) *test-tube*
erreur (f.) *mistake*
es *see* être
escalope (f.) *escalope*
esclave (m. or f.) *slave*
escompte (m.) *discount*
Espagne (f.) *Spain*
espèce (f.) *kind*
  espèce de . . . ! *you . . . !*
  en espèces *in cash*

espérer *to hope (to) (see p. 203)*
  je l'espère *I hope so*
espion (m.) *spy*
espionne (f.) *spy*
espoir (m.) *hope*
essayer (de) *to try (to)* (envoyer)
essence (f.) *petrol*
essentiel, -elle *essential*
est *see* être
  est-ce que? *(question formula)*
esthétique *aesthetic, beauty (adj.)*
et *and*
établissement (m.) *establishment*
étage (m.) *floor, storey*
et cetera *etcetera*
Etats-Unis (m.pl.) *United States*
été (m.) *summer*
éteindre *to put out (light or fire), switch off (see p. 204)*
êtes *see* être
étoile (f.) *star*
étranger, -ère *foreign; foreigner, stranger*
  à l'étranger *abroad*
être *to be (see p. 203)*
étroit *narrow, close*
étudiant (m.) *student*
étudiante (f.) *student*
euh *er*
Europe (f.) *Europe*
eux *them*
s'évanouir *to faint* (finir)
évidemment *of course*
évident *obvious, evident, clear*
exact *exact*
  c'est exact *exactly, that's quite right*
examiner *to examine*
exemple (m.) *example*
  par exemple *for example*
excellent *excellent*
excuser *to excuse*
  excusez-moi *excuse me*
exercice (m.) *exercise*
exiger *to demand* (arranger)
expédier *to despatch, send (by post)*
expédition (f.) *despatch*
expliquer *to explain*
exprès *on purpose, deliberately, especially*
express (m.) *small black (espresso) coffee*
expression (f.) *expression*
exquis *exquisite*
extérieur *external*
extraordinaire *extraordinary*
extrêmement *extremely*

F

fabrication (f.) *manufacture*
fabriquer *to manufacture*
face (f.) *surface, face*
  en face (de) *opposite*
facile *easy*
facilement *easily*
faim (f.) *hunger*
  avoir faim *to be hungry*
faire *to do, to make (see p. 203)*
fais *see* faire
faisons *see* faire
fait *see* faire

fait (m.) *fact*
  en fait *in fact, actually*
faites *see* faire
  faites vite! *hurry up*
fameux, -euse *famous, notorious*
fatigué *tired*
fausse *see* faux
faut
  il faut *it is necessary, you must etc.*
faute (f.) *mistake, lack*
  sans faute *without fail*
  ce n'est pas de ma faute *it's not my fault*

fauteuil (m.) *armchair*
   fauteuil d'orchestre *seat in the stalls*
faux, fausse *false*
féliciter *to congratulate*
femme (f.) *woman*
fenêtre (f.) *window*
fermer *to shut, close*
feu (m.) *fire*
   du feu *a light*
   feux (m.pl.) *traffic-lights*
fiancé (m.) *fiancé*
fiancée (f.) *fiancée*
fiche (f.) *slip of paper, index card, form*
fiche de police *police registration form (at a hotel)*
fichier (m.) *card index*
filet (m.) *net, luggage-rack*
fille (f.) *girl, daughter*
film (m.) *film*
filmer *to film*
filtre (m.) *filter*
fin *fine, thin*
fin (f.) *end*
finalement *in the end*
finir *to finish (see p. 204)*
flacon (m.) *flask, bottle*
foie (m.) *liver*
   foie gras *foie gras*
fois (f.) *time*
   une fois *once*
   deux fois *twice etc.*

folle *mad* (m. fou)
fond (m.) *bottom*
   au fond de *at the bottom/back of*
font *make, do (see* faire*)*
forcément *obviously*
formalité (f.) *formality*
formidable *splendid*
formule (f.) *formula*
fortune (f.) *fortune*
fou, folle *mad*
fouiller *to search*
foulard (m.) *scarf*
fournisseur (m.) *supplier*
franc (m.) *franc*
français *French*
France (f.) *France*
franchement *frankly*
frein (m.) *brake*
fréquenter *to frequent*
frère (m.) *brother*
froid *cold*
   avoir froid *to be cold*
   il fait froid *it is cold (weather)*
frontière (f.) *frontier, border*
fruit (m.) *fruit*
   fruits de mer *sea-food*
fuite (f.) *leakage, disappearance*
fumer *to smoke*
furieux, -euse *furious*

G

gagner *to win, earn*
   gagner sa vie *to earn one's living*
gant (m.) *glove*
garce (f.) *bitch (vulgar expression)*
garçon (m.) *boy, waiter*
garder *to keep*
gare (f.) *(railway) station*
gâteau (m.) *cake*
gauche (f.) *left*
   à gauche *on/to the left*
Gauloises (f.pl.) *Gauloises (French cigarette brand)*
gendarme (m.) *(military) constable*
généralement *generally*
Genève (f.) *Geneva*

gens (pl.) *people*
   jeunes gens *youths*
gentil, -ille *kind*
Gitanes (f.pl.) *Gitanes (French cigarette brand)*
glace (f.) *ice, ice cream; mirror*
glaçon (m.) *ice-cube*
glycérine (f.) *glycerine*
gourde (f.) *stupid girl*
grâce à *thanks to*
grand *big, large, tall, great*
gras, -sse *fat, greasy*
gros, -sse *big, fat*
guerre (f.) *war*

H

habiter *to live in/at*
habitude (f.) *habit*
   comme d'habitude *as usual*
   je n'ai pas l'habitude (de) *I'm not used (to)*
      I'm not used to it
hasard (m.) *chance*
   par hasard *by (any) chance*
haut *high, tall*
   en haut *above, upstairs*
hé, oui *good Lord, yes*
hein? *eh?*
hésiter *to hesitate*
heure (f.) *hour, time, o'clock*
   quelle heure est-il? *what's the time?*
   l'heure juste *the right time*
   à l'heure *in time*
   de bonne heure *early*
hier *yesterday*
   hier soir *last night, yesterday evening*

histoire (f.) *story, history*
   pas d'histoire! *no argument!*
   assez d'histoires! *enough nonsense!*
hiver (m.) *winter*
Hollande (f.) *Holland*
homard (m.) *lobster*
homme (m.) *man*
   homme d'affaires *businessman*
honnête *honest*
hop! *whoops!*
hôpital, -aux (m.) *hospital*
horaire (m.) *timetable*
horrible *horrible*
hors d'oeuvre (m.pl.) *hors d'oeuvres*
hôtel (m.) *hotel*
huile (f.) *oil*
huit *8*
huître (f.) *oyster*
hypocrite *hypocritical*

I

ici *here*
  par ici *this way*
idée (f.) *idea*
identité (f.) *identity*
idiot (m.) *idiot*
idiote (f.) *idiot*
il *he, it*
  il y a *there is/are*
  il y a un an *a year ago*
illégal, -aux *illegal*
illégalement *illegally*
ils *they*
imaginer *to imagine*
imbattable *unbeatable*
imbécile (m. or f.) *idiot*
immédiatement *immediately*
immeuble (m.) *building*
imminent *imminent*
immobilier, -ère *property (adj.)*
  agence immobilière *estate agents*
impair *odd, uneven (of numbers)*
imperméable (m.) *raincoat*
important *important*
importateur (m.) *importer*
importation (f.) *import*
impossible *impossible*
impression (f.) *impression*
imprudent *indiscreet, imprudent*
incroyable *incredible*
indicateur (m.) *(railway) time-table*

indication (f.) *indication*
industrie (f.) *industry*
industriel, -elle *industrial*
infecte *foul, vile*
influence (f.) *influence*
s'informer *to find out*
ingénieur (m.) *engineer*
ingrédient (m.) *ingredient*
inquiet, -ète *worried, anxious*
s'inquiéter *to worry* (espérer)
insister *to insist*
inspecteur (m.) *detective sergeant*
s'installer *to settle in*
instant (m.) *moment*
  un petit instant *one moment*
intelligent *clever, intelligent*
intention (f.) *intention*
intercontinental, -aux *intercontinental*
intéresser *to interest*
  ça vous intéresse? *are you interested?*
  s'intéresser à *to be interested in*
intérêt (m.) *interest*
intérieur (m.) *inside*
international, -aux *international*
Interpol (m.) *Interpol*
inventer *to invent*
invité (m.) *guest*
invitée (f.) *guest*
Italie (f.) *Italy*
ivoire (m.) *ivory*

J

j' *see* je
Japon (m.) *Japan*
jamais *ever, never*
  ne . . . jamais *never*
jardin (m.) *garden*
je, j' *I*
jeton (m.) *counter, token (for telephone)*
jeu (m.) *game, bet*
  faites vos jeux *place your bets*
jeudi (m.) *Thursday*
jeune *young*
  jeune fille *girl*

joli *pretty*
jouer à *to play (a game)*
jouet (m.) *toy*
jour (m.) *day, daylight*
  en plein jour *in broad daylight*
journal, -aux (m.) *newspaper*
juin (m.) *June*
jules (m.) *boy-friend (vulgar expression)*
jusque, jusqu'à *up to, as far as*
juste *right, correct*
  au juste *exactly*
justement *exactly*

K

kilo (m.) *kilogramme*
kilomètre (m.) *kilometre*

L

l' *the; him, her, it (see* le, la*)*
la *the; her, it*
là *there*
  là-bas *over there*
  là-dedans *in it, in there*
  par là *that way*
là-là ! *dear dear!*
lâcher *to let go, release*
laboratoire, labo (m.) *laboratory*
lac (m.) *lake*
laid *ugly*
laisser *to let, leave*
lait (m.) *milk*
  au lait *with milk*
lancer *to throw; introduce, launch (a product)*
  (annoncer)
langage (m.) *language (way of speaking)*
langouste, langoustine (f.) *types of lobster/*
  large prawn

le *the; him, it*
leçon (f.) *lesson*
légume (m.) *vegetable*
lendemain
  le lendemain *the next day*
  le lendemain matin *the next morning*
lentement *slowly*
les *the; them*
lettre (f.) *letter*
leur *their*
leur *(to/for) them*
se lever *to get up*
liasse (f.) *sheaf, wad*
liberté (f.) *freedom*
libre *free*
lieu (m.) *place*
  avoir lieu *to take place*
  aura lieu *will take place*

ligne (f.) *line*
   à la ligne *new paragraph*
liqueur (f.) *liqueur*
lire *to read (see p. 204)*
liste (f.) *list*
   liste d'attente *waiting list*
lit (m.) *bed*
litre (m.) *litre*
livraison (f.) *consignment, delivery*
livre (m.) *book*
loger *to stay, lodge* (arranger)
loin *far*

Londres *London*
long, -gue *long*
   le long de *along*
   longtemps *a long time*
lors
   depuis lors *since then*
louer *to rent, hire*
   à louer *to let*
Louvre (m.) *Louvre*
lui *he, him; (to/for) him, her, it*
lundi (m.) *Monday*

M

m' *see* me
ma *my*
machine (f.) *machine, typewriter*
Madame (f.) *Mrs., madam*
Mademoiselle (f.) *Miss, young lady*
magazine (m.) *magazine*
magnifique *magnificent*
mai (m.) *May*
main (f.) *hand*
maintenant *now*
mais *but (also used for emphasis)*
maison (f.) *house, home, firm*
   à la maison *home, at home*
mal *bad(ly)*
   avoir mal *to be in pain*
   avoir mal au coeur *to feel sick*
   mal à la tête *headache*
   ça fait mal? *does it hurt?*
malade *ill*
malheur (m.) *misfortune, nuisance*
malheureusement *unfortunately*
malheureux, -euse *wretched*
manger *to eat* (arranger)
manque (m.) *loss, lack (of)*
manquer *to miss, fail*
manteau (m.) *coat*
maquilleuse (f.) *make-up girl*
marché (m.) *market*
marcher *to walk, go, work*
   faites marcher *'start preparing'*
mardi (m.) *Tuesday*
mari (m.) *husband*
marque (f.) *mark, brand*
mars (m.) *March*
Marseille (f.) *Marseilles*
martini (m.) *martini*
matelas (m.) *mattress*
   matelas pneumatique *inflatable mattress*
matin (m.) *morning*
mauvais *bad, wrong*
me, m' *(to, for) me, myself*
mécanicien (m.) *mechanic*
médecin (m.) *doctor*
   médecin légiste *police doctor*
meilleur *better*
même *same, even, -self, -selves etc.*
menton (m.) *chin*
menu (m.) *menu*
mer (f.) *sea*
merci *thank you*
   merci bien, beaucoup/mille fois *thank you*
      very much/very much indeed
   merci à vous *thank you*
mercredi (m.) *Wednesday*
merde! *very strong swear word*
mère (f.) *mother*
merveilleux, -euse *marvellous*

message (m.) *message*
messieurs (m.pl.) *gentlemen, 'Dear Sirs'*
métier (m.) *job*
mètre (m.) *metre*
métro (m.) *underground*
mettre *to put, put on (clothes), lay (table)*
   (see p. 204)
   mettre à la poste *to post*
   ça met trop longtemps *it takes too long*
Mexique (m.) *Mexico*
microbe (m.) *germ*
midi (m.) *noon*
Midi (m.) *South of France*
mieux *better*
   le mieux *best*
   je fais de mon mieux *I'm doing my best*
mignon, -nne *sweet (of people)*
militaire *military*
mil *1,000 (in dates)*
mille *1,000*
minuit (m.) *midnight*
minute (f.) *minute*
moche *bad, ugly, awful*
mode (f.) *style, fashion*
   à la mode (de) *in fashion, in the style (of)*
modèle (m.) *model*
moderne *modern*
moi *me, to me*
moi-même *myself*
moins *less*
   du moins *at least*
   moins le quart *a quarter to . . .*
mois (m.) *month*
moment (m.) *moment*
   à ce moment-là *then*
   en ce moment *at the moment*
mon *my*
monde (m.) *world, people, society*
   beaucoup de monde *a lot of people*
   tout le monde *everyone*
monnaie (f.) *small change*
monsieur (m.) (pl. messieurs) *gentleman, sir*
monter (être) *to rise, go up (stairs), to get in*
   (vehicle)
montre (f.) *watch*
montrer *to show*
morceau, -x (m.) *piece, bit, lump*
mort *dead*
mortel, -elle *deadly, lethal*
mot (m.) *word*
   mot de passe *password*
moteur (m.) *motor*
   moteur! *camera! (tech. cin.)*
mou, mol, molle *soft*
mouchoir (m.) *handkerchief*
moule (f.) *mussel*
mourant *dying*

moustache (f.) *moustache*
mouvement (m.) *movement*
multigrade *multigrade*
musée (m.) *museum*

musique (f.) *music*
mystère (m.) *mystery*
mystérieux, -euse *mysterious*

N

n' *see* ne
national, -aux *national*
  (Route) Nationale Six *name of trunk road*
nature (f.) *nature*
  eau nature *ordinary water*
naturellement *of course*
navré *terribly sorry*
ne, n' . . .
  ne . . . jamais *never*
  ne . . . pas *not*
  ne . . . personne *no-one*
  ne . . . plus *no longer, no more, not again*
  ne . . . rien *nothing*
  ne . . . que *only*
  n'est-ce pas? *isn't that so?*
nécessaire *necessary*
neiger *to snow*
  il neige *it's snowing*
nerveux, -euse *nervous*
neuf *9*
neuf, neuve *(brand) new*

nez (m.) *nose*
n'importe qui *anyone*
noir (m.) *(the) dark*
noir *black*
nom (m.) *name*
  nom de famille *surname*
non *no*
normal, -aux *normal*
nos *our*
note (f.) *bill*
notre *our*
nouer *to tie, knot*
nous *we, (to/for) us, ourselves*
nouveau, -el, -elle; -eaux, -elles *new*
  de nouveau *again, once more*
nouvelle (f.) *bit of news*
nouvelles (f.pl.) *news*
nuit (f.) *night*
  la nuit *at night, by night*
numéro (m.) *number*

O

objet (m.) *object*
obligeant *obliging*
observer *to observe*
occasion (f.) *opportunity*
occuper *to occupy*
  s'occuper de *to concern oneself with*
  occupé *engaged (telephone number), busy*
oeil (m.) (pl. yeux) *eye*
offrir *to offer* (ouvrir)
oh! *oh!*
on *one, anyone; people; we, you, they etc*
ongle (m.) *finger-nail*
ont *see a' oir*
onze *11*
opérateur (m.) *cameraman*
opinion (f.) *opinion*

opium (m.) *opium*
ordinaire *ordinary, regular*
ordre (m.) *order (command or series)*
orfèvre (m.) *goldsmith*
organisation (f.) *organisation*
original, -aux *original*
origine (f.) *origin*
ou *or*
où *where*
  où est-ce que? *where?*
oublier *to forget*
oui *yes*
ouvrage (m.) *(scientific or literary) book*
ouvreuse (f.) *usherette*
ouvrir *to open (see p. 204)*

P

pain (m.) *bread*
  petit pain *roll*
pair *even (of numbers)*
paire (f.) *pair*
palais (m.) *palace*
panne (f.) *breakdown*
  tomber (être) en panne *to break down*
Panthéon (m.) *Pantheon*
papier (m.) *paper*
paquet (m.) *packet*
par *by, through*
  par ici/par là *this/that way*
parapluie (m.) *umbrella*
parasol (m.) *sun-shade*
parce que *because*
pardon *excuse me, sorry*
parent (m.) *parent, relative*
parfait *perfect, splendid*
parfaitement *certainly*
parfois *sometimes*
parfum (m.) *perfume*
parler *to speak*

part (f.) *share*
  de la part de *from, on behalf of*
  c'est de la part de qui? *who's speaking? (on telephone)*
  prendre part à *to take part in*
particulier, -ière *particular*
partir (être) *to leave (see p. 204)*
  partez! *action! (tech. cin.)*
  à partir de *from . . . on*
partout *everywhere*
  un peu partout *all over the place*
pas *not (see ne . . . pas)*
  pas de *no*
  pas du tout *not at all*
passage (m.) *passage, crossing*
  de passage à *passing through*
passager (m.) *passenger*
passeport (m.) *passport*
passe *term in roulette*
passer *to pass, go through/to, to take through, put through (on 'phone), place (order), spend time*
  se passer *to happen*

passionnant *fascinating, exciting*
passionné (m.) *passionate person, enthusiast*
pâté (m.) *paté*
patience (f.) *patience*
patron (m.) *boss, proprietor*
patronne (f.) *proprietress*
pauvre *poor*
payer *to pay (for)* (envoyer)
PCV
   en PCV *reverse charge*
pêche (f.) *peach*
peignoir (m.) *dressing-gown, wrap*
peine (f.) *trouble*
   ce n'est pas la peine *it's not worth it*
   à peine *hardly*
pelouse (f.) *lawn*
penser *to think*
   penser à *to think of/about something/*
     someone
   penser de *to think (have an opinion) about/*
     of something/someone
   vous pensez! *really!*
perdre *to lose* (attendre)
père (m.) *father*
permettre à quelqu'un (de) *to allow, permit*
   someone (to) (mettre)
   permettez *allow me!*
permission (f.) *permission*
personne (f.) *person*
   personne *no-one*
   ne . . . personne *no-one*
perspicace *shrewd*
petit *small, little*
   mon petit *my lad, old chap*
   ma petite *my dear*
peu *little*
   peu de *not much, not many . . .*
peur (f.) *fear*
   avoir peur (de) *to be frightened (of)*
peureux, -euse *easily frightened*
peut-être *perhaps*
peut, peux *can (see* pouvoir*)*
phare (m.) *headlight*
photo (f.) *photo*
photographe (m.) *photographer*
pièce (f.) *coin; piece; room*
pied (m.) *foot*
   à pied *on foot*
pilote (m.) *pilot*
   pilote d'aviation *airline pilot*
pipe (f.) *pipe*
pire *worse*
   le pire *the worst*
piscine (f.) *swimming pool*
piste (f.) *trail, track*
place (f.) *seat, place, square*
   à ma place *instead of me*
   en place! *to your places, ready!*
   sur place *on the spot*
plage (f.) *beach*
plaire (à quelqu'un) *to please (someone)*
   (see p. 204)
   s'il vous plaît *please*
   ça vous a plu? *did you like it?*
plaisanter *to joke*
plaisir (m.) *pleasure*
plan (m.) *plan*
plateau (m.) *tray*
plein *full*
   en plein jour *in broad daylight*
   faites le plein *fill her up*

pleuvoir *to rain*
   il pleut *it's raining*
   il pleuvait *it was raining*
   il a plu *it (has) rained*
plier *to fold*
plume (f.) *pen*
plus *more; no longer*
   plus . . . que *more . . . than*
   le plus *the most*
   de plus *more, moreover*
   en plus *what's more*
   ne . . . plus *no longer, no more*
   non plus *(not) . . . either*
plusieurs *several*
plutôt *rather*
pneu (m.) *tyre*
pneumatique *pneumatic*
poche (f.) *pocket*
poing (m.) *fist*
   coup de poing *punch*
poisson (m.) *fish*
police (f.) *police*
policier, -ière *police (adj.)*
politesse (f.) *politeness*
politique *political*
pompiste (m. or f.) *petrol-pump attendant*
porte (f.) *door, gate*
porte-billets (m.) *note-case*
portefeuille (m.) *wallet*
porter *to wear, carry*
porteur (m.) *porter*
Portugal (m.) *Portugal*
poser (une question) *to ask (a question)*
possibilité (f.) *possibility*
possible *possible*
poste (m.) *(telephone) extension; police*
   station; job
poste (f.) *post, post office*
potage (m.) *soup*
poudrier (m.) *powder compact*
poulet (m.) *chicken*
pour *for, (in order) to*
   pour cent *per cent*
pourboire (m.) *tip*
pourquoi *why*
poursuite (f.) *pursuit*
poursuivre *to pursue, continue* (suivre)
   poursuivant *continuing*
pourtant *however, all the same*
pouvoir *to be able (see p. 205)*
pratique *convenient, practical*
préavis (m.) *personal call*
préfecture (f.) *police headquarters (Paris)*
préférer *to prefer* (espérer)
premier, -ère *first*
prendre *to take (see p. 205)*
   prendre rendez-vous *to make an appointment*
   tout est très pris *everything's very booked up*
préparateur (m.) *laboratory assistant*
préparatif (m.) *preparation*
préparation (f.) *preparation*
préparer *to prepare*
   se préparer *to get ready*
près (de) *near*
   tout près d'ici *quite near here*
présent (m.) *present*
   (jusqu') à présent *(up to) now*
présenter *to present, introduce*
   se présenter *to introduce oneself; to report*
   (to someone)
presque, presqu' *almost*

pression (f.) *pressure*
pressé *hurried, in a hurry*
prêt *ready*
prêter *to lend*
preuve (f.) *proof*
prévenir *to tell (someone of something) in advance, warn* (tenir)
prier (quelqu'un de) *to request (someone to...)*
  je vous en prie *don't mention it*
prince (m.) *prince*
princier, -ière *royal, princely*
printemps (m.) *spring*
prison (f.) *prison*
privé *private*
prix (m.) *price*
probablement *probably*
problème (m.) *problem*
prochain *next*

produit (m.) *product*
professeur (m.) *secondary or university teacher*
se promener *to walk* (acheter)
promesse (f.) *promise*
promettre *to promise* (mettre)
propos (m.) *subject, matter*
  à propos *by the way*
propriétaire *proprietor, landlord*
provenance (f.) *source*
  en provenance de *from*
Provence (f.) *Provence*
prudent *careful, prudent*
publicitaire *advertising (adj.)*
publicité (f.) *advertising*
  service de publicité *advertising department*
puis *then*
puisque *since (because)*

Q

qu' *see* que
quai (m.) *quayside, (railway station) platform*
quand *when*
  quand est-ce que *when*
quant à *as for*
quantité (f.) *quantity, bulk (order)*
quarante *40*
quart (m.) *quarter*
  quart d'heure *quarter of an hour*
  ... et quart *quarter past*
  ... moins le quart *quarter to*
quatorze *14*
quatre *4*
quatre-vingt *80*
quatre-vingt-dix *90*
quatrième *fourth*
que, qu' *that*
  ce que *what*
  tout ce que *all that*
  ne ... que ... *only*
quel, quelle *what*

quelque *some*
  quelques *a few (adj.)*
  quelque chose de *something + adj.*
  quelquefois *sometimes*
  quelque part *somewhere*
quelqu'un *someone*
  quelqu'un d'autre *someone else*
qu'est-ce que *what*
  qu'est-ce que c'est que ça? *what's this/that?*
  qu'est-ce qu'il y a? *what's the matter?*
  qu'est-ce vous voulez? *what can I do about it?*
qu'est-ce qui *what*
question (f.) *question*
qui *who, whom; that*
  à qui ... *whose*
  pour qui ... *for whom*
  qui est-ce? *who is it?*
qui est-ce qui/que? *who/whom?*
quinze *15*
quitter *to leave*
  ne quittez pas *hold on (on telephone)*
quoi *what (also used for emphasis at end of sentence)*

R

raccrocher *to hang up*
raconter *to relate, tell*
raison (f.) *reason*
  avoir raison *to be right*
rapide *quick, fast*
rappeler *to call back, ring again* (appeler)
  se rappeler *to recall*
rapport (m.) *report, contact*
rapporter *to bring back*
rare *rare*
se raser *to shave*
rasoir (m.) *razor*
rassurer *to reassure*
recevoir *to receive (see p. 205)*
  vous recevrez *you will receive*
recommander *to recommend, to register (a letter)*
  une lettre recommandée *a registered letter*
recommencer *to begin again* (annoncer)
reconduire *to show (someone) out, take (someone) home* (conduire)
récupérer *to get something back, recover* (espérer)
réduction (f.) *reduction*
référence (f.) *reference*
  références (f.pl.) *credentials*

réfléchir *to think, reflect* (finir)
regarder *to look at*
  ça ne vous regarde pas *that's none of your business*
régisseur (m.) *(film) director*
règle (f.) *rule; ruler*
  en règle *in order*
régner *to reign* (espérer)
regretter *to regret, be sorry*
reine (f.) *queen*
remarquer *to notice*
  faire remarquer *to remark, point out*
remercier (quelqu'un de) *to thank (someone for...)*
remerciement (m.) *thanks*
remettre *to put back* (mettre)
remise (f.) *discount*
  remise sur la quantité *discount on bulk order*
remplir *to fill (in/up)* (finir)
rencontrer *to meet*
rendez-vous (m.) *appointment, date*
  avoir rendez-vous *to have an appointment*
  prendre rendez-vous *to make an appointment*
  rendez-vous d'affaires *business appointment*
rendre *to give back* (attendre)
  se rendre dans/à *to go into/to*
  se rendre compte de *to realise*

renseignement (m.) *(piece of) information*
  renseignements (m.pl.) *information*
rentrer (être) *to return (home)*
réparer *to repair*
répercussion (f.) *repercussion*
répéter *to repeat* (espérer)
répondre *to reply* (attendre)
  ça ne répond pas *there's no answer (on telephone)*
réponse (f.) *reply*
se reposer *to rest*
réservation (f.) *reservation*
résidence (f.) *residence*
respectable *respectable*
respectivement *respectively*
ressembler à *to look like*
restaurant (m.) *restaurant*
reste (m.) *remainder, what's left*
  pour le reste *as for the rest*
rester (être) *to stay*
retard (m.) *lateness, delay*
  en retard *late*
retour (m.) *return*
retourner *to return*
retrouver *to find again, meet*
rêve (m.) *dream*
  faites de beaux rêves! *pleasant dreams!*
  se réveiller *to wake up*
révéler *to reveal* (espérer)
revenir (être) *to come back* (tenir)
revoir *to see again*
  au revoir *good-bye*

revolver (m.) *revolver*
riche *rich*
rideau, -eaux (m.) *curtain*
rien (m.) *mere nothing*
rien *nothing*
  de rien *don't mention it*
  ne . . . rien *nothing*
  ça ne fait rien *it doesn't matter*
  rien ne va plus *no more bets/nothing's working any more*
rire *to laugh (see p. 204)*
rivière (f.) *(small) river*
riz (m.) *rice*
robe (f.) *dress*
  robe d'été *summer dress*
  robe de soirée *evening dress*
roman (m.) *novel*
  roman policier *detective story*
rose (f.) *rose*
rosé, vin rosé (m.) *rosé wine*
rouge *red*
rouge à lèvres (m.) *lipstick*
roulette (f.) *roulette*
route (f.) *road*
  bonne route! *a pleasant journey!*
  en route pour *on the way to*
routine (f.) *routine*
royal, -aux *royal*
rue (f.) *street*
rusé *cunning*

S

s' *see* se *and* si
sa *his, her, its*
sable (m.) *sand*
sac (m.) *bag*
  sac de voyage *travelling bag*
  sac à main *handbag*
sacré *blessed*
saigner *to bleed*
saint (m.) *saint*
salade (f.) *salad, lettuce*
  salade niçoise (f.) *a kind of mixed salad*
sale *dirty*
salaire (m.) *wages, earnings, salary*
salle (f.) *room, hall, auditorium*
  salle de bain *bathroom*
  salle de transit *transit lounge*
salon (m.) *sitting-room*
samedi (m.) *Saturday*
sang (m.) *blood*
  bon sang (de bon sang) *damn!*
sans *without*
santé (f.) *health*
  à votre santé! *your health*
sauver *to save*
  se sauver *to run away, dash*
savoir *to know (see p. 204)*
  faire savoir *to inform*
Scandinavie (f.) *Scandinavia*
science (f.) *science*
se, s' *(to, for) oneself, himself, herself, itself, themselves*
second *second*
  en seconde *(in, by) second class*
seconde (f.) *second*
secret (m.) *secret*
secret, -ète *secret*
secrétaire (f.) *secretary*

seize *16*
séjour (m.) *stay*
séjourner *to stay*
selon *according to*
semaine (f.) *week*
sensationnel, -elle *sensational, marvellous*
sentiment (m.) *feeling, sentiment*
sept *7*
série (f.) *series*
  article de série *mass produced article*
sérieux, -euse *serious*
sérieusement *seriously*
serpent (m.) *snake*
serveuse (f.) *waitress*
service (m.) *service, department (in a business organisation)*
  à votre service *at your service*
servir *to serve (see p. 204)*
ses *his, her, its*
seul *only, alone*
seulement *only*
si *yes (in answer to a negative question or statement)*
si, s' *if*
  s'il vous plaît *please*
si *so*
signal (m.) *signal, tone (of telephone)*
signer *to sign*
signifier *to mean*
silence (m.) *silence*
silencieux, -euse *silent*
simple *simple*
simplement *simply*
sinistre *sinister*
situé *situated*
six *6*

ski (m.) *ski, ski-ing*
  faire du ski *to ski*
société (f.) *society, company*
  société anonyme *limited company*
soeur (f.) *sister*
soie (f.) *silk*
soif (f.) *thirst*
  avoir soif *to be thirsty*
soir *evening*
  le soir *in the evening*
soirée (f.) *evening, evening party*
soixante *60*
soixante-dix *70*
soixante-douze *72*
soixante et onze *71*
soixante-quinze *75*
solaire *sun (adj.)*
  huile solaire *sun-tan oil*
sole (f.) *sole*
  sole meunière *sole meuniere*
soleil *sun*
  il fait soleil *it's sunny*
solution (f.) *solution*
somme (f.) *sum*
sommes *see* être
somptueux, -euse *sumptuous*
son *his, her, its*
sonner *to ring*
sont *see* être
sophistiqué *sophisticated*
sorte (f.) *kind, sort*
sortir (de) *to come out of, leave (with* être*);*
    to take out (with avoir*)* (partir)
  faire sortir *to show out*
soupçonner *to suspect*
sourire (m.) *smile*
sourire *to smile* (rire)
sous *under*
soussigner
  je soussigné(e) *I, the undersigned*

soutien-gorge (m.) *brassiere*
se souvenir de *to remember* (tenir)
souvent *often*
soyez! *be!*
spécial, -aux *special*
spectacle (m.) *show*
splendide *splendid*
steack (m.) *steak*
stop! *stop!, hold it!*
stratagème (m.) *stratagem*
stylo (m.) *(fountain)-pen*
subir *to undergo* (finir)
succursale (f.) *branch*
sucre (m.) *sugar*
suicide (m.) *suicide*
suis *see* être
Suisse (f.) *Switzerland*
suisse *Swiss*
suivre *to follow (see p. 204)*
  ce qui suit *what/as follows*
sujet (m.) *subject*
  c'est à quel sujet? *what's it about?*
  au sujet de *concerning*
super (f.) *super grade (petrol)*
supermarché (m.) *supermarket*
supplément (m.) *supplementary charge*
  en supplément *extra*
supposer *to suppose*
sur *on*
  sur deux cent mètres *for 200 metres*
sûr *sure, certain*
  bien sûr *of course*
  bien sûr que non *of course not*
sûrement *surely, certainly*
surveiller *to watch, keep an eye on*
sympathique *nice, friendly*
syndicat d'initiative (m.) *municipal publicity*
    bureau
système (m.) *system*

T

t' *see* te
ta *your*
tabac (m.) *tobacco, tobacconist's*
table (f.) *table*
tableau (m.) *picture*
se taire *to be quiet* (plaire)
tant *as much*
  tant pis! *it can't be helped!*
taper *to bang/type*
tapis (m.) *carpet*
tard *late*
  plus tard *later*
tasse (f.) *cup*
  tasse à café *coffee cup*
taxi (m.) *taxi*
te, t' *(to/for) you, yourself*
technique (f.) *technique, technical processes*
télégramme (m.) *telegram*
téléphone (m.) *telephone*
  au téléphone *on the telephone*
téléphoner *to telephone*
téléphonique *telephone (adj.)*
télévision (f.) *television*
tellement *so, to such an extent*
temps (m.) *time, weather*
  en même temps *at the same time*
  de temps en temps *from time to time*
  quel temps fait-il? *what's the weather like?*
tendre *to hand, hold out* (attendre)

tenir *to hold (see p. 205)*
  tenez! *here you are!*
  tiens! *fancy that!*
terminer *to close, end*
terrasse (f.) *terrace, pavement part of café*
terre (f.) *ground, floor, earth*
  par terre *on the ground/floor*
terrible *terrible*
terriblement *terribly*
tes *your*
tête (f.) *head*
thé (m.) *tea*
théâtre (m.) *theatre*
timbre (m.) *stamp*
tirer *to pull*
  tirer (sur) *to shoot (at)*
tiroir (m.) *drawer*
toi *(for/to) you*
toilette (f.) *lavatory*
tomate (f.) *tomato*
tomber (être) *to fall*
  faire tomber *to knock down*
  tomber sur *to come across*
ton *your*
Tonkin (m.) *Tonkin*
Tonkinoise (f.) *woman from Tonkin*
tort (m.) *wrong*
  avoir tort *to be wrong*
tôt *early*
  le plus tôt possible *as early as possible*

toucher *to touch*
toujours *always, still*
tour (f.) *tower*
touriste (m. and f.) *tourist*
touristique *tourist (adj.)*
tourner *to turn, shoot a film*
tous *all, every, everyone*
tout *quite*
tout *every, everything, all*
  tout le monde *everybody*
  en tout *altogether*
  tout de même *all the same*
  tout à l'heure *just now (past or future)*
  à tout à l'heure *see you soon*
  tout de suite *at once, straight away*
  à tout de suite *see you straight away*
  tout d'un coup *suddenly*
toute/toutes *every, all*
trafic (m.) *traffic (goods)*
train (m.) *train*
  train de nuit *night train*

tranquillement *quietly, peacefully*
transformer *to transform*
transporter *to transport*
travail (m.) *work*
travailler *to work*
treize *13*
trente *30*
très *very*
  très bien *very well*
triste *sad, depressing*
trois *3*
troisième *third*
tromper *to deceive*
  se tromper *to make a mistake*
trop *too*
  trop de *too much/many*
trouver *to find, think*
tu *you*
tube (m.) *tube*
type (m.) *type, chap*

U

un, une *a, an, one*
urgent *urgent*
usine (f.) *factory*
utile *useful*

V

va *see* aller
  tout va bien *everything's all right*
  ça va? *all right?*
  ça vous va? *does that suit you?*
  on y va? *shall we go/begin?*
vacances (f. pl.) *holiday*
  en vacances *on holiday*
vais *see* aller
valise (f.) *suitcase*
vanille (f.) *vanilla*
  à la vanille *vanilla (flavoured)*
vas *see* aller
varié *mixed*
veau (m.) *veal*
vendeur (m.) *salesman*
vendeuse (f.) *saleswoman*
vendre *to sell* (attendre)
  à vendre *for sale*
vendredi (m.) *Friday*
venir (être) *to come* (tenir)
  faire venir *to send for*
  venir de *to have just*
vente (f.) *sale*
  service des ventes *sales department*
vérifier *to check*
vérité (f.) *truth*
verre (m.) *glass*
vers *towards*
verser *to pour*
version (f.) *version, translation*
vestiaire (m.) *cloakroom*
veston (m.) *jacket (man's)*
vêtement (m.) *piece of clothing*
  vêtements (pl.) *clothes*
veuillez *please . . .*
  veuillez agréer l'expression de nos sentiments
  distingués *we remain, yours faithfully . . .*
veulent *want (see* vouloir)
veut *wants (see* vouloir)
veux *want (see* vouloir)
  oui, je veux bien *yes please (I'd like some)*
viande (f.) *meat*

victime (f.) *victim (man or woman)*
vide *empty*
vie (f.) *life*
vieux, vieil, vieille *old*
  mon vieux! *old chap!*
villa (f.) *villa*
ville (f.) *town, city*
  en ville *in town*
vin (m.) *wine*
vingt *20*
vingt et un *21*
vingt-deux *22*
virus (m.) *virus*
visage (m.) *face*
visite (f.) *visit, inspection*
visiter *to visit, examine, search*
vitamine (f.) *vitamin*
vite *quick, quickly, fast*
vitesse (f.) *speed*
  en vitesse *quick!*
  à toute vitesse *very quickly*
vitre (f.) *window-pane*
vivre *to live (see p. 204)*
  vive! *long live!*
vodka (f.) *vodka*
voici *here is/are*
voilà *here/there is/are*
  la voilà *there she/it is*
  le voilà *there he/it is*
  et voilà *there you are! (it's done)*
voir *to see (see p. 204)*
  voyons! *come now!*
voisin (m.) *neighbour*
voiture (f.) *car*
vol (m.) *flight*
vol (m.) *theft*
voler *to steal; to fly*
volonté (f.) *will*
  un peu de bonne volonté *try to be helpful*
volontiers *yes please, with pleasure*
vont *see* aller
vos *your*

votre *your*
  à la vôtre *your health*
voudrais *should like*
voudrais *should like (see* vouloir*)*
vouloir *to want (see p. 205)*
  ça veut dire *that means*
  vous voulez-parler de *you're referring to*
voulons *want (see* vouloir*)*
vous *(to/for) you, yourself, yourselves*

vous-même(s) *yourself (-selves)*
voyage (m.) *journey*
  en voyage *travelling*
  bon voyage *have a good trip*
voyager *to travel* (arranger)
voyageur (m.) *traveller*
vrai *true*
vraiment *really*
vue (f.) *view*

W
whisky (m.) *whisky*

Y
y *there (to/at a place already referred to), to/at
    it/them*
yeux (m. pl.) *eyes (see* oeil*)*

Z
zéro *O; zero; no good at all!*
zut (alors) ! *blast! damn!*